I AM MALALA

我是馬拉拉

一位因爭取教育而被槍殺的女孩

The Girl Who Stood up for Education

and

Was Shot by the Taliban

馬拉拉・優薩福扎伊 Malala Yousafzai

克莉絲汀娜・拉姆 Christina Lamb

合 著

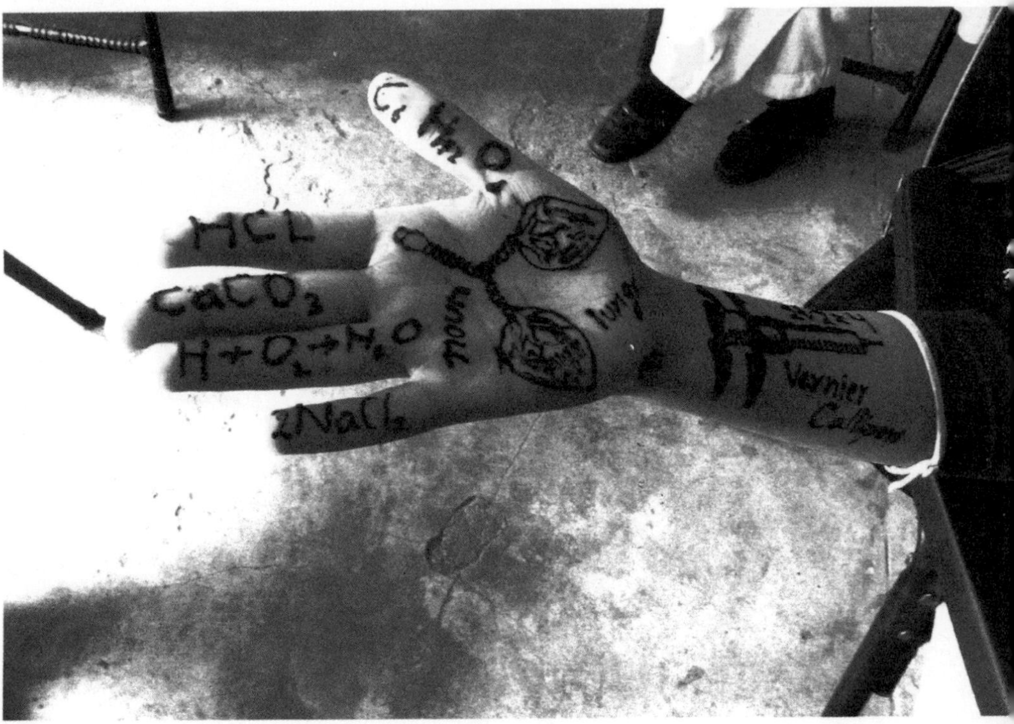
HCL
CaCO3
H + O2 → H2O
2NaCl2
lungs
Vernier

目錄

第二部 死亡之谷

CONTENTS

目錄

第五部 第二條命

CONTENTS

史瓦特、巴基斯坦與鄰近地區地圖

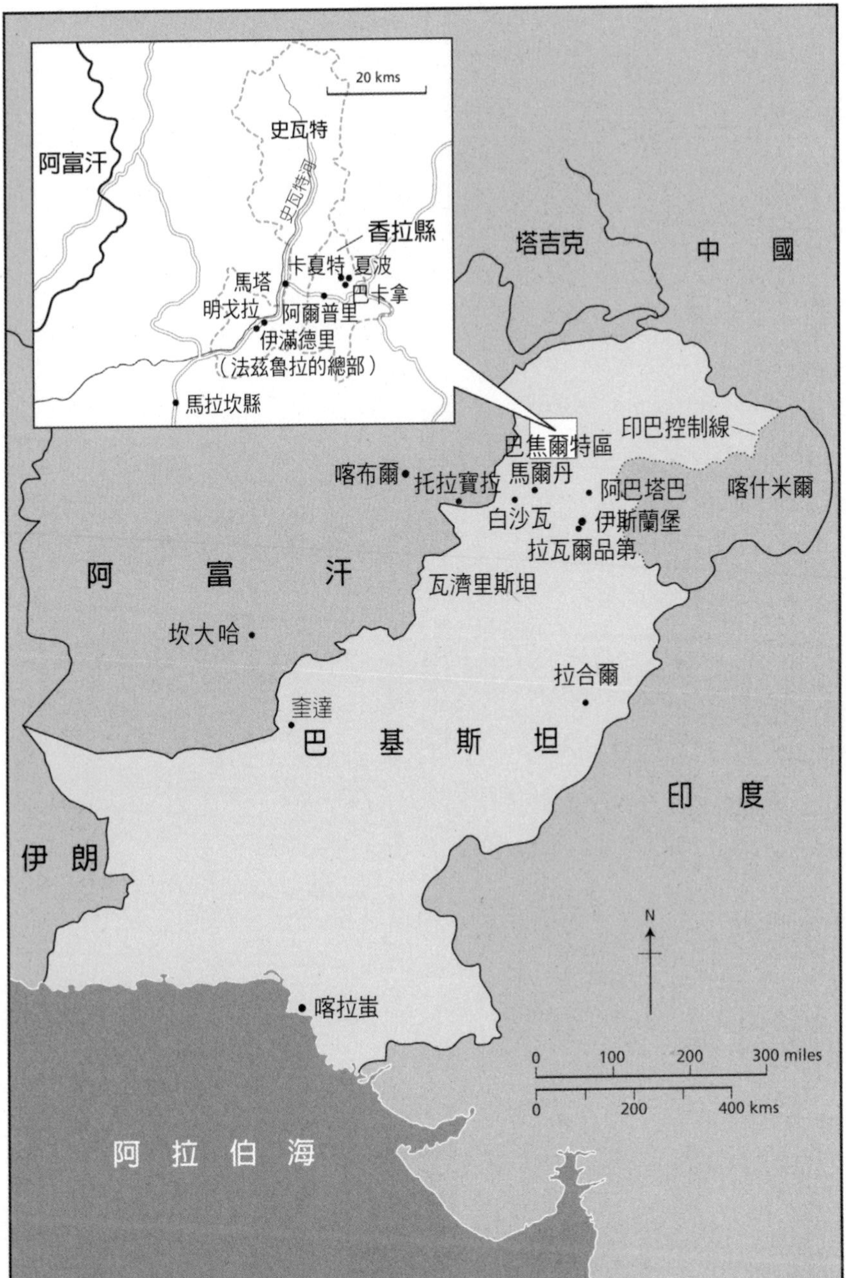

20 kms
史瓦特
阿富汗
史瓦特河
香拉縣
卡夏特
夏波
馬塔
巴卡拿
明戈拉
阿爾普里
伊滿德里
（法茲魯拉的總部）
馬拉坎縣
塔吉克
中國
印巴控制線
巴焦爾特區
喀布爾
托拉寶拉
馬爾丹
阿巴塔巴
喀什米爾
白沙瓦
伊斯蘭堡
拉瓦爾品第
阿富汗
瓦濟里斯坦
坎大哈
拉合爾
奎達
巴基斯坦
印度
伊朗
N
喀拉蚩
0 100 200 300 miles
0 200 400 kms
阿拉伯海

獻給所有受到不正義對待

卻只能保持緘默的女孩。

我們同心協力，別人就會聽見。

序幕

我的世界改變的一天

我來自一個於午夜建國的國家。然而在我生死交關時，時間不過剛過正午。

一年前我離家去上學後，就再也沒回家了。我被塔利班分子開槍擊中，接著我在失去意識的情況下被飛機載離巴基斯坦。有些人說我再也不會返回故鄉了，但我心裡確信我一定會回去的。沒有人願意被迫離開心愛的祖國。

現在，每天早上當我睜開雙眼，我渴望能見到放滿我的物品的那個舊房間，有我滿地的衣服，還有架上陳列著學校頒發的獎狀。但是我卻是身在一個跟我親愛的祖國巴基斯坦、我的故鄉史瓦特河谷有五個小時時差的國家。你能想像的便利這裡一應俱全。每個水龍頭都有自來水，冷熱水任君選擇；不論晝夜，控制燈光只需要按下開關，不需要用油燈；也不需要先去市集搬瓦斯桶回來接煮飯用的爐子。這裡的一切都非常現代，甚至只要拆開包裝就有熟食可吃。

當我站在窗邊往外看，能看見高樓大廈，長長的道路上，車陣井然有序地移動著。樹叢和草皮都修剪得整整齊齊，還有平坦的人行道供人行走。我閉上眼睛，有那麼一刻我像是回到我的河谷了——山頭白雪靄靄的高山、綠意盎然的原野還有湛藍的河流——一想到史瓦特的人們，我的心就會愉快地微笑。我的心思帶著我回到學校，和我的老師還有同學團聚。我見到我最好的朋友莫妮芭，我們坐下來一起聊天談笑，好像我從沒離開過一樣。

接著我想起來我現在人在英國伯明罕。

一切都在二〇一二年十月九日這天改變了。這天並不是什麼太美好的日子，因爲剛好是學校的大考日，不過書呆子如我，我並不像有些同學感覺考試是什麼大事。

那天早上我們一如往常搭著色彩繽紛、噴著廢氣的黃包車隊，每臺車上擠著五到六個女孩子，來到狹窄泥濘的哈吉巴巴路。自從塔利班時期以來，我們的學校不能再有任何標誌，隔著伐木場的白牆裡，銅製的大門上毫無裝飾，讓人看不出圍牆內有著什麼東西。

對我們女孩子來說，那扇門就像是一道魔法之門，通往我們專屬的世界。我們魚貫進入後，便立刻揭開頭紗，就像清風把雲朵吹開，好讓陽光可以灑落一樣，接著我們會快步走上樓梯。樓梯上方是一個開放的庭院，有好幾扇門通往不同的教室。我們把書包留在教室裡，然後在天空下聚集進行早禱。我們背對著群山立正。一個女孩發號施令：「Assaan bash!」就是「稍息！」然後我們的鞋跟相扣，答應道「真主阿拉！」接著她說：「Hoo she yar!」也就是「注意！」，我們會再次鞋跟相扣答道「真主阿拉！」

這間學校是我父親在我出生前創辦的，上方的牆面用紅色與白色的顏料驕傲地漆上「**卡須爾學校**」。十五歲的我們念九年級的課程，每個星期有六個早上要去上學，背誦化學公式或學習烏爾都語（Urdu）文法；用英文格言像是「欲速則不達」寫故事，或是畫血液循環的圖表——我大多數的同學都想成爲醫生。實在很難想像誰會把這樣的事看成是一種威脅。然而學校的門外，不只是有史瓦特的主要城鎮明戈拉的吵雜和瘋狂，還有許多像塔利班分子那樣，認爲女孩子不應該上學的人。

這天早上一如往常。因爲是大考期間，所以上學時間只稍稍比平常晚了一點，不是八點，而是九點，這樣蠻好的，因爲我不喜歡早起，而我就可以睡到雞鳴和宣禮人早禱的呼喚聲過後再起床。我父親一開始會試著叫我起床。「該起床了，Jani Mun。」他會這樣說。這在波斯語裡是**「靈魂伴侶」**的意思，他每天早上都這樣叫我。「再幾分鐘嘛，**爸爸**（Aba）[1]，拜託。」我會這麼央求他，然後再往被子裡鑽得更深。然後我母親就會過來，她會喊道「Pisho」，這是**「貓咪」**的意思，是她呼喚我的方式。這時候我就會發現時間已經晚了，然後大叫「**我的嫂嫂**（Bhabi）[2]**啊**，我要遲到了！」在我們的文化裡，每個男人都是你的「兄弟」，每個女人都是你的「姊妹」，這就是我們看待彼此的方式。當我父親第一次帶他的妻子到學校裡的時候，所有老師都稱她爲「嫂嫂」或「bhabi」。至此之後，她就有了這個稱號。現在我們大家都叫她**嫂嫂**。

我長形的房間位在我們家最前方，裡面僅有的家具是一張床和一個櫥櫃，這個櫥櫃是用我在替河谷地區爭取和平與女性受教權時所獲得的獎金買下來的。其中有幾格架上，放滿了我在班

---

1 「**Aba**」，烏爾都語中，對父親的一種暱稱。

2 「**Bhabi**」，烏爾都語中的暱稱，直譯是「我兄弟的太太」的意思。

上得到第一名的金色塑膠獎杯和獎牌。我只有兩次沒拿到第一名，這兩次是被我班上的對手瑪麗克．愛奴兒打敗的。我已經下定決心不讓這事再次發生。

學校離我家不遠，以前我都是走路上學，但從去年開始，我跟著其他女孩一起搭黃包車上學，再搭公車回家。這段路程只有五分鐘的時間，穿越惡臭的小溪，經過一個巨型看板，看板上是哈滿亞醫生植髮中心的廣告，我們其中一位禿頭男老師突然開始長出頭髮時，我們都笑說他一定是去了那家植髮中心。我喜歡搭公車，這樣就不會因為走路而流了滿身大汗，而且我還可以與朋友聊天，和司機烏西曼阿里聊八卦，我們都叫他「Bhai Jan」就是「哥哥」的意思。他總講些瘋癲的故事逗得我們大笑。

我開始搭公車是因為我的母親不敢讓我獨自走在路上。我們一年到頭都被人威脅。有些登在報上，有些是其他人傳來的小紙條或留言。我的母親很擔心我，但塔利班分子從沒特別針對過一個小女孩。我更擔心的是塔利班分子會把我父親設為攻擊的目標，因為他總是發言反抗他們。我父親的密友，同時也是他抗爭的戰友扎西德．汗，八月時在前往祈禱的路上，臉部中槍，我知道大家都跟我父親說：「小心點，否則下一個就是你了。」

我們家這條街道，車子無法開進，所以我回家時，會在馬路旁的小溪邊下車，穿過一道上鎖的鐵柵門，然後再走一段階梯。我總覺得如果有人要攻擊我，肯定是在階梯上。我和我父親一樣是個愛幻想的人，有時候在課堂上我的心思會飄走，然後我就會想像回家時，在那段階梯上會有恐怖分子跳出來朝我開槍。我預想著我會怎麼反應。也許我會脫下鞋子來打他，但我想如果我這麼做了，我和恐怖分子又有什麼兩樣呢？最好還是央求饒命：「好吧，要開槍你就開吧，但請先聽我說完。你這麼做是不對的。我不是針對你，我只是希望每個女孩子都可以去上學而已。」

我並不害怕，但我也開始會在晚上睡覺前去確認大門是否有鎖好，並問眞主，人死後會發生什麼事。我什麼事都會告訴我最好的朋友莫妮芭。我們從小就住在同一條街上，而且從小學開始就一直是好朋友，我們分享彼此的一切，像是小賈斯丁的歌和《暮光之城》的電影，還有最好的亮顏面霜。她的夢想是成爲時尚設計師，但她知道她的家人絕對不會同意的，所以她告訴大家她想當醫生。在我們的社會裡，女孩子若眞有機會工作，也很難能從事老師或醫生以外的職業。我則不同——我從未隱瞞當我從想當醫生，變成想當發明家或政治家的念頭。若有什麼事情不對勁，莫妮芭總是能發覺。「別擔心，」我跟她說，「塔利班分子從沒針對過一個小女孩。」

當公車來的時候，我們用跑的下階梯。其他女孩子在走出門之前就會先用面紗把頭包好，接著才爬上公車的後方。公車其實是我們說的貨車（dyna）[3]，一臺白色豐田TownAce卡車，上面裝了三條平行的長椅，車廂內兩旁各有一條，另一條在中央。車上擠著二十個女學生和三個老師。我當時坐在左邊，莫妮芭和另一個小我們一年級的女孩，夏息雅·拉姆贊分別坐在我的兩側，我們手上抱著大考的資料夾，書包則放在腳下。

在那之後的事，我都有點模糊了。我記得卡車裡又熱又黏。天涼的日子遲來了，只有在很遠的興都庫什山脈上覆蓋了一層薄薄的白雪。我們坐的後座沒有窗戶，只蓋上了時不時會飄開的塑膠布，塑膠布嚴重發黃，上面還滿布塵土，沒辦法看到外面。我們只能從開放的車廂後頭看見一

3 後方開放式的貨車。

些藍天的痕跡和一瞥太陽，在那個時候，太陽像個黃色球體，漂浮在漫天的風沙之中。

我記得公車一如往常在大路上的檢查哨右轉，經過廢棄的板球場。然後我就不記得任何事情了。

在我對自己被開槍攻擊的想像裡，我的父親也在公車上，他也跟我一起中槍了，到處都是人，我四處尋找我的父親。

而事實是我們的車突然停了。在我們左手邊是長滿雜草的希爾．穆罕默德．汗的墓園，他是史瓦特第一任經濟部長。右手邊是零食工廠。我們應該在離檢查哨不超過兩百公尺遠的地方。

我們看不見前方，但一個留著大鬍子、穿著淺色服裝的年輕男子站在車身前方，揮手示意要車子停下。

「這是卡須爾學校的校車嗎？」他問司機。學校的名字就寫在車身上，烏西曼大哥心想這是什麼蠢問題。「是的。」他說。

「我需要其中幾個孩子的資訊。」那個男子說道。

「那你該去辦公室。」烏西曼大哥說。

他說話的時候，另一名穿著白色上衣的男子走到車身後方。「妳看，又是記者來要求採訪了。」莫妮芭說。自從我開始跟著父親在幾個活動上爭取女性受教權和抗議像塔利班分子這一類的人想把我們隱藏起來的事之後，便常常有記者來訪，甚至還有外國人，但是從沒像這樣找到路邊來的。

那個男子戴著一頂寬沿帽，拿著手帕掩蓋口鼻，好像他得了流感一樣。他看起來像是個大學生。接著他一躍跳上車尾，直接往我們靠過來。

「誰是馬拉拉？」他命令式的口氣問道。

沒有人開口，但好幾個女孩望向我的方向。我是唯一沒有把臉包裹起來的女孩。

這時候他舉起一把黑色手槍。我後來才知道那是一把柯爾特45型自動手槍。幾個女孩放聲尖叫。莫妮芭告訴我，我當時緊緊捏著她的手。

我的朋友們說，那個男子開了三槍，一槍接著一槍。第一槍射穿了我的左眼眶，子彈從左耳射出。我往前癱倒在莫妮芭身上，鮮血從我的左耳流出，所以另外兩發子彈擊中了我身邊的女孩。有一槍打中夏息雅的左手。第三槍從卡內·麗雅茲的左肩進入她的右上臂。

我的朋友們後來告訴我，槍手開槍時手在發抖。

等我們到醫院時，我的一頭長髮還有莫妮芭的大腿已經滿是鮮血。

誰是馬拉拉？我是馬拉拉，這是我的故事。

第一部

在塔利班來此之前

سورې سورې په ګولو راشې　　د بې ننګۍ آواز د رامه شه مئینه

Sorey sorey pa golo rashey

Da be nangai awaz de ra ma sha mayena

我寧可迎接你帶著彈孔光榮陣亡的遺體，

也不要聽到你在戰場上怯懦的消息。

——傳統帕什圖俗語

1 女兒誕生

我出生時，村裡的人都同情我的母親，沒有人恭喜我的父親。我在清晨時分、最後一顆星星黯淡時出生。我們帕什圖人認爲這是吉兆。我父親沒有錢可以負擔去醫院的費用或是請接生婆，所以只有鄰居來幫忙接生。我父母的第一胎是死胎，但我一出生就哭天喊地。我是女孩，我出生的國家裡，若家裡生了兒子，大家都要鳴槍慶祝，但若是生了女兒，則都要被藏在布簾後，女人一生的角色單純是煮飯和生孩子而已。

對大多數帕什圖人來說，女兒出生的那天就僅有一個「慘」字能形容。我父親的表弟雅罕·謝耳·汗·優薩福扎伊是少數來恭賀我誕生的人之一，他甚至還包了一大包禮金。但他也帶了我們達卡爾·優薩福扎伊家族龐大的族譜，一路可追溯到我的曾曾祖父一代，而上面只列了男性子嗣。我的父親齊奧汀，跟大多數帕什圖人不同，他接過祖譜，在他的名字下面畫了一條彎曲的線，在線的下方寫了「馬拉拉」。他的表弟驚訝地笑了。我父親毫不在乎，他說我出生後，他看著我的眼睛，覺得自己墜入了愛河。他跟其他人說：「我知道這個孩子與眾不同。」他甚至要求他的朋友朝我的搖籃灑水果乾、糖果和硬幣，這一般是對男孩子才會做的事。

我的名字源自阿富汗最偉大的女中豪傑馬拉賴．麥萬。帕什圖人是在巴基斯坦和阿富汗中分裂出來的數個部落裡，很自負的一支民族。我們遵從流傳數個世紀的帕什圖法（Pashtunwali）爲生活守則，這守則規定我們必須接待所有訪客，因爲對我們來說，最重要的就是nang，也就是「榮譽」。對帕什圖人來說，最糟糕的事情就是做了羞恥的事，這對帕什圖人來說是非常嚴重的事。我們有一句話是這樣說的：「丟了榮譽，等於沒了一切。」我們族裡爭奪和紛爭嚴重的程度，讓「親戚」——tarbur這個字——跟「敵人」有著同樣的意思。但我們總是團結一致面對想要占領我們土地的外來勢力。每個帕什圖的孩子都是聽馬拉賴如何在西元一八八〇年那場浩大的阿富汗戰役中，激勵阿富汗軍隊擊敗英軍的故事長大的。

馬拉賴出生在麥萬這個地方，是一位牧羊人的女兒。麥萬位於坎大哈省西邊一個塵土飛揚的平原，當時被英國侵占。當她還是個青少女的時候，她的父親和她未來的婚配對象是數千名企圖擊退英軍的阿富汗人之一。馬拉賴和村裡其他女人一起來到戰場，照顧傷兵和送來飲水。她看見自己的族人節節敗退，當舉旗手倒下時，她高舉著自己的白色面紗，走上戰場來到士兵們面前。

「年輕的愛人啊！」她大喊道：「如果你沒有在麥萬之役倒下，那麼以主之名，是因爲有人把你看做是羞恥的象徵而救了你一命。」

馬拉賴在雙方交戰之中喪命，但她說的話語和她的勇氣激勵了士兵們扭轉戰局。他們搗毀了整個兵旅，這是英國戰史上最慘烈的一次戰敗。阿富汗人感到萬分驕傲，阿富汗親王甚至還在喀布爾中心建了麥萬之役戰勝紀念碑。我念國中時有看了一些福爾摩斯，當看到華生就是在這場戰役中受傷，我會心一笑，因爲如此，華生醫生才成了這個偉大偵探的夥伴。馬拉賴是我們帕什圖上享受音樂和跳舞。還有很多外國人也會來到這裡，不論他們從哪來，我們都稱他們爲「英國人」。甚至連英國女王都來過，她在用與泰姬瑪哈陵一樣的白色大理石所建造的白城城堡裡過夜，這座城堡是我們的君王，史瓦特的第一任統治者所建的。

我們的歷史也很特別。如今史瓦特隸屬於開伯爾．普赫圖赫瓦省（Khyber Pakhtunkhwa），也就是許多巴基斯坦人說的KPK[4]的一部分，但史瓦特曾是與巴基斯坦其他地區分隔開來的。我們跟附近的奇特拉爾（Chitral）和迪爾（Dir）一同曾是土邦三省中的一省。在殖民時期，我們的國王效忠英王，但仍保有自己的土地。西元一九四七年英王讓印度獨立並將其分割時，我們被劃分到新創立的巴基斯坦之中，但仍保有自治權。我們使用巴基斯坦的盧比爲貨幣，但巴基斯坦政府只能干預我們的外交政策。我們的政權維持正義，讓夙有交戰的部落維持和平，徵收ushur——也就是一成的所得稅——並用這些稅收造路、蓋醫院和建學校。

我們距離巴基斯坦首都伊斯蘭堡直線距離只有一百英哩遠，但感覺上就像是兩個不同的國家。這段旅程若走公路，經過瑪拉卡山隘，至少需要五個小時。瑪拉坎山隘由群山圍成，很早以前一位叫做毛拉．達度拉的傳教士（英國人稱他是「瘋狂的騙子」）曾帶領我們的祖先在這險峻的山陵上和英軍對戰。溫斯頓．邱吉爾也在其中，他還寫了一本關於這場戰役的書。直至今日我們仍稱其中一座山峰爲邱吉爾峰，雖然他對我們人民沒什麼好評。在山隘終點是一處綠色穹頂的

4 開伯爾．普赫圖赫瓦省（**Khyber Pakhtunkhwa**），直譯就是「帕什圖區」，直到了西元**2010**年被稱為西北邊疆省，成為巴基斯坦四省之一。

聖地，人們會在這裡丟銅板，感謝這一路旅程平安抵達。

我認識的人之中沒有任何人去過伊斯蘭堡。在動亂開始之前，大多數人，像是我的母親，從沒有離開過史瓦特。

我們住在明戈拉，是河谷裡最大的城鎮，其實也是唯一的城鎮。這裡本來很小，但很多人從近郊村落搬來，讓此地變得又骯髒又擁擠。這裡有飯店，有大學，有一座高爾夫球場，和一個很有名的市集，可以買傳統繡花布、寶石和任何你想得到的東西。馬爾格扎溪穿越其中，水流因爲塑膠袋和垃圾而顯得又黃又濁。這條溪不像山區的溪流，也不像城外的史瓦特河那樣清澈，人們可以在那些河流釣鱒魚，我們也會在節日時去踏青。我們住在古咖達，代表的意思是「花境」，但以前曾被稱作布卡拉，意思是「佛像園」。在我們家附近是一塊四散著神祕廢棄物的空地——端坐的獅子像、殘破的圓柱、斷頭的雕像，最奇怪的是還有數百座石傘。

伊斯蘭教徒在西元十一世紀時來到我們的河谷，當時加茲尼（Ghazni）的帝王蘇丹．馬哈茂德從阿富汗入侵，成爲我們的統治者。但在古代，史瓦特原是佛教國家。佛教徒於西元二世紀時來到這裡，他們的君主統治此地超過五百年之久。中國探險家曾描寫過這裡的景象，一千四百個佛教寺廟坐落在史瓦特河沿岸，寺廟裡神奇的鐘聲迴盪整個河谷。這些寺廟早就消失了，但在史瓦特的每一處，在櫻草花叢之中，你都還是能找到寺廟的遺跡。我們以前常常在微笑的石雕胖佛蓮座像旁野餐。關於菩薩在這裡現身的故事不勝枚舉，因爲這裡就是個這麼平靜的地方，據說菩薩的骨灰有一部分就是被埋在河谷裡一個巨大的佛塔裡。

我們的布卡拉遺跡是個可以玩捉迷藏的神祕場所。有一次一群外國考古學家來到這裡做研究，告訴我們在很久以前這裡曾是朝聖的地方，有很多用黃金裝飾著圓頂的美麗寺廟，也是佛教君王下葬的地方。我的父親寫了一首名爲〈布卡拉遺跡〉的詩，詩裡完美描述了佛寺和清眞寺如何能夠比鄰而建：「當真相的聲音由喚拜塔[5]傳出／菩薩也微笑了／分裂的歷史之鍊也為之重新結合。」

我們住在興都庫什山脈的庇蔭下，這裡的男人會去獵捕羱羊和金雞。我們的屋子是堅固的水泥平房。爬上屋子的左側是平坦的屋頂，我們小孩子可以在上面打板球，這裡是我們的遊樂場。黃昏時，我父親和他的朋友常常在這裡小聚喝茶。有的時候我也會坐在屋頂，看著四周裊裊昇起的炊煙，聽夜裡蟋蟀唧唧。

我們的河谷裡長滿了果樹，這些果樹結出最甜美的無花果和紅石榴。我們家前院有一棵能結出最甜美的果實的梅樹。我們總要跟小鳥比賽看誰先吃到果子。小鳥們都很愛那棵樹，連啄木鳥也不例外。

自我有記憶以來，我母親都會跟小鳥說話。我們的屋子後面有一條長廊，是女人們聚集的地方。我們深知什麼是飢餓的滋味，所以我母親總是會多煮一些食物，分給其他貧苦的家庭。如果還有剩，她就會拿去餵鳥兒。在帕什圖語裡，我們喜歡唱一種雙行詩，叫做tapae[6]，她一邊灑米時就會一邊唱道：「可別殺害園子裡的鴿子／殺了一隻其他就不會再來了。」

---

5 原文「minaret」，指清真寺的尖塔。

6 tapae，一種帕什圖民間詩歌的形式，只有兩行，第一行有九個字，第二行則有十三個字。

我喜歡坐在屋頂上，看著群山，做白日夢。群山裡最高的是金字塔型的愛隆姆山。對我們來說它是一座聖山，因爲它實在太高了，所以終年都掛著一圈軟綿綿的雲朵項鍊。即便是夏天也覆蓋著一層薄雪。我們在學校裡學到，西元前三二七年，連佛教徒都還沒來此之前，亞歷山大大帝曾帶領數千頭大象和士兵，從阿富汗到印度河的路上，橫掃我們的河谷。史瓦特人逃到高山上，相信他們一定會受到他們的神明所保護，因爲這些山是如此的高聳。但是亞歷山大大帝是個意志堅定又有耐性的君王。他造了一道木造的斜坡，讓他的石弩和弓箭可以射到山頂上。然後他爬到山頂，抓住木星，作爲他的權力象徵。

我在屋頂上，看山峰隨四季改變模樣。秋天時會吹來涼風。冬天則萬物是一片白茫茫，屋簷旁垂著像一把把匕首的冰柱，我們特別喜歡折冰柱。我們會在四周跑來跑去，堆雪人和捏雪熊，並試著接住雪花。春天是史瓦特最綠意盎然的時節。尤加利樹開的花吹進屋子裡，把一切覆蓋成雪白一片，風裡帶有稻田的刺鼻氣味。我是夏天出生的，這大概也是爲什麼一年之中我最喜歡的時間是夏天的原因，雖然明戈拉的夏天又熱又乾，溪水也因爲人們丟的垃圾而散發出惡臭。

我出生時，家裡非常窮困。我父親找了一個朋友投資他們的第一所學校，我們就住在學校對面一棟破舊的兩房棚屋裡。我和父母親睡在其中一間房，另一間則是客房。我們沒有浴室和廚房，母親就地生火煮飯，用學校的洗手臺洗衣服。我們家裡常常滿是村裡來訪的客人。「好客」是帕什圖文化中很重要的一部分。

我出生後兩年，我的弟弟卡須爾出生了。他跟我一樣是在家裡出生的，因爲我們仍然負擔不了醫院的費用，而他被命名爲卡須爾，與父親的學校同名，源自於帕什圖的英雄：卡須爾·

汗・卡達克，他是戰士也是詩人。我的母親一直想要有個兒子，所以當弟弟出生時她藏不住滿心的喜悅。在我看來，他非常的瘦小，像根被風一吹就會折斷的蘆葦，但他是她眼裡的珍寶，她的ladla。母親看來就像是願意爲他摘星撈月一般。他無時無刻都想喝茶，想喝我們那種加了牛奶和糖還有荳蔻的傳統茶，但連我母親都喝膩了，最後泡出的茶苦澀的連他都不想再喝。她想買一個新的搖籃給他——我出生時父親買不起搖籃，所以當時他們用的是一個鄰居送的，不知道已經轉手第三還是第四手的老舊木製搖籃——但我父親拒絕了她的要求。「馬拉拉能睡那個搖籃，」他說道，「那麼他也可以。」後來，將近五年後，另一個兒子出生了——阿塔爾，他張著好奇的大眼睛，像隻小松鼠一樣。阿塔爾出生後，父親說我們已經圓滿了。三個孩子在史瓦特的標準來說是個小家庭，這裡大多數人都有七到八個小孩。

我大多時間都和卡須爾玩在一起，因爲他只比我小兩歲，但我們也總是在吵架。他會去跟母親哭訴，而我則是去找父親。「怎麼了，**親愛的**[7]？」他會問道。我像他一樣出生就有雙重關節，我能把手指頭完全往後扳折。而且我走路的時候，腳踝會發出喀喀聲響，這讓大人們感到很不舒服。

我的母親非常美麗，父親把她當瓷花瓶般地愛慕著。他從來沒有對她動過粗，這和我們這裡的許多男人對待女人的方式很不一樣。她的名字，托貝凱[8]，意思就是「烏黑的長髮」，但其實

---

7 原文「**jani**」，意思為「親愛的」。

8 原文「**Tor Pekai**」

她的髮色是栗棕色的。我的外公姸瑟爾・汗在母親出生前一直收聽阿富汗電臺，剛好聽見這個名字。我希望自己跟母親一樣，有著百合花般潔白的肌膚、姣好的身材，還有碧綠的雙眼。然而我卻遺傳了父親蠟黃的膚色、闊鼻和棕色的眼珠。我們的文化裡，每個人都有小名，除了從我還是嬰兒的時候，母親就會用來叫我的「小貓」（Pisho）以外，我有幾個表親會叫我Lachi，在帕什圖語裡就是「荳蔻」的意思。黝黑膚色的人常常被叫做小白，而矮個子的人常被稱爲老高，這就是我們的幽默感。我父親在家族裡都被稱做Khaista Dada，就是「美麗」的意思。

當我大約四歲時，我問父親：「爸爸，你是什麼顏色？」他回答道：「我不知道，有點白也有點黑吧。」

「就像是把牛奶加進茶裡頭。」我說。

他很常拿這個來開玩笑，但當他還小的時候，他也曾經對於自己膚色黝黑而感到很不自在。他會跑進原野裡，把水牛的奶水往臉上倒，他以爲這樣能讓他的膚色淺一點。直到他認識了母親，他才開始比較能接受自己的膚色。一個如此美麗的女孩愛著他，讓他有了自信心。

在我們的社會裡，婚姻往往是由家裡安排，但他們是因爲相愛而互許終生。我可以無止盡地重複聽他們相遇的故事。他們來自位在史瓦特上方，一個叫做香拉的偏遠河谷裡兩個相鄰的村莊，當時母親和她的家人來訪時，我父親會在他叔叔的房裡讀書，叔公的房間在姑婆房的隔壁，因而他們能有機會見到彼此。他們短暫見了幾次面，就知道彼此互有好感，但對我們來說，表達這樣的情感絕對是個禁忌。所以他只好寫詩給她，而她卻看不懂。

「我崇拜他的才智。」她說道。

「而我，則是傾倒於她的美貌。」他笑道。

但是還有一個大問題。我的外公和祖父兩人彼此合不來。所以當我父親宣布要向母親求婚時，很顯然的兩方家庭對這場婚事都不會贊同。他的父親說由他決定就好，也同意派出理髮師作爲使者，這是我們帕什圖人的傳統作法。我的外公馬力克．妍瑟爾．汗卻拒絕了婚事，但我父親是固執之人，說服我的祖父再一次派出理髮師。妍瑟爾．汗的會所[9]是人們聚集討論政治的地方，我的父親常常造訪，漸漸地他們認識了彼此。他讓我父親等了九個月，最終還是答應了這門婚事。

我母親的家庭裡，堅強的女性與有影響力的男性輩出。她的祖母——我的曾祖母——在她的孩子還年幼時就守寡了，而她最大的兒子妍瑟爾．汗才九歲，就因爲一場和另一個家族發生的部落衝突而被關了。爲了要讓兒子被釋放出來，她沿著山路走了四十英哩路，求助一位很有權力的表親。我想若是我的母親，也會爲我們這麼做的，雖然她不會讀字也無法書寫，我父親還是與她分享一切，和她說關於自己的一天發生了什麼好事與壞事。她很常調侃他，也會給他建議，告訴他她認爲誰是眞的朋友而誰不是，我父親說她總是對的。大多數的帕什圖男人不這麼做，因爲他們認爲和女人分享煩惱是軟弱的表現。「他還問他太太耶！」他們會用羞辱的口吻這麼說。我常見我的父母很快樂且笑顏常駐。外人看見我們會說我們是甜蜜的一家人。

9 原文「**hujra**」，意為「會所」，是傳統帕什圖男人聚會的地方。

我的母親是個很虔誠的信徒，她每天祈禱五次，但不是在清眞寺裡，因爲那是只有男人可以去的地方。她不認同跳舞這件事，因爲她說眞主不會喜歡，但她喜愛用漂亮的東西、繡花布、金項鍊和手鐲把自己打扮得美美的。我想她可能對我有點失望吧，畢竟我這麼像我父親，一點都不在乎穿著和珠寶。去市集總讓我覺得很無聊，但我喜歡關上門來跟我學校的朋友一起跳舞。

我們小孩子在成長的過程中，大多數時間都跟著母親。我父親很忙，得時常出門，不只是爲了學校的事而已，還有文學界和**部落集會**[10]的事，與推廣環保和倡導保護我們的河谷地區。我的父親來自一個落後的村莊，但透過教育和他不服輸的個性，他給我們一個很好的生活環境，也爲自己掙了個好名聲。

人們喜歡聽他講話，而我則很愛傍晚訪客來到家裡的時刻。我們會圍著母親鋪在地板、上面擺滿食物的塑膠布席地而坐，按照習俗用右手把米飯和肉捏成小團吃掉。夜晚來臨時我們坐在油燈旁，趕蒼蠅的手勢在牆上留下舞動的剪影。夏天的時候，屋外常常又閃電又打雷的，我就會往父親的膝蓋再靠得更緊一點。

我總是全神貫注地傾聽他說的故事，關於部落間的戰爭、帕什圖領袖和聖人，他常常以朗讀詩詞的悅耳音調來講故事，有時也會讀到落淚。我們就和大多數史瓦特人一樣，來自優薩福扎伊（Yousafzai）族。我們優薩福扎伊族人（有些人拼作Yusufzai或是Yousufzai）源自坎大哈，是帕

10 原文「**jirgas**」

什圖部落中最大的一族，分布在巴基斯坦和阿富汗各處。

我們的祖先在西元十六世紀從喀布爾來到史瓦特，他們在喀布爾幫助帖木兒君王在被罷黜之後贏回王位。帖木兒君王賜給他們在宮廷中與軍隊裡的重要職務作爲獎賞，但君王的朋友卻警告他優薩福扎伊族日漸龐大，有天必會篡他的位。所以在一個晚上，君王辦了場宴會，把所有的頭目請來吃飯，卻在席間派人攻擊他們。大約共有六百個頭目被屠殺，只有兩人逃過一劫，跟著族人一起逃到了白沙瓦。過了一段日子，他們來拜訪史瓦特的幾個部落，想徵求其他人的支持，好回到阿富汗，但他們被史瓦特的美景給吸引了，於是改變心意，決定留下，並把其他部落趕出此地。

優薩福扎伊族將部落裡的土地按照男性成員做劃分。這是一個特有的體系，稱爲**沃許**（wesh），在這個體系之下，每隔五到十年，所有的家族都得換村落而居，男人之間重新分配土地，這樣一來，大家才都有機會輪流使用到肥沃的土地和貧瘠的土地。這也能避免對立的家族產生衝突。村落由可汗統治，百姓、工匠和工人則是他們的佃戶。他們必須支付相當的租金，通常都是部分的穀物收成。他們也得支援可汗的軍隊，每一小塊地都得派出一名武裝人員。每個可汗都擁有數百名戰士，作用是處理衝突事件，還有到其他村落燒殺掠奪。

優薩福扎伊族在史瓦特的時候並沒有領導者，可汗彼此間，甚至在家族之間時常發生鬥爭。大家全都有來福槍，現在他們不會像在帕什圖其他地方那樣，帶著槍到處走來走去，但我的祖父以前會跟我們說他小時候發生的槍戰故事。到了上一個世紀初，他們開始擔心會被已占領了周圍大多數土地的英軍侵占。他們也對無止盡的殺戮感到疲憊了，所以決定要找出一位公正不阿的人來領導整個地區，解決這些糾紛。

在連續幾個領導人都失敗之後，西元一九一七年，頭目們決定由彌安戈．阿部朵．瓦度（Miangul Abdul Wadood）來當他們的國王。他就是我們敬仰的巴度什．薩伊（Badshah Sahib），雖然他是個徹底的文盲，他仍成功地讓河谷地區平靜了下來。從帕什圖人手中奪走他的來福槍就像是奪走他的性命一樣，所以他沒有解除部落的武力，反而在史瓦特各處建造了碉堡，並且建立了一支軍隊。他在西元一九二六年獲英軍認定爲國家領袖，並視爲娃利[11]，意思是「統治者」。他架設了第一套電話系統，還蓋了第一所小學，結束了沃許（Wesh）體制，因爲不停在村落間搬遷，造成人民無法買賣土地，也沒有動力建造比較好的房子或是種植果樹。

到了西元一九四九年，巴基斯坦建國兩年後，他讓位給自己的長子彌安戈．阿部朵．哈克．耶汗齊（Miangul Abdul Haq Jehanzeb）。我父親總是說：「巴度什．薩伊帶給我們和平，他的兒子則讓我們繁榮。」我們認爲耶汗齊在位時，是我們歷史上最耀眼的時期。他曾在白沙瓦接受英式教育，也許因爲他的父親是文盲，使得他對於學校更有熱情，他蓋了許多所學校，還有醫院和造了許多道路。在西元一九五〇年代，他終止了可汗向人民課稅的制度。但當時是沒有言論自由的，如果有誰批評了娃利，可能會遭到被逐出河谷地區的懲罰。到了西元一九六九年，也就是我父親出生的那年，娃利放棄統治權，我們變成了巴基斯坦西北邊疆的一省，這個省在幾年前改名爲開伯爾．帕什圖省（Khyber Pakhtunkhwa）。

11 原文為「**wali**」，為舊時統治者的稱號。此處採音譯。

所以我出生時已是驕傲的巴基斯坦之女，雖然就跟所有的史瓦特人一樣，我的認知會先覺得自己是史瓦特人和帕什圖人，然後才是巴基斯坦人。

在我們家這條街上不遠處有一個家庭，他們有個跟我同年的女兒叫做賽費娜，還有兩個兒子跟我的兩個弟弟年紀相仿，分別是巴芭和巴賽特。我們常在街上或屋頂上一起打板球，但我知道等我們女孩子再長大一點，大人們就會希望我們待在家裡了。外人對我們女孩的期望，是要負責煮飯還有服侍父親和兄弟。男人們可以在城裡自由活動，我和母親卻必須要有男性親戚的陪伴才可以出門，即便只是個五歲的小男孩也可以！這就是傳統。

我很早就決定我不要這樣生活了。我父親總是說：「馬拉拉會像隻小鳥般自由。」我夢想能登上愛隆姆頂峰，跟亞歷山大大帝一樣伸手去摸木星，甚至離開河谷地區。但當我看著我的弟弟們在屋頂上跑來跑去、放著風箏，熟練地控制手中的線繩，企圖把對方的風箏擊落的同時，我不禁懷疑，身爲一個女兒，我其實能有多少自由。

2

父親是鷹

我一直都知道父親有字彙方面的困擾。有時候單字會卡住，他就會一直重複同一個音節好幾次，像是唱片跳針那樣，我們都在等下一個音節哪時候會突然跳出來。他說那種感覺就像是喉嚨裡頭有一道牆倒塌。「馬」音、「貝」音和「可」音準備要伺機攻擊。我會笑他叫我「親愛的」只是因爲這樣唸起來比「馬拉拉」容易。口吃對一個熱愛文字和詩歌的人來說是很糟糕的事。他有一個叔叔和一個舅舅都有這個問題。但讓問題惡化的主因，可說無疑地就是他的父親影響的，那個說起話來能讓文字飛舞、音量有如鑼鼓撼天的男人。

「說出來，兒子！」每當我父親話說到一半卡住的時候，他就會威聲命令道。我的祖父叫做羅歐．阿閩，意思就是「誠實的靈魂」，同時也是天使加百列的聖名。他對自己的名字感到很驕傲，在自我介紹時他總是會唸一段有他的名字在其中的詩文給對方聽。他可以算是個沒什麼耐性的人，一點芝麻綠豆大的小事都能讓他暴跳如雷——比方說一隻母雞跑到外面來了，或是杯子破了的這種事。他會漲紅了臉，把水壺和鍋子亂扔。我從未見過我的祖母，但我父親說她以前會開我祖父的玩笑說：「看在眞主的份上，你每次都只給我們看你皺眉頭的模樣，等我死後，願眞主賜你一位永不微笑的太太。」

我的祖母非常擔心我父親的口吃問題，所以在他還小的時候，她帶他去見一位聖人。那趟路得搭很久的公車，再走上一小時的山路才能抵達聖人居住之處。她的侄子法西．哈金得把我父親背在肩上走。這個聖人名叫李瓦諾．皮爾，是個瘋聖士，因爲據說他可以讓瘋子平靜下來。當他們被帶去見這位**世襲的聖人**[12]時，他請我父親張開嘴巴，然後朝他的嘴裡吐了一口口水。接著拿了一點**固兒**[13]，一種用甘蔗製成的深色糖漿，放進自己嘴裡，在口腔中圍繞推揉用口水濕潤它，再把口中這團東西拿出來交給我祖母，要她每天餵我父親吃一點。這個療法沒有治好我父親的口吃，事實上，有些人還覺得變得更嚴重了。所以當父親十三歲時跟我祖父說他要去參加一場演講比賽的時候，羅歐．阿閩笑著問他：「怎麼可能？你一句話就要講一或兩分鐘了！」

「別擔心，」我父親回答道。「你來寫講稿，我會背起來的。」

我祖父的演講十分有名。他在夏波村的公立高中裡教神學。他同時也是當地清眞寺的教長。他是一個有神奇力量的講者。他在每週五的佈道，受歡迎的程度是山上的人都會騎著驢子或徒步下山來聆聽。

我的父親出身大家庭。他有一個比他年長很多的哥哥——薩伊德．拉姆贊，我都叫他可汗達達阿伯。我父親還有五個姊妹。他們的村子巴卡拿很原始，一家子全都擠在一戶破舊的平房裡，

---

12 原文「**pir**」，意思即為世襲聖人。

13 原文「**gur**」

房子的屋頂是泥土製的，每逢下雨或下雪就一定會漏進屋內。跟大多數家庭一樣，女孩都待在家，男孩則去上學。「她們就只是等著被嫁掉而已。」我父親說道。

我的姑姑們錯過的，不只有上學而已。早上我父親會拿到奶油或牛奶，他的姊妹們只有沒加牛奶的茶。如果桌上有雞蛋，也只有男孩子可以吃。晚餐若有殺雞，女兒只能吃雞翅和雞脖子，而美味的雞胸則是給我父親和他的哥哥，還有我祖父享用。「從很早開始，我就能感覺到我跟姊妹們不一樣了。」我父親說。

我父親的村子裡沒什麼娛樂可做。那地方實在太狹窄，連要打個板球都沒空間，村子裡只有一戶人家裡有電視。每週五他們兄弟倆就會偷溜進清眞寺，崇拜地看著我祖父站在講臺上，對著信眾傳教一個多小時，等著聽他的音量提高到幾乎震動了樑柱的那一刻。

我的祖父在印度念過書，他在那裡見過很多偉大的演說者和領袖，包括穆罕默德・阿里・眞納（巴基斯坦的國父）、賈瓦哈拉爾・尼赫魯（Jawaharlal Nehru）、聖雄甘地，和阿卜杜勒・伽法爾汗（Khan Abdul Ghaffar Khan），他是爲我們爭取獨立的偉大帕什圖領袖。我的祖父，我都叫他爺爺[14]，甚至見證了西元一九四七年八月十四日那天午夜，我們結束被英國殖民而獲得獨立的那一刻。他當時很愛用來聽新聞的那臺老舊收音機，現在還在我大伯家裡。他的佈道常常充滿世界大事，或是《可蘭經》和《聖訓》[15]裡的歷史事件與故事，還有先知說的話。他也喜歡談論

14 原文「**baba**」，對祖父或年長的男子的暱稱，也就是「爺爺」。

15 **Hadith**，在伊斯蘭傳統指的是穆罕默德的言行錄。

政治。史瓦特在西元一九六九年成爲巴基斯坦的一部分，也就是我父親出生的那一年。眾多史瓦特人對此很不高興，抱怨巴基斯坦的法治系統比傳統的部落法則來得緩慢又沒效率。我的祖父則怒叱階級制度、可汗權力，還有貧富差距的問題。

我的國家也許建立的時間沒有多久，但很不幸地已經有過軍方政變的歷史。當我父親才八歲的時候，一位叫做齊亞．哈克（Zia ul-Haq）的將軍奪下了政權。這裡到現在還是有很多地方張貼他的照片。他是個很恐怖的人，有著很深的熊貓眼，大大的牙齒出盡風頭，而他的頭髮梳得油亮，貼在頭頂上。他把我們選出來的總理佐勒菲卡爾．阿里．布托（Zulfikar Ali Bhutto）抓了起來，指控他判國，並在拉瓦爾品第把他處以絞刑。直至今日，人們仍會說到布托先生的超凡領袖魅力。大家都說雖然他自己是封建地主，坐擁遼闊的芒果園，但他是第一位會爲平凡百姓發聲的巴基斯坦領袖。他被處死的消息震驚了所有人，而且醜化了巴基斯坦的國際形象。美國因此停止援助。

爲了取得國內的支持，齊亞將軍推動政治伊斯蘭化，讓我們成爲正式的穆斯林國家，有軍隊保衛我們宗教上與政治上的領土。他告訴人民聽命於他的政府是我們的義務，因爲這是爲了追求伊斯蘭教的原則。齊亞甚至企圖強制規定我們祈禱的方式，並在每個地區設置沙拉特[16]，也就是祈禱委員會，連我們這麼偏遠的村落也有，並指派十萬名祈禱指導員到各地。在那之前，傳教士不過是個空設的職位——我父親說他們會在婚禮派對上出現，待在一旁角落然後還提早離開——

16 原文「salat」

但在齊亞的手下，他們成爲很有影響力的人，還被召喚到伊斯蘭堡指導傳教的方法。連我祖父都去了。

在齊亞的政權下，巴基斯坦婦女的生活限制更嚴格了。眞納說：「如果女人無法與男人肩並肩的參與事務，那麼所有的困境都不會有突破的一日了。世界上有兩種力量，一種是劍，另一種則是筆。其實還有第三種力量，比這兩種還要強大，那就是女性的力量。」但是齊亞將軍採用了伊斯蘭律法，使得在法庭上，被告若是女性，那麼能被採用的證詞只有男人的一半。很快的，監獄裡就都像是這樣的案例：一個十三歲的女孩被強暴導致懷孕後，卻因爲姦淫罪被關，只因爲她沒有辦法找到四位男性證人來證明她是受害者。婦女在國內如果沒有男性的批准，就是要在銀行開戶都沒有辦法被核准。我們曾是曲棍球的強國，但齊亞規定我們的女性球員不准穿短褲，得改穿累贅的長褲，並直接禁止女性從事其他數種運動。

當時我們有許多穆斯林學校或是宗教學校，學校裡的宗教研究課，也就是我們稱爲地尼亞[17]，都被換成伊斯蘭亞[18]，或是伊斯蘭研究，巴基斯坦的孩子至今都還要上這堂課。我們的歷史課本被改寫，巴基斯坦被描述成「伊斯蘭教的堡壘」，彷彿我們在建國的西元一九四七年前就存在了一樣，課本還譴責印度教和猶太教。任何看了課本內容的人，可能都會以爲我們打贏了那三場戰爭吧，但其實我們是慘敗給我們最大的敵人——印度。

17 原文「**deeniyat**」

18 原文「**Islamiyat**」

在我父親十歲那年，一切都改變了。西元一九七九年的聖誕節剛過，俄國人攻打了我們的鄰國阿富汗。數百萬阿富汗人跨越國界逃到巴基斯坦，齊亞將軍提供了庇護。白沙瓦各處被大量的白色帳篷所占，直至今日都還有帳篷在那裡。我們最大的情報單位隸屬於軍方管轄，叫做ＩＳＩ[19]。ＩＳＩ開啓了一個龐大的計畫，招募並訓練這些難民營的阿富汗人成爲游擊隊員，或稱爲「聖戰士」[20]。雖然眾所皆知阿富汗人天生就是優秀的戰士，負責整個計畫的伊曼上校仍抱怨整頓這些人有如「把青蛙抓去秤重」一樣。

俄國入侵事件讓齊亞在國際上的形象由被大家所鄙棄的角色，轉變爲一個冷戰中偉大的捍衛自由人士。美國再次成爲我們的友邦國，因爲當時俄國是他們最大的敵人。鄰國伊朗王朝幾個月前發動了革命，所以美國中勤局在這個地區就失去了他們的主要基地。這個位置於是便由巴基斯坦取而代之。數千萬美金從美國和其他西方國家流入我們的國庫中，還有要給ＩＳＩ用來訓練阿富汗人對抗共產黨紅色大軍的武器也隨之而來。齊亞將軍受邀到美國白宮與雷根總統會談、到英國唐寧街十號與總理柴契爾夫人會晤。他們不斷地給他各種表揚和讚美。

總理佐勒菲卡爾．布托指派齊亞接管軍事，因爲他以爲齊亞不太聰明，不會是個威脅。他稱齊亞是他的「猴子」。但原來齊亞是個很狡猾的人。他讓阿富汗成爲焦點不只是爲了做給那些想要阻止共產力量從蘇聯散布的西方國家看，還有蘇丹到塔吉克的穆斯林，他們視阿富汗爲受到

---

19 **ISI**，全名「**Islamic State of Iraq**」。巴基斯坦三軍情報局，是巴基斯坦最大的情報單位。

20 原文「**jihad**」，聖戰或內戰。

異教徒攻擊的伊斯蘭教國家。大量的金錢從整個阿拉伯世界湧入，特別是沙烏地阿拉伯，不論美國送什麼來，他們就比照辦理，還派了自願軍，其中包含一名沙烏地百萬富翁——奧薩瑪．賓拉登。

我們帕什圖是從巴基斯坦和阿富汗之間分裂出來的，我們也不太曉得英軍一百多年前畫的國界在哪裡。所以蘇聯入侵，讓我們不只為了宗教信仰，也為了民族主義而熱血沸騰。清真寺裡的傳教士會在講道時，時不時談到蘇聯侵占阿富汗的事，譴責俄國人是異教徒，並催促民眾加入聖戰士的行列，成為除了我們從小所知的信仰五柱以外的第六根支柱——信仰五柱分別為信奉唯一的真主、一天祈禱五次、布施、在齋戒月時從清晨禁食到黃昏，以及前往麥加朝聖——這是每一個身體健全的穆斯林一生中必定要做一次的事。我父親說，在我們的世界裡，美國中情局很鼓勵聖戰士這個概念。在難民營裡的孩子甚至會拿到美國大學編撰的課本，用戰爭教導基本的四則運算。課本有像這樣的舉例：「如果十個俄國異教徒，有五個被穆斯林殺死了，就會剩下五個。」或是「15發子彈－5發子彈＝10發子彈」。

幾個和我父親住同一區的男孩子去阿富汗打仗了。我父親記得有天一位名叫蘇非．穆罕默德的教授[21]來到村裡，要求年輕男子去加入戰爭，以伊斯蘭教之名對抗俄國。很多人參加了，有人帶著老舊的來福槍，甚至只帶斧頭和火箭炮就出發了。那時沒有人知道，幾年後這個教授的組織成了「史瓦特塔利班」。當時我父親才十二歲，還不能打仗。但俄國人幾乎整個八〇年代，約

21　原文「maulana」，毛拉那，伊斯蘭教的學者。

莫十年之久都在阿富汗，我父親到了青少年的年紀時，也決定要成爲一名聖戰士。雖然之後他反而更少祈禱了，因爲當時他常常得在清晨就離家出發，走路前去另一個村子的清眞寺，跟著一位**塔利班**[22]學長研習《可蘭經》。當時「**塔利班**」單純只有「宗教學生」的意思。他們一起研讀了《可蘭經》裡的三十個章節，不只朗讀，還有演繹，很少男孩子會這麼做。

這個學長把聖戰士形容得無比光榮，深深地吸引了我父親。他會不停地跟我父親說人生苦短，村子裡的年輕男人沒有什麼發揮的機會。我們的家族只有一小塊土地，而我父親也不想與其他同學一樣，最後得到南方的礦坑去工作。礦坑的活很辛苦又危險，一年之中總有好幾副棺材就是因爲意外事故而被抬回村裡。村子裡大多數男孩能期待最好的工作，就是到沙烏地阿拉伯或是杜拜的建築工地工作。所以天堂有七十二個處女[23]聽起來十分吸引人。我父親每晚向主祈禱：「喔，阿拉眞主，請讓穆斯林和異教徒打起來吧，這樣我就可以在祢的聖澤下捐軀，成爲祢的殉道者了。」

有一陣子，穆斯林這個身分在他的生命中，似乎比所有的一切都還要重要。他開始自稱「齊奧汀．潘齊皮麗」[24]（潘齊皮麗是一個教派），也開始留鬍子了。他說，那就像是被洗腦一樣。他認爲如果當時有自殺炸彈客這種事，他可能也會去做。但他從小就是個很愛問問題的孩子，他

22 原文「**talib**」，已成為塔利班激進分子的虔誠宗教學生。

23 回教徒相信，願意為宗教犧牲的烈士，進入天堂後會有七十二個處女侍候。

24 原文「**Panchpiri**」

很少單看事物的表面價值，雖然在我們的教育裡，公立學校就是要你死背課本就好，學生也不該質疑老師。

大約在他祈禱可以成爲殉道者上天堂的時期，他認識了我母親的哥哥——費茲·穆罕默德，開始接觸到她的家人、在她父親的會所出入。他們深入參與政治，加入教區的民族主義黨派，並反對參與戰爭。當時拉曼·夏·薩耶寫了一首很有名的詩，他就是創作那首跟我同名的詩的白沙瓦詩人。他描述在阿富汗發生的事是「兩頭大象之間的戰爭」——指的就是美俄兩國——而不是我們的戰爭，還說帕什圖人是「兩頭猛獸打鬥中折損的青草地」。我父親在我小時候常常引用這首詩給我聽，但當時的我不明白其中道理。

我父親深受費茲·穆罕默德的影響，並且認爲他講話很有道理，特別是關於想要終結亂局，與我們國內的資本主義體系，因爲當時同一個大家族已經掌權數年，而這數年間貧者只有越來越貧困而已。他發現自己身陷兩個極端之中拉扯，一邊是政教分離和社會主義，一邊是伊斯蘭軍激進分子。我想他最後決定取其中庸了。

父親很敬畏我的祖父，他跟我說了很多關於祖父了不起的事蹟，但他也告訴我，祖父自己都無法達成他對別人設下的高標準。爺爺是個很受歡迎又充滿熱忱的演說家，如果他可以多用點心思在人際交往上，少花時間在跟表親以及其他比他優異的人較勁，他或許可以成爲很優秀的領導人物。在帕什圖，親戚比自己受歡迎、富有或是比自己更有影響力，是一件很難吞忍的事。我祖父有個親戚也在他服務的學校裡當老師。當他得到那份工作時，他表示自己的年齡比我祖父還要年輕許多。我們一般不會記得自己確切的生日——像我母親就不知道她是何時出生的。我們常常用事件來記出生年，比方地震。但我祖父知道他的親戚其實比他年長多了。他對此非常憤怒，還搭一天的車，跑到明戈拉去找史瓦特的教育部長。「薩比，」他跟部長說：「我有個親戚比我大十歲，你卻在證書上把他寫成比我小十歲。」部長就問他：「好啊，教授，那我們要怎麼幫你寫呢？你想要出生在奎達地震那一年嗎？」我祖父答應了，因此他就得到新的出生年次，西元一九三五年，讓他比那個親戚還要年輕得多。

家族內互相較勁造成我父親常常被親戚霸凌。他們知道他對自己的外表沒自信，因為學校裡的老師總是比較疼長相好看的男孩，因為他們皮膚好。這些親戚會在我父親下課回家的路上攔住他，取笑他個子矮又皮膚黑。在我們的社會裡，遇到這種霸凌一定要報復，但我父親比他的親戚們瘦小多了。

他也覺得自己永遠都無法讓我祖父滿意。爺爺寫字很漂亮，我父親會花好幾個小時費盡心力的描繪每個字，但爺爺從沒給過一句稱讚。

我的祖母則能保持父親的正向心緒——父親是她最疼愛的孩子，她相信一定會有好事降臨在父親身上。她對父親疼愛至極，要是能在父親的盤裡多塞一片肉，或多給他一點牛奶裡的奶油，她自己沒吃到也沒關係。當時村子裡還沒有電力，要讀書沒那麼容易。父親往往會在會所裡，點著油燈讀書。有天他去睡覺時，油燈倒了，幸運的是祖母在火災發生前先找到了父親。是祖母對父親的堅信不移，讓他有勇氣去找出一條能夠驕傲地走下去的路。這也是後來他讓我看見的道路。

即使如此，祖母也對父親生過一次氣。當時候一群從聖地來，叫做迪賴・賽耶登（Derai

Saydan）的幾個聖人常常在村子間遊走，乞求麵粉。有一天他們在父親的父母出門時來到家裡。父親撕開了放著玉米的木箱上的封條，幫他們把碗裝滿。當我的祖父母返家時簡直氣炸了，揍了他一頓。帕什圖人是出名的節儉（雖然對訪客很大方），而爺爺又對金錢特別謹慎。如果他的小孩有誰不小心把食物灑出來，他便會暴跳如雷。他是個非常有紀律的人，他無法理解爲什麼他的孩子不能跟他一樣。因爲他是老師，所以他兒子的學費裡，若參加運動和童子軍都可以享有折扣。這個折扣之微薄，大多數的老師都不在乎，但他仍強迫我父親去申請折扣的費用。我父親當然不願意這麼做。當他在校長室外面等候時就已經一身大汗，進到辦公室後，他口吃的比任何時候都嚴重。「就好像是我的榮譽就賭在這五盧比上了一樣。」他跟我這麼說。我的祖父從沒給他買過新書，反而會要求他班上最優秀的學生在學年結束時，把舊書留給我父親，然後他會派我父親去人家家裡拿書。他感到很羞愧，但若不想成爲文盲，他也別無選擇了。他的每一本書上面寫的都是別的男孩的名字，沒有一本是寫他的名字。

「把舊書留給下一個人使用並不是什麼壞事，」他說。「只是我眞的好想要一本新書，一本用我父親的錢買的、沒有被別的學生寫過的書。」

因爲不喜歡爺爺這麼節儉，反而讓父親成爲一個在物質上和精神上都很大方的人。他決心從自己與親戚之間來終結鬥爭的傳統。當他的校長的太太生病時，我父親捐血救她。校長感到非常震驚，並對於自己百般刁難我父親的行爲致歉。當我父親跟我說他童年的故事時，他總是告訴我，雖然爺爺是個很難相處的人，但他給了他最重要的禮物——教育。他送我父親去念公立學校，學英文和受現代教育，而不是把他送去念伊斯蘭學校，就算其他人認爲他是傳教士，不應該這麼做時也沒有改變其心意。爺爺也讓他對學習和知識產生極度的熱愛，還讓他對人權很關注，我父親也把這一點傳給了我。我祖父會在週五傳道的時候談論窮人與地主，還有眞正的伊斯蘭教爲何反對封建制度。他還會說波斯語和阿拉伯語，並且非常重視文字。他讀偉大詩人薩迪（Saadi）、阿拉馬．伊克巴勒（Allama Iqbal）和魯米（Rumi）的作品給我父親聽時，他的熱情和光芒，彷彿他是在講給整個清眞寺的聽眾聽一樣。

我父親一直希望自己能夠用那樣流暢不結巴的聲音辯說，他也知道我祖父有多希望他成爲一個醫生，但即便他是個聰明的學生，也是天生的詩人，但他的數學和理科卻很差，他覺得自己是令人失望的孩子。這就是爲什麼他覺得如果可以參加地區的演講比賽，他就能讓他的父親感到驕傲。大家都覺得他瘋了。他的老師和朋友都想勸退他，而他的父親也不願意幫他寫講稿。但最後爺爺還是幫他寫了一篇很棒的稿子，我父親練習了一次又一次。因爲家裡沒有屬於自己的空間，他利用在山林間走動的時間把每個字熟記，再對著天空和小鳥重述出來。

他們住的那個地區，平時也沒什麼娛樂可做，所以當比賽的日子到來時，現場擠滿了人群。其他的男孩，有些是很會演講的孩子，都完成了演講。終於輪到我父親時，「我站在講臺上，」我父親告訴我，「手腳顫抖不已。矮小的我快要被講臺遮住，而且緊張到看往臺下時，底下的人都糊成了一片。我的手心因爲冒手汗都濕了，嘴巴則是乾得跟紙一樣。」他試著不去想那些狡猾的、等著害他口吃、把他的聲音卡在喉嚨裡的字母，然而當他開口時，一字一句就這麼傾瀉而出，像美麗的蝴蝶翩翩飛舞在空中。他的聲音雖然不像他父親那樣磅礡，但他的熱情照亮了一切，演講越是進行下去，他越有自信。

父親的演講結束時，全場充滿掌聲和歡呼。最棒的是當他上臺領取第一名獎狀時，他看見他的父親一邊拍手，一邊享受著身邊眾人對他的祝賀。「就好像，」父親說：「我生平第一次做了能讓他微笑的事。」

在那之後，我父親參加區裡舉辦的每項比賽。我的祖父負責幫他寫演講稿，而他幾乎每次都拿下冠軍，在地方上成爲令人讚嘆的演講者。我的父親從此將他的弱點轉變爲他的力量。而從那時候開始，爺爺才開始在外人面前稱讚他。他會吹噓道：「齊奧汀是夏阿鷹」[25]——老鷹的意思——因爲老鷹能飛得比其他鳥類更高。「把你的名字寫作『齊奧汀．夏阿鷹』吧。」他告訴我父親。我父親照做了一段日子，直到他發現老鷹雖然飛在萬物之上，牠卻是一種很殘忍的動物。他只自稱齊奧汀．優薩福扎伊，這是我們家族的名字。

25 原文「**shaheen**」

3

在學校裡長大

我的母親六歲時開始上學，在同一時期她就輟學了。她在村裡異於一般人，因爲與其他小女孩不同的是，她的父親和兄弟們都鼓勵她去上學。當時班上都是男生，她是唯一的女孩。她驕傲地背著書包走進學校，還自稱比男孩子更聰明。但她每天都得和那些留在家玩耍的表姊妹們分開，她羨慕她們。她想，如果最後只是爲了要煮飯、打掃和帶小孩，上學顯得沒什麼意義。於是有天她將課本賣了九個安那[26]，把錢拿去買糖果之後，就再也沒回去學校了。她的父親什麼也沒說。她說，他根本沒注意到，畢竟他每天一大早把他的德國製手槍繫在手臂下方就出門了，整天忙著和當地政客往來以及解決衝突。再說他還有其他七個小孩要他煩心。

一直到她認識了我父親，她才開始感到後悔。這個男人飽讀詩書，爲她寫下一首首她讀不了的詩，而他的夢想是開辦學校。身爲他的妻子，她希望自己能幫助丈夫完成夢想。自我父親有記憶以來，他的夢想一直都是要開辦學校。但因爲不是出生望族，也沒有雄厚資金，他想實現夢想

26 巴基斯坦和過去印度使用的貨幣名，一盧比（**rupee**）的十六分之一。

可說是難上加難。他認為知識是世界上最重要的東西。他還記得自己當初被村裡的小河弄得有多困惑，一心思考水從哪裡來，又要往哪裡去，直到他學到了從雨水到大海的水循環過程為止。

他在村裡念的學校其實只是一棟小小的建築而已。他有好多堂課都是在樹下的空地上的。學校裡沒有廁所，同學們要是內急，也只能去原野裡解決。但他仍說他自己很幸運。他的姊妹們，也就是我的姑姑們，就與我的國家裡數百萬女性一樣，根本沒有上過學。教育對他來說是個恩典。他認為巴基斯坦的問題根源，就是來自於教育的匱乏，讓政客得以愚弄人民，惡劣的官員得以在選舉中連任。他認為教育應該要開放給所有人，不論貧富，不論性別。我父親夢想中的學校除了要有書桌和一間圖書館，還有電腦，牆上掛著明亮的學習海報，最重要的是，要有洗手間。

我的祖父跟他的么兒有著不同的夢想——他希望他能成為一位醫生。而且他是家裡僅有的兩個兒子之一，他希望他能夠幫家裡負擔生計。我父親的哥哥薩伊德．拉姆贊在當地的公立學校已經當了好多年老師。他們一家子和我祖父住在一起，當他存夠一小筆錢的時候，他們就在屋子旁增建一間小小的會所。他從山上帶木頭回來生火，學校下課後他會到農場裡做事，照顧家裡的那幾頭水牛。他也會幫爺爺做些像是清除屋頂上積雪這一類的粗活。

當我父親在大學入學考後，收到傑漢席大學（Jehanzeb College）的入學許可，那可是史瓦特地區最好的大學，我的祖父卻不願意支付他的生活開銷。他自己在德里念書是免費的——他住在清真寺裡像僧人一般度日，由當地人提供學生飲食和衣著用品。傑漢席大學是免學費的，但我父親需要生活費。巴基斯坦沒有學生貸款，他也從沒踏進過銀行一步。大學位於賽杜．沙里夫，是明戈拉的姐妹城，他在那裡沒有任何親戚家可以借住。如果他沒有去傑漢席，香拉也沒有其他大學了。而如果他沒有去念大學，他就再也沒有機會離開村子實現夢想了。

當時我父親已智窮計盡，走投無路。他親愛的母親剛在他畢業前夕過世。他知道如果他的母親還活著，一定會支持他的決定。他企圖軟化父親，卻徒勞無功。他唯一的希望剩下住在喀拉蚩的姊夫。我的祖父說也許他們會願意收留我父親，這樣他就可以去念那裡的大學。他們夫妻倆爲了弔念我祖母，已經在往村子來的路上了。

我父親祈禱他們能答應，但我祖父在他們剛結束三天的車程、筋疲力盡地抵達村子的當下就開口問了這問題。他的女婿隨即就拒絕了。我的祖父震怒之下，在他們拜訪的期間裡，一句話都不跟他們說。我父親心想自己已經失去最後的機會了，他終將和哥哥一樣在當地的學校裡教書。薩伊德大伯任教的學校在一個名叫瑟霧（Sewoor）的山中村莊，從他們家出發大概要走一個半小時的山路才會抵達。學校沒有所屬的建築物可供上課。他們在清眞寺的穿堂，替超過一百名、年齡爲五到十五歲之間的孩子們上課。

住在瑟霧的是古遮人（Gujars）、科伊斯坦人（Kohistanis）和米安人（Mians）。對我們來說米安人算是很高尚的，然而古遮人和科伊斯坦人就是我們稱爲「山番」[27]的一群，大多是照顧水牛的鄉下人。他們的孩童往往看起來髒兮兮的，即便村裡的居民自己也很窮，仍會看不起這些孩子。「他們又髒又黑又笨」，他們會這麼說，「讓他們當文盲就好了。」老師們都很不願意被派駐到這麼偏遠的學校是常有的事，所以同事間都會講好，每一天只要派一位老師過去就好了。

27 原文「**hilly people**」

如果學校裡有兩位老師，就由其中一位去教課，然後幫另一位簽到。如果有三位老師，那麼他們每人每週就只需要去學校兩天。老師到了學校，就只是用教鞭讓學生保持安靜，因爲他們都認爲反正教育對這些孩子沒什麼用。

我大伯就負責任多了。他喜歡山裡的人，並且敬佩他們艱困的生活方式。所以他大多數的日子都會去學校，並眞的試著去教育這些孩子。我父親畢業後沒有什麼事情好做，所以他自願去學校裡幫助他的哥哥。這時候，他的運勢扭轉了。我的其中一個姑姑嫁給了那個村裡的男人，當時姑丈的一個親戚——那薩·帕恰來拜訪他。那薩·帕恰長年在沙烏地阿拉伯的建築業工作，賺了很多錢寄回來給家裡的人。我父親告訴他，自己剛畢業並且被傑漢席大學錄取的事。他沒有提到自己因無法負擔生活費而沒去念書一事，因爲他不想丟他父親的臉。

「你何不來跟我們住呢？」那薩·帕恰問道。

「噢，天知道我有多高興啊。」我父親說。帕恰和他的太太潔雅成爲他的第二家人。他們住在絲帕班迪，是在往白城堡的路上，一個美麗的山城，我父親形容那裡是個浪漫又充滿啓發性的地方。我父親搭公車到了那裡，那地方與他自己的村子相比，實在大得不得了，他覺得自己好像來到了都市。身爲賓客，他們對待他特別的好。潔雅取代了我父親已逝的母親的地位，成爲他生命中最重要的女性。當村民抱怨我父親跟對街的女孩調情時，潔雅會幫他說話。「齊奧汀單純的跟張白紙一樣，」她說，「你該注意的是你的女兒。」

我父親是到了絲帕班迪才認識到這麼自由的女性，不像在他的故鄉，女人都要被藏在家裡。絲帕班迪的婦女在山頂上有個美麗的集會點，她們會聚在那裡一塊聊著日常生活。一般女性很少有機會能在家以外的特定地點和朋友見面。父親也就是在那裡遇見了他的導師，阿克巴·汗。雖然他的導師本身沒有念過大學，但他借錢給我父親，好讓他能去念書。阿克巴·汗也許沒受過什麼正式的教育，但他擁有的是不一樣的智慧。這點很像我的母親。我父親常常提到阿克巴·汗和那薩·帕恰，來強調如果你在別人需要的時候伸出援手，那麼你可能也會得到意料外的幫助。

我父親進大學時，正好是巴基斯坦歷史上很重要的一刻。那年夏天，當他在山裡往返時，我們的獨裁者齊亞將軍在一場神祕的飛機失事中喪生了，很多人說失事的原因是芒果貨櫃裡藏的炸彈爆炸所導致的。我父親在大學的第一個學期，國內舉辦了大選，班娜姬·布托（Benazir Bhutto）贏得了大選，她的父親是在我父親小時候被處決的總理。班娜姬是我們首位女性總理，也是伊斯蘭教世界裡的首位女性總理。突然之間，未來充滿了樂觀。

齊亞時期禁止的學生團體開始活躍了起來。我父親很快就加入了學生自治會，成爲眾所皆知的演說家和辯論家。他成爲帕可敦學生聯邦（Pakhtoon Students Federation，簡稱PSF）的祕書長，聯邦的訴求是帕什圖人的平等權。當時在軍中、官僚體系和政府裡的重要職務，都是由旁遮普人擔任，只因爲他們來自最大且最強勢的省分。

另一個主要的學生團體是伊斯蘭黨塔拉巴（Islami Jamaat e-Talaba），是宗教政黨伊斯蘭大會黨[28]的學生團體，這個團體在許多巴基斯坦的大學裡都有十分龐大的勢力。他們提供學生免費

28 伊斯蘭大會黨，是巴基斯坦的保守黨。

的課本和金援，但他們有很深的偏執，且他們打發時間最常做的事就是在校園裡巡邏，並到音樂集會去砸場。伊斯蘭大會黨是親齊亞將軍那一派的，在選舉中慘敗。他們在傑漢席大學的學生團體主席是伊赫桑・哈克・哈卡尼。雖然他與我父親身分敵對，他們仍互相欣賞，後來也成為好友。哈克・哈卡尼說他很確定如果我父親出生在富裕的貴族家庭，他就一定會是帕可敦學生聯邦的主席。學生政治團體的重點要是辯論能力和個人魅力，但政治黨派就還得要有錢了。

大一時他們最熱烈的辯論議題是一本小說。這本書是薩爾曼・魯西迪寫的《撒旦詩篇》，書裡很拙劣地仿述先知在麾貝的生活。絕大多數穆斯林將這部作品視為瀆神之作，而且這本書引發的憤怒之狂烈，好像大家都不用討論其他議題了。奇怪的是一開始根本沒有人注意到這本書出版了——這本書其實在巴基斯坦並沒有上市——而是突然之間，一個住在離我們的情報局很近的傳教士，寫了好幾篇文章登在烏爾都的報紙上，斥責這本書羞辱先知，並說只要身為穆斯林就有義務抗議這本書。很快的，整個巴基斯坦的傳教士都在斥責此書，要求將其列入禁書，憤怒的抗議活動就此陸續發生。最暴力的抗議活動，是西元一九八九年二月十二日發生於伊斯蘭堡，美國國旗在美國大使館前被放火燒毀——而其實魯西迪和他的出版社都是來自英國。警方朝民眾開槍，五人死亡。這股憤怒不只在巴基斯坦延燒而已。兩天後伊朗的精神領袖，阿亞圖拉・霍梅尼發出了絕殺令，要將魯西迪滅口。

我父親的大學舉辦了一場座無虛席的辯論。許多學生主張這本書應該要被禁被燒，並執行絕殺令。我父親本持捍衛伊斯蘭教的立場，也看過那本書，但他堅信言論的自由。「首先，我們先讀完這本書，然後，我們何不自己寫一本來反擊？」他提出建議。最後他用連我的祖父都會感到驕傲的磅礡音量問道：「伊斯蘭教難道軟弱到不能承受區區一本書的批評嗎？那不是我所認識的伊斯蘭教！」

從傑漢席畢業的最初那幾年，我父親在一所很有名的私立大學教英文。但是教書的薪水很低，一個月才一千六百盧比（約十二英鎊），我的祖父抱怨他都沒拿錢回家。這筆錢也不夠讓他存錢為心愛的托貝凱舉辦婚禮。

父親在大學裡的一個同事，同時也是他的朋友——穆罕默德．奈伊姆．汗，他和我父親是在大學念英文學士和碩士時期的同窗，兩人都對教育充滿熱忱。他們也都對於學校的嚴格與死板感到失望。學校裡不論老師還是學生都不能有自己的想法，創校人對一切的控制之嚴，甚至對老師之間的友誼也有意見。我父親一直嚮往自己辦學校並自由發展。他想教學生獨立思考，他憎恨學校裡偏好順從勝於開放的心胸和創意的風氣。所以當奈伊姆因為與大學裡的一個行政人員起衝突而丟了工作的時候，他們決定自己來開辦學校。

他們原始的計畫是在我父親的村子夏波村辦學，因為村子裡有這個需求，「就像是在一個完全沒有店面的地方開一間店。」他說。但當他們到了村裡找辦校地點時，到處都貼滿了廣告，寫著新學校要開了——有人搶先了他們一步。因此他們決定在明戈拉開一所英文中學，他們認為既然史瓦特是觀光景點，一定會有學英文的需求。

當我父親還在教書的時候，奈伊姆便到處去尋找可以承租的地點。有天他打電話給父親，興奮地告訴他找到理想的地點了。地點在蘭地卡司，是個很富裕的地方，有一棟兩層樓的建築其一樓空了出來，還圍了院子可以讓學生使用。前一個承租戶也是一所學校——華美達學校。創辦人把學校取名「華美達」，是因爲他有次去了土耳其，見到有名的華美達酒店！但華美達學校後來破產了，這結果讓他們對此地點有些猶豫。而且這棟建築就在河岸邊，大家都把垃圾丟進河裡，天氣熱的時候，空氣的味道十分難聞。

我父親在下班後去看了那棟建築。那天晚上十分完美，滿天的星斗還有明亮的滿月掛在樹梢上，他覺得這是個好兆頭。「我覺得好快樂。」他回憶道。「我的夢想要成眞了。」

奈伊姆和我父親投入了所有積蓄，大概有六萬盧比。他們還去借了三萬盧比將房子重新粉刷，並在對街租了一棟棚屋來住，然後開始挨家挨戶的招生。不幸的是學英文的需求並不高，他們有許多預期外的支出，榨乾了他們的收入。我父親在大學下課後持續投入政治的探討活動。每天他的這些活動夥伴都會來到棚屋裡或是學校裡吃午餐。「我們負擔不起這些娛樂活動！」奈伊姆對此抱怨道。逐漸地他們也發現，雖然身爲最好的朋友，卻不見得能成爲生意的夥伴。

除此之外，因爲我父親在這裡有地方可以落腳，香拉縣也有許多朋友開始來訪。我們帕什圖人不論有多不方便，都不能拒絕任何親戚或朋友。我們不在乎隱私，也沒有來訪前事先預約的習慣。訪客可以隨性的想哪時來就哪時來，想待多久就待多久。這對剛開始創業的人來說，簡直是場惡夢，也快把奈伊姆逼瘋了。他開玩笑地說，如果他們兩人之中有誰的親戚來過夜，就要交一筆罰鍰。我父親便一直說服奈伊姆的朋友和家人來過夜，好讓他也來被罰一筆！

三個月之後奈伊姆受夠了。「我們應該已經要開始點算註冊費了，但現在唯一會來敲門的，只有乞丐！這簡直是不可能的任務，」他再補充道：「我沒辦法再忍下去了！」

到了這時候，這對昔日死黨已經幾乎不跟彼此說話了，還得勞動長輩前來調停。我父親因爲太不想放棄這所學校了，他答應把奈伊姆出資的那一部分還給他。但他完全不知道錢要從哪來。幸運的是父親大學時的另一位好友——希達亞圖拉，出手介入，表示願意接手奈伊姆的位置。這對新的搭檔再次挨家挨戶去招生，告訴大家他們成立了一所新型態的學校。我的父親是個很有魅力的人，根據希達亞圖拉的說法，他就是那種如果受邀去你家，就會跟你的朋友都結爲好友的人。但是雖然大家都很樂於與父親聊天，他們卻還是都想把孩子送去念名校。

他們把學校命名爲卡須爾學校，追崇我父親心中的另一位英雄——卡須爾・汗・卡塔克，他是史瓦特南方阿卡羅阿的一名戰士，他曾在西元十七世紀時，試著把帕什圖的所有部落聯合起來對抗蒙兀兒王朝。他們在學校門口旁漆上一句箴言：**我們致力引領潮流，打造全新趨勢**。父親還設計了一個屏風，上面用帕什圖語寫著一句卡塔克的名言：「我以阿富汗的榮耀之名，將刀劍繫上腰間。」我的父親希望我們能受到偉大英雄的啓發，但要使用我們這個時代使用的工具——筆，而不是刀劍。就像卡塔克希望帕什圖人能團結抵禦外辱，我們也要團結來抵禦冷漠。

不幸的是沒幾個人相信這套。學校開幕時，他們只有三個學生。即便如此，我父親依然堅持要照規矩，也就是從唱國歌來開始一天。由來幫忙的姪子阿齊升起了巴基斯坦國旗。

因爲學生太少，他們沒有錢可以替學校添購設備，而且很快的錢也就用盡了。兩人都無法向家裡拿錢，而當希達亞圖拉發現我父親還積欠許多大學同學的錢時，也很不高興，他們經常收到寫來討債的信件。

我父親去辦立案時的情況還更糟。在枯等了數個小時後，他終於被帶到負責的官員辦公室裡，官員淹沒在桌上成堆如山的文件後面，幾個攀權附勢的人坐在一旁喝著茶。「這是什麼學校？」官員拿著他的申請表，嗤之以鼻的問道：「你們有幾個老師？才三個！你們的老師沒有受過訓練。每個人都以爲自己可以像這樣隨便就開間學校！」

辦公室裡其他人也都笑了，並揶揄他。我父親很生氣。很明顯的，那個官員想收紅包。帕什圖人最不能接受的就是被其他人看扁，他也不會爲了他本來就該得到的東西額外付費。他和希達亞圖拉連吃飯都快沒錢了，更別說拿錢行賄。立案一般的行情是一萬三千盧比，如果他們覺得你很有錢，就會要的更多。學校單位也理所當然的得要定時請官員們吃全雞大餐，或是去河裡撈鱒魚招待他們。教育部的官員會打電話來約督察的時間，然後明確告訴你他午餐要吃什麼。我父親總會碎碎唸說：「我們是學校，又不是養雞場。」

所以當官員擺明要收紅包時，我父親用他這麼多年來辯論的經驗做出回應。「你爲什麼要問我這些問題？」他問道。「我現在是在辦公室裡還是在警察局？還是我在法庭上？我是罪犯嗎？」他決定要質疑這些官員，以保護其他學校不用受霸凌和貪汙所苦。他知道要這麼做，他自己得先要有點權勢，所以他加入了一個叫做史瓦特私立學校協會的團體。這團體當時規模還很小，只有十五個成員，我父親很快就成了副主席。

其他的校長們都把送紅包當作理所當然，但我父親堅持如果所有的學校都團結起來，那麼他們就可以抵抗這件事。「辦學又不是犯罪，」他對他們說。「爲什麼你們要塞錢？你們又不是在開妓院；你們是在教育下一代！政府官員不是你們的老闆，」他提醒他們。「他們是你們的公僕。他們領薪水是要爲你們服務。教育他們的小孩的人是你們。」

父親很快成爲協會的主席，並不斷擴大協會規模，直到後來協會已有四百個校長會員。突然間這些創學之人掌握了一股力量。但我父親雖然身爲生意人，他更是浪漫主義者。當時他和希達亞圖拉完全陷入絕境，他們在當地店面的賒帳也已全都賒滿，連茶或糖都買不起了。爲了試著刺激收入，他們在學校裡開了一間合作社，早上開始做生意，買進點心來賣給小孩子。我父親會去買玉米，然後連夜爆成爆米花並裝袋。

「我當時非常沮喪，有時會因爲看見太多問題無法解決而整個人快崩潰了。」希達亞圖拉說。「但是當齊奧汀身陷危機的時候，他就會變得更強壯、意志更加高昂。」

我父親堅持他們應該要想遠一點。有天希達亞圖拉在招生回來後，發現我父親在與巴基斯坦當地電視臺的臺長討論刊登廣告。臺長一走，希達亞圖拉馬上大笑。「齊奧汀，我們根本沒電視，」他指出。「就算我們眞的登了廣告，我們自己也看不到。」但我父親是個樂觀之人，他從不會被現實擊退。

有天我父親跟希達亞圖拉說他要回家幾天。其實他是要結婚了，但他沒有向任何明戈拉的朋友說到此事，因爲他沒有錢可以招待他們。我們的傳統，婚禮的慶祝活動是會延續個好幾天的。事實上，後來我母親常常提醒我父親，結婚儀式當天，我父親根本不在現場。他最後一天才到，讓家人拿著《可蘭經》和披肩越過他們頭頂，再拿一面鏡子讓他們看看鏡中的彼此。對於其他由父母安排婚事的新人來說，這是新人們第一次見到彼此的模樣。然後會有一個小男孩被帶去坐在他們的腿上，鼓勵新人們生個兒子。

在我們的傳統中，新娘的娘家會送她家具或是一臺冰箱，而新郎家會送她一點黃金。我的祖父買的黃金不夠，所以我父親得再去借錢買點手鐲。婚禮後我母親搬來與我祖父和大伯同住。我父親每隔兩、三個星期才會回村裡見她。原先計畫是等學校上了軌道、成功了，再把妻子接過去。但爺爺一直抱怨這讓他的支出增加，讓我母親的生活很難熬。她自己存有點小錢，所以他們用這筆錢租了一臺貨車，她就搬到明戈拉了。他們完全不知道日子要怎麼過下去。「我們只知道我父親不想要我們待在那裡。」我父親說。「當時我對我的家人很不滿，但是後來我很感謝他們讓我成為一個獨立的人。」

但他卻忘了通知他的夥伴。當我父親帶著妻子回到明戈拉時，希達亞圖拉簡直傻眼。「我們根本沒有能力養家，」他告訴我父親。「她要住哪？」

「沒關係的，」我父親答道。「她可以幫我們煮飯和洗衣服。」

我的母親很興奮能搬到明戈拉。對她來說明戈拉是個很現代的城鎮。當她還小的時候，她會跟她的朋友在河邊聊未來的夢想，大多數的女孩子都只是想要結婚生小孩，然後為丈夫燒飯。輪到我母親時，她說：「我想要住在城市裡，然後可以不用煮飯，要吃飯就出去買烤肉和麵包。」然而，人生並未如她所願。棚屋只有兩個房間，一間是希達亞圖拉和我父親的臥房，另一間則是小小的辦公室。沒有廚房，也沒有自來水。當我母親搬入時，希達亞圖拉只得搬進那間小辦公室，睡在硬木椅上。

我父親向我母親討論所有的事。「托貝凱，幫我想想要怎麼解決這個問題。」他會這麼說。她甚至還在幫忙粉刷學校時，在斷電後挑著油燈讓他們可以繼續油漆。

「齊奧汀是個很愛家的男人，而且他們兩個異常的親近。」希達亞圖拉說。「我們大部分人都沒辦法和妻子住在一起，他卻是不能沒有她。」

幾個月後，我的母親就懷孕了。他們的第一個孩子在西元一九九五年出生，是個女孩，但出生時已是死胎。「我覺得是我們住的那個濕地的衛生有問題，」我父親說。「我認爲女人不去醫院也一樣可以順利生產，就像我母親和我的姊妹們一樣。我母親就是這樣生了十個孩子。」

學校持續在賠錢。幾個月過去，他們付不出老師的薪水，也沒辦法繳學校的房租。金匠不斷來家裡討當初買給我母親的婚禮手鐲的錢。我父親就會泡好茶給他喝，招待他吃餅乾，希望能讓他息怒。希達亞圖拉笑他：「你以爲喝杯茶他就會高興了嗎?他想要的是他的錢。」

當時的情況差到父親終究得把金手鐲給賣掉。在我們的文化裡，結婚的珠寶是兩個人結合的象徵。婦女常常會變賣首飾，來幫助先生創業，或支付他們出國的費用。在我父親草率答應要幫忙付侄子的大學學費時，我母親已經主動拿出手鐲了——好險那次我父親的親戚雅罕·謝耳·汗出手了——而且她並不知道買手鐲的錢其實只付清了一部分。當她發現我父親賣手鐲換來的錢少了的時候，還大發一場脾氣。

正當一切看來已經到了谷底時，他們遇上了大洪水。當時下了一整天的暴雨，下午接近傍晚時刻，發布了洪水警報，所有人都得撤離。我的母親出門了，希達亞圖拉需要我父親幫忙把所有東西搬到樓上，才不會被水淹沒，但他到處都找不到我父親。他跑到屋外，大喊：「齊奧汀！齊奧汀！」爲了回頭去找我父親，希達亞圖拉差點賠上他的小命。學校外面的小路已經完全被淹沒了，洪水淹到他脖子的高度。那時還通著電的電纜線垂在風中搖搖晃晃，希達亞圖拉看到電線幾乎要接觸到水面，嚇得動彈不得。如果當時電線觸水，他就會觸電了。

當他終於找到我父親時，他才知道原來我父親聽到一個女人在哭著呼救，哭說她的丈夫被困在屋裡，所以他跑去救人。然後他還幫他們把冰箱搬到安全的地方。希達亞圖拉氣炸了。「你放著你自己的家不管，跑去救這個女人的丈夫！」他說。「是因為呼救的是個女人的關係嗎？」

等洪水退後，他們發現家園和學校都毀了：家具、地毯、書籍、衣服和廣播系統，全都浸在發臭的爛泥當中。他們沒有地方可以睡覺，也沒有乾淨的衣服可以換穿。幸運的是，他們的鄰居阿曼．烏亭收留他們過了一夜。之後花了一個星期才清理完這些殘骸。他們後來離開了此地，卻在十天後，第二場洪水又讓學校到處都是泥濘。不久後，水電公司的人來訪視，稱他們的水電錶故障了，要他們塞錢解決。在我父親拒絕後，他們收到一張帳單，上頭寫著一大筆罰金。他們根本無力付款，我父親因而找了他一個在政治圈裡的朋友幫他處理了這件事。

感覺上這所學校好像註定沒法成功了，此外他還有一個家庭要養。但我父親不願這麼輕易地就放棄他的夢想。我在西元一九九七年七月十二日出生。一個之前曾經幫忙接生過的鄰居來幫助我母親生產。我的父親在學校裡等著，當他聽到消息時，他立刻用跑的回家。我母親本來很擔心要告訴他，她生了個女兒，而不是兒子，但他說他看著我的眼睛時，覺得好快樂。

「馬拉拉是個幸運的女孩，」希達亞圖拉說。「她一出生，我們的運氣就改變了。」

但好運並沒有即刻生效。西元一九九七年八月十四日，巴基斯坦的第五個國慶日這天，全國上下都舉辦了遊行和慶祝活動。然而，我父親還有他的朋友們都說這沒什麼好慶祝的，因為史瓦特自從被巴基斯坦歸化後，就一直在過苦日子。他們戴上黑色臂章以示抗議，並說慶祝活動根本沒有意義。結果他們被逮捕，還得付一筆沒人付得起的罰金。

我出生後幾個月，學校樓上有了三間空房，於是我們全都搬進去住。房子是水泥牆，也有了自來水，與之前的棚屋相比，環境算是改善了，但因為我們跟希達亞圖拉一起分租，加上幾乎天天都有訪客，屋裡仍舊非常擁擠。學校一開始規模很小，是所混合式的小學。到了我出生的時候，學校裡有五、六位老師，近百位學生，每人每個月付一百盧比的學費。我父親是老師、會計，也是校長。他也擦地、粉刷牆壁和洗廁所。他還會爬上電塔掛布條，幫學校做宣傳，雖然他很怕高，每次爬到頂端時總是兩腿發抖。如果抽水機壞了，他就會爬進井裡修好機器。每次我看到他消失在井裡，我就會哭泣，覺得他不會回來了。付了房租和發完薪水後，剩下來買食物的錢就所剩無幾。我們喝不起一般加了牛奶的茶，所以我們都喝綠茶。但不久之後學校開始蓬勃發展，連我父親都在考慮要開辦第二間學校，他想取名為「馬拉拉教育學會」。

學校就像是我的遊樂場，我可以自由進出。我父親告訴我，在我還不會講話時，我就會搖搖晃晃地走進教室裡，好像老師一樣的說話。有些女老師，例如烏爾法小姐就會把我抱起來，放在她們的腿上，好像我是她們的寵物。她們有時甚至也會把我帶回她們家裡照顧。在我三、四歲的時候，我被安排在一個學生年紀都比我大許多的班級裡。我會坐著，好奇地聽著他們在學些什麼。有時候我會重複老師說的話。我真的可說是在學校裡長大的。

當我父親跟奈伊姆一起合資的時候，工作和友情相互交雜，十分辛苦。最後希達亞圖拉也離開了，開辦了他自己的學校。他們將學生人數分成兩半，一人擁有兩個年級的學生。他們沒有告訴學生實情，他們讓大家以為學校拓校了，現在有兩棟建築。雖然那時希達亞圖拉已經不跟我父親交談了，他仍會因爲太想念我而回來探望我。

西元二〇〇一年九月的某天下午，他回來看我，那時發生了很大的動亂，城裡來了許多人。他們說紐約一棟大樓遭到很嚴重的攻擊。兩架飛機直接撞進建築物裡。我當時才四歲，還不懂到底怎麼一回事。這件事對大人們來說，也很難想像——史瓦特最大的建築就是醫院和旅館，但都不過兩、三層樓高。那起事件似乎離我們非常遙遠。我完全不知道紐約和美國是什麼模樣。學校就是我的全世界，我的全世界就是那所學校。我們當時不知道911事件也會改變我們的世界，還把戰爭帶進我們的河谷。

4 這個村莊

按照傳統，嬰兒出生的第七天叫做「沃瑪」[29]（就是「第七」的意思），在這天，家人、朋友和鄰居都會來探望、祝福這個新生兒。我父母沒有幫我舉辦這個活動，因爲他們沒有錢可以買山羊和白米，招待參加的賓客，我的祖父也不願出手幫忙，因爲我不是男孩。我的弟弟們出生時，爺爺想要出錢舉辦，我父親因爲他沒有爲我這麼做而拒絕了他。但爺爺是我唯一的祖父，我的外公在我出生前就去世了，所以我和爺爺還是很親近。我父母說，我擁有祖父和外公兩人的特質——像外公的幽默和智慧，和祖父的聲音！爺爺老了以後變得比較溫和，還留著白鬍子，我很喜歡到村子裡探望他。

每次他見到我的時候，總是會唱一首歌來迎接我，因爲他還是很在意我名字裡的悲傷涵義，他想以唱歌來爲此添增一點快樂的感覺。他會唱道：「**馬拉拉是麥萬，她是全世界最快樂的**

29 原文「**Woma**」

人。」[30]

我們總是一起去村裡過開齋節。我們會穿上最好的衣服，然後擠上飛行巴士——一臺外觀漆得很亮麗，還掛著鈴鐺的小巴士——然後一路往北搭到巴卡拿，這是我們家族在香拉縣的村落所在地。開齋節一年有兩次，分別是齋戒月結束時的「開齋節」[31]，和用來讚頌先知亞伯拉罕願意爲了眞主犧牲兒子伊斯瑪的「大開齋節」[32]。節慶的日期是由負責觀看伊斯蘭曆的傳教士組成的特別審查會宣布。我們一聽到收音機裡公布消息就會出發。

出發的前一晚我們都會興奮到幾乎睡不著覺。這段路途，如果道路沒有被大水沖走或被山崩掩蓋，大概要搭車五個小時，飛行巴士一大早就上路了。我們一路擠到明戈拉的車站，包包裡塞滿給親戚的禮物——刺繡的披肩、一盒盒的玫瑰、甜的開心果，和他們在村裡買不到的藥品。有些人搬了一袋袋的麵粉和糖，大多數的行李都綁在車頂，堆成一座小山。然後我們會擠進車裡，想盡辦法搶到靠窗的位置，雖然玻璃覆滿灰塵根本也難以看到外面。史瓦特的公車側面漆著亮粉紅色和黃色的花朵，螢光橘的老虎和覆蓋著白雪的高山圖樣。我的弟弟們特別喜歡搭到畫著F16戰機和核彈的公車，但我父親說如果政客們少花點錢在建造原子彈，就有錢可以撥給學校了。

我們駛離市集，經過牙醫看板那張大大的嘴巴；經過裝滿雞籠的推車，籠裡擠滿了白雞，有

30 原文「**Malala Maiwand wala da. Pa tool jehan ke da khushala da.**」
31 原文「**Eid ul-Fitr**」
32 原文「**Eid ul-Azha**」

小小的眼睛和鮮紅的雞冠；經過櫥窗裡擺滿結婚用的黃金手鐲的珠寶店。在我們往北方要駛離明戈拉的路上，最後幾間店是木造的棚屋，歪歪斜斜地倚靠在一起，前面堆著修補過的舊輪胎，是爲前方路況很差的道路做準備的。接下來我們就開上了前任政府蓋的公路了，沿路右邊是寬闊的史瓦特河，左邊是飽富翡翠礦脈的峭壁。沿著河邊是一間間爲觀光客而開的餐廳，有著明亮的大片玻璃窗，我們從沒去過任何一間。路上我們會看見扛著一大捆草，駝著背、灰頭土臉的孩子，還有帶著一群髒兮兮又愛脫隊的山羊的男人。

一路再繼續往前行駛，沿途的景致變成一塊塊綠油油的土地，空氣聞起來好新鮮，有桃子和無花果園的味道。有時我們會經過溪邊的小型大理石雕刻工程，溪水因爲化學廢料而被染成濁白。這讓我父親很生氣。「看看這些壞蛋是怎麼汙染了我們的河谷。」他每次都這樣說。道路接著駛離了河邊，開始沿著小徑往上爬到陡峭的杉木層，越爬越高，直到我們都耳鳴了。山頂上有禿鷹在遺跡上方盤旋，這些是第一任統治者留下來的堡壘遺跡。公車行駛得很吃力，在緊臨著懸崖的死角被其他卡車超車時，我們的司機就會咒罵兩句。我的弟弟們特別喜歡這景況，還會故意指著山谷下的車禍殘骸給我和我母親看。

終於我們抵達了通天關，這裡是要去香拉縣的入口，是個會讓人覺得自己來到世界頂端的山隘。在那上面，我們就比四周布滿岩礫的山頂還要更高。遠遠的我們能看到瑪蘭加巴（Malam Jabba），那是我們的滑雪場。路邊有清澈的清泉和瀑布，當我們停下來喝杯茶休息時，乾淨的空氣裡有著杉木和松林的香氣。我們會貪婪地大口深呼吸。香拉縣觸目所及除了是群山，還是群山，與一點點的藍天。過了這裡以後，有一小段道路隨著古厄本河的流向蜿蜒，之後路面逐漸是石子路。若要過河只能走吊橋，或是透過流籠，也就是人要坐在一個金屬製的箱子裡，然後晃到對岸去。英國佬說這種橋叫做自殺橋，但我們很喜歡。

如果看史瓦特的地圖，你就會知道史瓦特地形是一個很長的河谷，連著許多小河谷，像樹枝狀伸展開來，我們稱之爲達來[33]。我們的村莊大約是位在河谷中段的東部地區。村子在卡拿谷，兩邊都是陡峭的山壁，狹隘的連個板球場都蓋不下。我們的村子名叫夏波村，但其實沿著河谷底部有由三個小村圍成一圈的村落——而夏波村是最大的村子；巴卡拿，是我父親長大的村子；還有卡夏特，是我母親家的村子。河谷兩端各有一座高山——南方的黑山托佳爾，和北方的白山史賓佳爾。

我們通常都是住在巴卡拿祖父的家裡，也就是我父親長大的地方。祖父的房子屋頂是平的，屋子是由石塊和泥土所建成，與這個地區其他的房屋大同小異。我比較喜歡和我母親那邊的表兄弟姊妹一起住在卡夏特，因爲他們是水泥房，還有浴室，而且那裡有很多小孩可以與我一同玩耍。我母親和我睡在樓下專門給女生睡覺的區域。婦女白天就是照顧孩子，和準備食物給在樓上會所的男人們。我和表姊妹安妮紗和桑波睡在一間牆上掛有清眞寺形狀的時鐘的房間，房裡還有個櫃子，裡頭放著一把來福槍和幾包染髮劑。

村子裡的一天開始得很早，連我這樣喜歡晚起的人，都跟著雞鳴和婦女們準備早餐給男人吃的聲響而準時起床。早上陽光從托佳爾的山頂反射回來，當我們進行一天五禱中的第一禱時，往

33 原文「darae」

左望就會看見史賓佳爾的山頂被第一道陽光照亮得發出金黃色光芒，就像是一位額頭上戴著**珠滿帝嘉**[34]——金製的額鏈——的淑女一樣。

接著常常會下一場雨，將一切都洗淨。然後雲朵會在種著小紅蘿蔔和核桃樹的梯田附近逗留，四周還有一些蜂窩。我喜歡黏呼呼的蜂蜜，我們會沾著核桃一起吃。在卡夏特的河邊有水牛。附近還有個棚屋，旁邊有木造的水車，用來驅動巨大的磨坊，把麥子和玉米磨成麵粉，然後年輕男孩子再把麵粉裝袋。在磨坊旁是一間更小的棚屋，裡面滿是令人眼花撩亂的電線和電路板。政府的電纜沒有接到村子裡來，所以村民克難的使用水力發電以取得電力。

隨著時間過去，太陽越升越高，白山沐浴在金色陽光下的部分就越來越廣。到了傍晚，白山沒入黑暗中，太陽慢慢往黑山移動。我們看山上的陰影來判定禱告進行的時間。當陽光照到某一塊岩石的時候，我們就會進行**雅思耶**[35]，也就是午禱。到了晚上，當白山史賓佳爾比早晨更美的時候，我們就會進行**馬坎**[36]，也就是晚禱。從任何地方都能看見白山，父親告訴我，他曾把這當作是我們土地和平的象徵，村子末端的一面白旗。當他還是個孩子時，他曾以為這個小小的河谷就是全世界，如果有人穿越山稜與天空連接的地方，就會掉到世界外頭去。

雖然我是在城裡出生的，但我跟父親一樣熱愛大自然。我喜歡肥沃的土地、綠油油的植物，

---

34 原文「**jumar tika**」

35 原文「**asr**」

36 原文「**makkam**」

農作物、水牛和總是會在我走路時於身邊飛舞的黃色蝴蝶。這個村子雖然很貧困，但當我們抵達時，我們的大家族就會設宴款待。桌上會有一碗又一碗的雞肉、米飯、菠菜和辣味羊肉，全都是由婦女親手烹調而成，飯後還有一盤盤香脆的蘋果、一塊塊黃澄蛋糕，還有一大壺奶茶。孩子們沒有玩具或是書籍。男孩們在溪谷裡打板球，球甚至是用橡皮筋把塑膠袋綁成一團就搞定了。

這個村子像是世外桃源。日常用水要從湧泉處提水回來。少數幾棟水泥房是由那個家裡的兒子或父親去南方的礦坑或是海灣工作，賺了錢回來建蓋的。帕什圖人口大約有四千萬人，其中有一千萬人住在外地。我父親說，可憐的是他們沒辦法搬回來住，因爲他們得賺錢以維持家裡這種現代的生活方式。很多戶人家裡沒有男人，他們只能一年回來拜訪一次，然後通常在九個月後，就會有新生兒誕生。

穿越山丘後，有幾棟屋子是用樹枝條和灰泥糊成的，例如我祖父的房子。這些房子往往遇到洪水後就會倒塌。住在裡頭的小孩被凍死，是常有的事。這裡沒有醫院，只有夏波村有一間診所，如果有人在別的村子生病了，他們就得由親戚用木製的擔架，也就是我們笑稱的香拉縣救護車，背到這裡來看病。如果病得很重，除非他們很幸運地認識到有車的人，否則便得搭很久的公車到明戈拉去看醫生。

通常政治人物只有在選舉期間才會來拜訪，承諾要造路、接電纜、接水管和蓋學校，然後捐錢和發電機給有影響力的人，我們稱之爲「關係人」，這些人會教他們選區裡的民眾如何投票。當然這只與男人有關，我們這裡的女人沒有投票權。如果這些政治人物當選，進入國家立法院或帕什瓦的省級立法院，他們就會隱身回伊斯蘭堡，我們再也不會聽見他們或是那些選舉支票的後續消息。

我的親戚們會取笑我的都市習慣。我不喜歡赤腳。我會看書，而且我有不一樣的口音，還會使用明戈拉的地方俚語。我的衣服大多是在商店裡買的，不像他們是穿家裡自製的衣物。我的親戚會問我：「妳要幫我們煮雞嗎？」我就會說：「不了，雞是無辜的，我們不該殺牠。」因爲我來自都市，所以他們覺得我很時髦。他們不明白若是從伊斯蘭堡或甚至從白沙瓦來的人，就會覺得我很落後。

家庭出遊時，有時會上山，有時候去河邊。這條河很寬闊，夏季融雪時，河水會變得又深又急，沒辦法徒步渡河。男孩們會把蚯蚓像串珠子般穿上細線，綁在長棍上釣魚，有些人會吹口哨，因爲他們認爲這樣可以吸引到魚群。這裡的魚沒有特別美味，魚的嘴很粗很硬。我們稱這種魚爲**洽克笛**[37]。有時候女孩們會帶著飯和雪酪，成群到河邊野餐。我們最喜歡的遊戲叫做「結婚」。我們會分成兩群，分別代表兩方家庭，然後各派出一個女孩就可以舉辦結婚儀式。每個人都想要我加入她們那群，因爲我是明戈拉來的，很時髦。最漂亮的女孩名叫坦琪拉，我們通常會把她分到另一組，讓她當我們的新娘。

這場假結婚最重要的就是珠寶。我們用耳環、手環和項鍊來爲新娘子裝扮，邊做事邊唱寶萊塢的歌曲。然後我們會拿母親的化妝品來幫她化妝，把她的手浸在熱石灰和蘇打粉中染白，用指甲花將她的指甲塗紅。一旦打扮好，新娘子就會開始哭泣，我們就要輕撫她的頭，告訴她不用擔

37 原文「**chaqwartee**」

心。「婚姻是人生的一部分，」我們會這麼說。「要孝順妳的公婆，這樣他們才會善待妳。好好照顧妳的丈夫，要過得幸福喔！」

有時村裡會有真正的婚禮，慶祝活動連續進行好幾天，這會讓新人家裡破產或負債。新娘會穿上精美的服飾，全身掛滿金飾，兩方家庭都會送她項鍊和手鐲。我看過一篇報導是班娜姬．布托堅持在她的婚禮上戴玻璃手環，想開創先例，但疼愛新娘的這個傳統仍是維持不變。有時也會有夾板棺材從礦坑被送回來。婦女們就會到去世的男人的太太或母親家，大家一起齊聲大哭，悲悽的哭聲迴盪在山谷中，令我全身起雞皮疙瘩。

夜裡整個村子黑漆漆的，只有山丘上的屋裡有點點油燈的火光。村裡年紀比較大的婦女全都沒有受過教育，但她們都會說故事，也會轉述**拓帕**，也就是帕什圖的兩行詩。我的祖母特別擅長講拓帕。拓帕通常講的是愛情故事，或是身爲帕什圖人的故事。「沒有任何一個帕什圖人會自願離開他的家園，」她會說道，「不論是因爲貧困，還是爲了愛。」我的姑姑們則是拿鬼故事嚇我們，例如蕭谷帝的故事，一個有著二十隻指頭的男人，她們說他會爬上我們的床，跟我們一起睡覺。我們會嚇得大叫，雖然在帕什圖語裡，「手指」和「腳趾」都稱作「指頭」，因此其實大家都是二十個指頭，但我們當時沒有發現這一點。我的姑姑們爲了要讓我們快點去洗澡，還會說關於一個恐怖的女人夏夏卡的故事給我們聽。如果小孩不去洗澡、洗頭髮，夏夏卡就會伸出她滿是汙泥的雙手，散發著惡臭的口氣追著你跑，把你的頭髮變成像老鼠的尾巴一樣髒，還長滿蟲子。搞不好還會把人給殺掉也說不定。有時候大人不想讓我們在冬天跑去外面玩耍，就會說一定要等到老虎或獅子在雪地上留下足跡，我們才可以外出嬉玩。

隨著我們慢慢長大，村子對我們來說就有點無聊了。唯一的電視在一位有錢人家的會所裡，整個村子都沒有人有電腦。

村裡的婦女只要踏出女性專屬的空間，便要將臉遮住，她們也不可以跟自己近親以外的男性說話。我一直到了青少女的年紀都穿著比較時髦，也沒有將臉遮起來。我的一位表哥對此很不高興，問我父親：「爲什麼她沒有把臉遮起來？」我父親回答道：「她是我女兒，你管好自己的事就好。」但家族裡有些人會背著我們說閒話，說我們沒有好好遵守帕什圖習俗[38]。

身爲帕什圖人我感到很驕傲，但有時候我會覺得在行爲上有太多傳統規範要遵守了，特別在對待女性的部分令人擔憂。我們的員工之中有個女人名叫夏西達，她有三個小女兒，她告訴我當她才十歲時，她的父親就把她賣給了一個老男人，這個老男人自己已經有老婆了，但還想要一個年輕太太。這裡的女孩子如果消失，不見得都是因爲嫁人了。有一個很美麗的十五歲女孩，名叫西瑪。大家都知道她愛上了一個男孩子，有時當這個男孩經過，她就會眨著那雙有著人人稱羨的濃密睫毛的眼睛看著他。在我們的社會裡，任何女孩只要向男孩暗送秋波，就會讓她的家族蒙羞，但男人卻可以隨意地調戲女孩子。我們當時聽說她自殺了，後來才知道是她的家人將她毒死了。

我們有一個習俗，叫做**使瓦拉**[39]，當兩族之間產生糾紛時，就將一個女孩送出去，以此平息

---

38 原文「**Pashtunwali**」，帕什圖習俗，傳統的帕什圖行為守則。

39 原文「**swara**」，送出一名婦女或年輕女孩來解決部落糾紛。

糾爭。這個行爲雖已被官方禁止，但仍持續在民間進行著。我們的村裡有個寡婦，名叫索瑞雅，她嫁給了一個與她家族有糾紛的宗族的鰥夫。但如果未取得寡婦的家人同意，寡婦是不可以再嫁。當索瑞雅的家人發現這起婚事時，他們氣壞了。他們不停地脅迫鰥夫的家族，直到村裡的議會[40]將長輩請出來調停。議會決定鰥夫的家族該受罰，他們得交出家裡最漂亮的女孩，把她嫁給仇家中，那個最配不上她的男孩子。那位男孩不但一無是處，而且非常的窮困，甚至是新娘的父親得支付他們的一切開銷。爲什麼一個女孩子的大好人生要賠在一場與她毫不相干的糾紛上呢？

當我向父親抱怨這一類的事情時，他說在阿富汗的婦女，生活更是辛苦。我出生的前一年，阿富汗被一位獨眼傳教士領導的一個名爲塔利班的團體占領後，開始放火燒女子學校。他們強迫男性都要留長長的鬍鬚，女性都得穿上罩袍。穿罩袍就像是走在一個巨大的布製羽毛球裡一樣，只有一個小洞可以看到外面，天氣熱的時候簡直跟火爐沒有兩樣。至少我不用穿罩袍。他說塔利班甚至禁止女性大笑或是穿白色的鞋子，因爲「白色是男性專屬的顏色」。婦女會因爲擦了指甲油而被關起來毒打。當父親告訴我這些事的時候，我感到不寒而慄。

我看的書有《安娜·卡列妮娜》和珍·奧斯汀的小說，並且我相信我父親說的：「馬拉拉像隻小鳥一樣的自由。」當我聽說阿富汗發生的暴行時，我很驕傲自己是史瓦特人。「在這裡，女孩子可以去上學。」我總是這麼說。但塔利班就在附近，而且他們跟我們一樣是帕什圖人。對我

40 原文「jirga」，部落集會。

5
為什麼我不帶耳環，為什麼帕什圖人不說「謝謝」

我七歲的時候，已經常常是班上的第一名。我會幫助班級裡其他課業有問題的同學。「馬拉眞是個天才。」我同學會這麼說。我也因爲參加所有活動而出名——羽球、戲劇、板球、美勞甚至歌唱，雖然我唱得不是很好。所以當瑪麗克·愛奴兒來到我們班上時，我沒怎麼注意她。她的名字是「光明女王」的意思，她說她想成爲巴基斯坦第一個陸軍總司令。她的母親是另一間學校的老師，這很少見，因爲我們大家的母親都沒有在工作。一開始她在班上話不多。班上總是我和我的好朋友莫妮芭在競爭，她的字跡很美也很會答題，這在考試時很吃香，但是我知道我的答題內容可以贏過她。所以當期末考結果是瑪麗克·愛奴兒得到第一名時，我非常震驚。我回家後哭了又哭，連母親都來安慰我。

大約在那個時候，我們搬離了原本我與莫妮芭家座落的那條街，來到一個我完全陌生的地區。在新家所處的那條街上，有個女孩名叫賽費娜，年紀比我小一些，我們慢慢地開始玩在一起。她是個集寵愛於一身的女孩，有很多洋娃娃，和滿滿一鞋盒的珠寶，但她一直很想要我父親送我的粉紅色塑膠玩具手機，那是我唯一的玩具。我父親總是在講手機，所以我也很喜歡拿著我的玩具手機學他講電話的模樣。有一天，我的玩具手機不見了。

幾天後，我看見賽費娜拿著一支像極了我的玩具手機在玩耍。「妳怎麼會有？」我問道。「我在市集買的。」她說。

我現在知道她可能是說實話，但當時我心想：「她要這樣對我，那我也會這樣對她。」我以前常常去她家做功課，所以我每次去她那裡，就會順手拿走她的東西，大多數是一些玩具珠寶，像是耳環和項鍊類的東西。雖然一開始時，偷東西讓我感到很害怕，但這感覺沒有維持多久。很快的這就成了一種強迫的行爲，我不知道要怎麼停止。

某天下課後我回到家，像平常一樣直奔廚房找點心吃。「嫂嫂！」我喊道。「我餓扁了！」家裡一陣靜默。我母親坐在地上磨香料、亮麗的薑黃和孜然，空氣裡滿是香氣。她來回磨著，不肯抬頭看我一眼。我做了什麼？我很難過地回房去。當我打開櫃子時，我看見所有我偷拿的東西都不見了。我事跡敗露了。

我表姊李娜來到我的房裡。「他們知道妳在偷東西，」她說。「他們在等妳去自白，可是妳一直沒停手。」

我的心立刻一沉，低著頭走回母親身旁。「妳做了錯事，馬拉拉。」她說，「妳是想要我們因爲沒錢買那些東西給妳而感到羞恥嗎？」

「這不是眞的！」我撒謊道。「我沒拿那些東西。」

但是她知道是我拿的。「是賽費娜先的，」我辯解道。「她拿了爸爸買給我的粉紅色手機。」

我母親一動也不動。「賽費娜年紀比妳小，妳應該要教好她，」她說，「妳應該要當個好榜樣。」

我哭了起來，並且不停地道歉。「不要跟爸爸說。」我求她。我不能忍受他對我感到失望。在自己父母眼中一文不值的感覺非常可怕。

這不是第一次了。當我還小時，我和母親去市集，看到了一臺裝滿杏仁的推車。杏仁看來實在是太好吃了，我無法抗拒，伸手抓了一把。我母親要我放回去，並向推車的老闆道歉。但老闆很生氣，不願就這樣罷休。我們身上只有一點錢，母親打開錢包看看還剩多少。「你願意用十盧比賣給我們嗎？」她問道。「不能，」老闆回答，「杏仁是很貴的。」

我母親很難過，告訴了我父親這件事。父親立刻出發前去向那個老闆把全部的杏仁都買下來，放在玻璃盤子上。

「杏仁是很棒的食物，」他說，「如果妳在睡前吃杏仁配牛奶，會讓妳變聰明。」但我知道他沒什麼錢，而盤裡的杏仁是拿來提醒我犯下的錯。我跟自己約定絕不再犯同樣的錯。結果我又犯了。母親帶我去向賽費娜還有她的父母道歉。這眞的很難。賽費娜對我的手機的事情隻字未提，雖然很不公平，但我也什麼都沒說。

雖然我感覺糟透了，但我相信這一切已經結束。從那天起，我再也沒有說謊或偷東西，連我父親在家裡留給我們買零食的銅板，我也沒拿。我也開始不戴珠寶了，因爲我問我自己：這些吸引妳的小玩意兒是什麼？為什麼要為了這些不值錢的小首飾，丟了自己的人格？但我還是滿心罪惡感，直至今日我仍每天在禱告中向眞主道歉。

我的父母親每天都會與對方訴說一切，所以父親很快就發現爲什麼我心情不好。我從他眼中可以看到我讓他失望了。我想讓他對我感到驕傲，像我在學校裡獲頒年度第一名獎狀的時候，或是像我的幼稚園老師烏耳費特告訴他，我在班上開始學烏爾都語時，在黑板上寫下「只可以說烏爾都語」來讓大家能快點學會這個語言的時候一樣。

我的父親跟我說了許多偉人在小時候曾犯下的過錯來安慰我。他告訴我甘地曾說：「人若不能自由的犯錯，那麼這自由就不值得擁有。」我們在學校裡讀過穆罕默德．阿里．眞納的故事，當他在喀拉蚩還是個男孩時，他會憑藉路燈的光線讀書，因爲他家裡沒有電燈。他告訴其他男孩子不要在塵土裡玩彈珠了，改打板球，這樣才不會把全身弄得髒兮兮的。我父親在他的辦公室外掛著一幅林肯寫給兒子的老師的一封信，已翻譯成帕什圖語。那封信寫得極好，盡是很棒的建議。「如果可以，請你教他書本的美好，但也給他時間，讓他去思考永恆的謎題：天上的小鳥、陽光下的蜜蜂和翠綠山頭上的花朵。」信裡寫道：「讓他知道失敗遠比作弊光榮得多。」

我想每個人一輩子裡至少都犯過一次錯誤。重要的是你從中學到什麼。這就是爲什麼我對我們帕什圖習俗的規定有意見。按習俗規定，若受委屈，我們必要採取報復手段。但這樣冤冤相報何時能了？如果家族中的男人被另一個人傷了或殺了，他們必定要採取報復，以維護榮譽[41]。報復可以是去殺死加害者的家庭中任何一個男性。一來一往不停循環下去，沒有時間限制。我們有句古諺說：「一個帕什圖人花二十年復仇，其他人會說他動作太快了。」

41 原文「nang」

有很多說法可以用來形容我們的民族。其中一種是「帕什圖的石頭不會在水裡變鈍。」意思是說我們既不會原諒，也不會遺忘。這就是爲什麼我們很少說「謝謝」，也就是曼那那[42]，因爲我們相信帕什圖人是不會忘記別人的恩情的，並且時候到了一定會報恩，就和一定會報仇是一樣的。恩情只能用恩情來還，而不是用一句「謝謝」說說就行了。

有許多家庭住在四面裝有柵欄和瞭望臺的屋子裡，只是爲了能防禦他們的敵人。我們也認識很多糾紛的受害者。其中一位是希爾·紮曼，我父親班上的同學，他總是在考試時贏過我父親的分數。我的祖父和大伯總是調侃我父親這點並說：「你比不上希爾·紮曼。」直到他都快抓狂了。父親甚至一度希望山上能有落石掉下來把他壓扁。但是希爾·紮曼沒有去念大學，而是在村裡的藥房當藥劑師。他的家族爲了森林裡的一小塊地，和他的親戚起了衝突。有天，希爾·紮曼和他的兩個兄弟要去那塊土地時，被他的叔叔和其手下偷襲，三兄弟全都死了。

身爲社區裡受尊重的對象，我父親常被找去調停爭執。他不相信復仇[43]有什麼作用，並會試著讓大家瞭解，如果暴力持續下去，對兩方都不會有任何好處，最好的選擇就是前嫌盡釋，繼續過生活。但是村裡有兩個家族不聽我父親的勸告。他們兩家對立的情況已經久到沒有人記得到底是怎麼開始的——八成只是點小事，畢竟我們是很會小題大作的民族。一開始，其中一方的兄長會攻擊另一方的叔伯。接著就是另一方採取一樣的行爲。這樣的對立讓他們賠上了性命。

42 原文「**manana**」

43 原文「**badal**」

我們的族人認爲這體制很好，我們的犯罪率也比非帕什圖地區來得低。但我認爲如果有人殺了你的兄弟，你不該去殺他們或是他們的兄弟，而是應該要教導他們。我受到阿卜杜勒·伽法爾汗的行爲啓發，有些人稱他邊境甘地[44]，他就是讓我們的文化開始接觸非暴力哲學的人。

對於偷東西也一樣。有些人，像我，被逮到並發誓再也不會再犯。其他人則會說：「噢，又不是什麼大事，只是個小東西嘛。」但第二次他們就會偷點更大的東西，第三次又會更大。我的國家裡，太多政治人物認爲偷竊沒有什麼。他們很富有，我們則很窮困，但他們仍掠奪再掠奪。他們大多數的人都不付稅，但這是所有事情中情節最輕的。他們向國家的銀行貸款卻不還錢。他們在政府合約中，從朋友或是那些合作廠商手上拿回扣。他們之中有許多人都在倫敦擁有昂貴的公寓。

我不知道當他們看見自己的人民在捱餓，或是因爲無數的斷電而只能坐在黑暗之中，或是孩子沒辦法上學，只因爲家長需要他們一起工作賺錢時，良心怎麼過意得去。我父親說巴基斯坦是受了詛咒，有這麼多只愛金錢的政治人物。他們不在乎軍隊是否眞的能夠駕駛飛機，他們寧可遠離戰場，坐在商務艙裡，關上簾子享受美食和各種服務，而人民則被經濟給壓垮。

我出生的時代，政權由班娜姬·布托和納瓦茲·謝里夫在十年間互相輪替，兩方政府都沒有做滿任期，並且不斷地互相指控對方貪汙問題。但我出生兩年後，軍閥再度奪下政權。當時的情況實在太戲劇化，可媲美電影情節。那時的總理是納瓦茲·謝里夫，他和他的總將軍佩爾韋茲·

44 原文「**the Frontier Gandhi**」

穆沙拉夫失和，並把他開除了。此時穆沙拉夫將軍正搭著我們的國有航空公司——巴基斯坦航空的飛機，要從斯里蘭卡回國。納瓦茲．謝里夫因為太害怕穆沙拉夫將軍的反應，他乾脆企圖禁止飛機降落在巴基斯坦。他下令機場關閉降落燈號，並把消防車停在跑道上，無視飛機上還有其他兩百名乘客，而飛機的燃油根本不足以飛到另一個國家去。在新聞公布穆沙拉夫將軍被開除的消息後，一個小時內，坦克車就開上街頭，軍隊占領了新聞臺和機場，當地指揮官伊夫蒂卡爾將軍趕到位於喀拉蚩的指揮臺，讓穆沙拉夫將軍的班機得以降落。穆沙拉夫將軍接著就接管了政權，並將謝里夫關進阿多克堡的地牢裡。有些人發糖果慶祝，因為謝里夫不受歡迎。我父親在聽到新聞的時候哭了，他原以為巴基斯坦已經不會再出現軍閥時代了。謝里夫被指控叛國罪，最後他在沙烏地阿拉伯的皇室友人安排下，讓他被流放，逃過一劫。

穆沙拉夫是我們第四代軍閥。就和我們其他的獨裁者一樣，他先從上電視對我們喊話開始，他會用「**親愛的國民**」[45]作為開端，然後開始長篇大論、激進地攻擊謝里夫，並說在謝里夫的統治之下，巴基斯坦「丟了榮譽、自尊和敬重」。他誓言要終結貪瀆，追究那些「偷取掠奪國家財產的人」。他保證要把自己的財產和稅金都還給大眾。他說他只會掌控國勢一段短暫的時間，但是沒有人相信他說的話。齊亞將軍曾保證只會掌權九十天，卻一做做了十一年，直到他墜機而死為止。

不過是舊事重演，我父親說。而且他說對了。穆沙拉夫保證要結束封建體制，不讓整個國家

45 原文「**Mere aziz hamwatano**」

受少數十幾個大家族控制，並保證要引薦年輕的新秀進入政壇。結果他的內閣還是由那些老面孔組成。我們的國家再次從英聯邦國中被剔除，並成爲國際間的眾矢之的。美國在前一年，在我們進行核武測試的時候就已停止大部分的援助，不過現在幾乎其他所有國家都開始抵制我們了。

在這樣的歷史之中，史瓦特人不想被列爲巴基斯坦的一部分也是情有可原的。每隔幾年，巴基斯坦就會派一位代理署長[46]，也就是DC，來管理史瓦特，就像英國殖民時期，英政府的作法一樣。在我們看來，這些官僚只是來這裡賺大錢而已，賺夠了就回家去了。他們根本不想開發史瓦特。我們的民族已經習慣逆來順受，因爲在娃利當權時，是不允許批判政權的。如果有任何人冒犯了娃利，那麼此人的整個家族都會被趕出史瓦特。所以當DC從巴基斯坦來時，他們就是新的國王，沒有人敢質疑他們。老一輩的人常常會懷念最後一代的娃利統治時期。那時候，他們說道，山上還有蓊鬱的樹林覆蓋著，每隔五公里就會有間學校，娃利老爺還會親自拜訪他們，解決他們遇到的問題。

賽費娜的事情過後，我發誓再也不會對朋友不好了。我父親總是說，對朋友好是很重要的。當他在念大學時，他沒錢吃飯或買書，他有好幾個朋友都對他伸出援手，讓他銘記在心。我有三個好朋友——和我住附近的賽費娜，和我同村子的桑波，還有與我一起上學的莫妮芭。以前我和莫妮芭住在附近，我們在小學裡成爲最好的朋友，然後我說服她來念我們的學校。她是個很有智

46 原文「deputy commissioner」

慧的女孩，雖然我們常常吵架，特別是在校外教學的時候。她來自一個大家庭，有三個姊妹和四個兄弟。莫妮芭會立下規範，我則試著去遵守。我們之間沒有任何祕密，而且我們不與其他人分享祕密。她不喜歡我和其他女孩子說話，她說我們必須注意自己和什麼樣的人來往，特別是要小心那些表現不佳的人，或是那些時常闖禍的人。她總是說：「我有四個兄弟，所以即便我犯的錯再怎麼輕微，都會成爲他們不讓我繼續上學的理由。」

我因爲太不想讓父母失望，所以我幫所有人跑腿。有一天我的鄰居要我去市場幫他們買一點玉米。在去市場的路上，有個男孩騎腳踏車撞上我，當下我的肩膀痛得立即讓我的淚水在眼眶裡打轉。但我還是去了市場，買了玉米，拿到鄰居家後我才回家。直到回家後我才掉下眼淚。在那之後沒多久，我發現一個重新贏回父親尊重的絕佳方法。學校要舉辦公開演講比賽的公告已經貼出來了，我和莫妮芭都決定要參加。我記得我父親在演講時讓祖父驚喜的故事，我一直想要和他做一樣的事。

當我們拿到題目時，我簡直不敢相信我的眼睛。題目是：誠實為上。

我們唯一練習的機會，就是在早禱的時候朗誦詩歌，但我們學校裡有個年紀比較大的學生——費提瑪，她是個很優秀的演講者。她不僅長得漂亮，演講時更是活潑生動。她能在數百人面前自信滿滿地講話，聽眾也會仔細聆聽她說的每一個字。莫妮芭和我都很希望自己能像她一樣，所以我們很仔細地觀察她的一舉一動。

在我們的文化中，演講稿往往是由父親、兄長或是老師幫你寫好，通常是英文或烏爾都語，而不會是我們的母語——帕什圖語。我們當時覺得用英文演講能顯得自己比較聰明。這樣的想法當然不對。重點不在於你選擇使用哪一種語言，而是你用了什麼字來表達你的意思。莫妮芭的講稿是由她其中一個哥哥幫她寫的。她引用了我們國家詩人阿拉馬・伊克巴勒美麗的詩句。我父親幫我寫稿子。在稿子裡他強調，如果你想要做一件好事，但卻得透過不好的方式來達成，那這就仍是件不好的事。同樣的，如果你選了一個好方法來做一件壞事，那麼這仍舊是壞事。他用林肯說的話作爲結語：「**失敗遠比作弊光榮得多。**」

演講當天只有八、九個男女生到場。莫妮芭的演講講得極好——她表現得很沉穩，而且講稿也遠比我的更是富有情感、更具詩意，雖然我的講稿在意義上也許比較深遠。上臺前我緊張極了，我怕得全身顫抖。我的祖父也來了，我知道他眞的很希望我能贏得比賽，這讓我更加緊張。我記得我父親說過，開始演講前要先深呼吸，但當我看見所有人的眼光都聚集在我身上時，我就馬虎帶過了。我大亂陣腳，稿子在我顫抖的手上晃個不停，但當我用林肯說的話做了結語後，我抬頭看見我父親。他的臉上掛著微笑。

評審最後宣布名次，莫妮芭得了第一，我則是第二。

這樣的結果不要緊，因爲林肯在給他兒子的老師的信裡還寫到：「**請教導他如何當個有風度的敗將。**」我已經習慣當班上的第一名了，但我發現，就算你已經連續贏了三、四次，如果不夠努力，下次的冠軍不見得必定還是你——而且有時候你自己的故事才是最好的故事。於是我開始自己寫講稿，並改變演講的方式：不再只是讀稿子，而是把文字從心裡說出來。

6
垃圾山的孩子

因爲卡須爾學校吸引越來越多的學生入學，我們又搬了一次家，並且終於有了一臺電視機。我最喜歡的電視節目是「夏卡 拉卡 蹦 蹦」[47]，那是印度兒童節目，講一個有支神奇鉛筆的男孩子——桑竹的故事。他畫的所有東西都會成眞。如果他畫的是蔬菜或是畫個警察，這個蔬菜或警察就會神奇地出現。如果他不小心畫了一條蛇，那他可以把畫擦掉，這樣蛇也就會消失。他用他的神奇鉛筆幫助其他人——甚至將父母從幫派老大手中救出來——我一心一意的只想得到那隻鉛筆。

晚上禱告的時候我會說：「眞主啊，請給我桑竹的鉛筆吧。我不會告訴任何人的。祢就放在我的櫃子裡就好。我會用它帶給大家快樂的。」禱告一說完，我就會檢查我的抽屜。神奇鉛筆從來沒有出現過，但我已經決定我要先幫助誰了。在我們新家那條街上有塊廢棄的空地，大家都將垃圾丟在那裡——史瓦特沒有垃圾場。很快的，空地成了一座垃圾山。因爲實在太臭，我很不喜

47 原文「Shaka Laka Boom Boom」

歡走到那附近。有時會看見那附近有老鼠亂竄，上方有烏鴉聚集盤旋。

有天我的弟弟們不在家，母親請我把馬鈴薯皮和蛋殼拿去丟。我接近垃圾山時忍不住皺了鼻子，一邊揮趕蒼蠅，一邊小心注意不要讓我的好鞋子踩到什麼髒東西。當我把垃圾丟到腐爛的廚餘堆上時，我看到有什麼東西動了一下，我嚇得跳了開來。那是一個跟我差不多年紀的女孩。她的頭髮滿是污泥，皮膚全是爛瘡。她看起來就是我想像的夏夏卡的模樣，就是那個用來嚇我們快點去洗澡的故事裡的髒女人。女孩拿了一個大袋子，把垃圾分堆，一堆是瓶子，一堆是瓶蓋，一堆是玻璃還有一堆是紙類。附近還有幾個男孩用線綁著磁鐵，把金屬垃圾分類出來。我想跟他們說話，但我實在太害怕了。

那天下午，當我父親從學校回家時，我告訴他這些拾荒小孩的事，並且求他跟我去瞧瞧。他企圖和他們說話，但他們害怕得一哄而散。父親跟我解釋，這些孩子會把分類出來的垃圾拿去資源回收站，可以換幾個盧比。回收站再把這些東西拿去賣錢。回家的路上我注意到父親的眼睛裡滿是淚水。

「爸爸，你必須讓他們免費來學校上課。」我請求他。他笑了。我母親和我已經拜託他讓幾個女孩免費上學了。

雖然我的母親沒有受教育，但她是家裡最務實的人；父親是發號司令的人，而母親則是執行者。她總是在外面幫助其他人。我父親有時會很生氣——他回家吃午餐的時候會喊道：「托貝凱，我回來了！」結果卻發現母親出門了，沒有幫他準備午餐。然後他就會發現她在醫院裡探視生病的人，或是去幫助其他家庭，這時他就不會再生氣了。但有時候她是去耆那市集逛街買衣服，那就另當別論了。

不論我們住在哪哩，我母親都讓家裡擠滿了人。我和我的堂姊安妮紗還有一個女孩謝娜姿住一個房間。安妮紗來跟我們同住，這樣她才能上學。謝娜姿的母親索塔娜曾在我們家做事。她父親過世後，家裡變得非常窮困，她和她的姊妹也曾被派去垃圾山撿垃圾。她們的其中一個兄弟有精神疾病，常常放火燒她們的衣服，或是把我們送的電風扇拿去賣掉。索塔娜的脾氣很差，我母親不喜歡讓她在家裡幫忙，但我父親安排了一筆小小的零用金給她，並讓謝娜姿和她的其他兄弟來學校上課。謝娜姿以前從沒上過學，所以雖然她比我大兩歲，她還是被安排在比我小兩屆的班上。她來跟我們同住在一起，好讓我可以教她功課。

努麗亞也和我們住在一塊兒。她的母親卡努幫我們洗衣服和打掃。還有阿麗施巴，她是卡麗達的其中一個女兒，卡麗達幫我母親煮飯。卡麗達曾被賣給一個會揍她的老男人當太太，最後她終於帶著三個女兒逃了出來。她的家人不願意收留她，因爲人們認爲離開自己丈夫的女人會讓自己的家族蒙羞。有一陣子她的女兒也得在垃圾山撿垃圾度日。她的經歷就像是我開始看的小說故事情節一樣。

那時候學校已經拓校了，有三棟建築——一開始在蘭地卡司的那棟建築現在是小學部，一棟女子高中在亞亞街上，還有一棟給男生念的學校，有著很大片長滿玫瑰的花園，就在廟宇廢墟的附近。我們總共大概有八百名學生，雖然學校沒有眞的賺錢，我父親還是提供超過一百名學生免費就讀。其中一個免費就讀的男孩，他的父親夏拉法特·阿里曾在我父親是個窮困的大學生時幫助過他。他們是村裡認識的朋友。夏拉法特·阿里在電力公司工作，只要他有多餘的錢，就會給我父親幾百盧比。我父親很高興能夠回報他當初的善心。還有一個和我同班的女孩，叫做卡薩，她的父親在做布料和披肩刺繡——這是我們地區很有名的一項工藝品。我們要去山上戶外教學時，我知道她沒有錢可以參加，我就會用我的零用錢幫她繳費。

讓窮人家的小孩來念書不只是會讓我父親收不到學費而已。有些有錢人家的父母當發現自己的小孩與家裡的清潔工或補衣工的小孩同班，就不讓自己的孩子繼續來上學了。他們覺得自己的孩子和窮人家的小孩混在一起是很丟臉的事。我的母親說，家裡貧窮的孩子如果沒吃飽，就很難好好學習，所以有些女孩會來我們家吃早餐。我父親笑稱我們家已經變成寄宿家庭了。

家裡一直都有這麼多人，變得很難專心讀書。我本來很高興有自己的房間，我父親甚至買了張梳妝桌給我念書用。但現在我得和另外兩個女孩共用一個房間。「我需要自己的空間！」我會這樣大喊。但我馬上就會覺得很愧咎，因爲我知道我們已經很幸運了。我回想起那些在垃圾山撿垃圾的孩子，垃圾山那個女孩骯髒的臉孔一直出現在我腦海裡，於是我便不斷催促父親去讓他們來學校免費上課。

他試著解釋給我聽，說那些孩子得負責養家活口，所以如果他們來上學，那麼他們全家人就都得餓肚子了。不過他仍去找了一個有錢的慈善家，阿贊地·汗，幫忙出錢印了許多傳單，單子上寫著：**孩子們難道沒有受教育的權利嗎？**我父親印了幾千張傳單，放在地方會議場所，也在市區裡發放。

這時候我父親在史瓦特已經很出名。雖然他不是地方士紳，也不是富有之人，但大家還是會聽他說話。他們知道他會在研討會上講些有趣的議題，並且不怕批判當權者，甚至批判現在已經成爲統治我們的軍方。軍方中也開始有人知道他了，父親的朋友跟他說，當地指揮官曾公開稱他「具殺傷力」。我父親不明白指揮官確切的意思，但在我們的國家裡，當軍方勢力這麼強大，就不是個好兆頭。

父親最討厭的其中一件事，就是「幽靈學校」。有影響力的人拿了政府要給學校的錢，在偏遠地方辦學，但卻從未招收任何學生。他們會把學校建築拿來當自己的會所，甚至拿來養牲畜。還有人這輩子從沒教過一天書，卻竟然領取教師退休金。除了貪汙問題和腐敗的政府以外，我父親當時最擔憂的就是環境問題。明戈拉發展得很快速——現在有十七萬五千人以此爲家——我們原本清新的空氣，現在被汽車廢氣和煮飯的油煙弄得烏煙瘴氣。山上美麗的樹木都被砍下來當柴火。我父親說城裡只有一半的人有辦法取得乾淨的飲用水，大多數人，包含我們在內，沒有衛浴設備。所以他和他的朋友成立了一個組織，叫做「地球和平委員會」，雖然名稱如此，關注的其實是當地的問題。組織的名字很諷刺，我父親經常取笑這個名稱，但是組織的目的是很嚴肅的：保護史瓦特的環境，並在當地宣導和平與教育。

我父親還很愛寫詩，有時寫的是愛情詩，但更多是寫爭議性很高的主題，像是可怕的屠殺行爲，以及女性人權。有一次他去阿富汗參加在喀布爾洲際酒店舉行的詩歌節，他在活動上朗誦一首關於自由的詩。在活動閉幕時，他的詩被稱爲是最具啓發性的作品，有些現場觀眾還請他再唸一次，當唸到其中幾句他們喜歡的句子時，現場的人都會喊道「哇哇」[48]，有點像是「太棒了」

48 原文「**wah wah**」

的意思。連我祖父都感到很驕傲。「兒子，願你成爲學術界的明日之星。」他會這麼說。

我們爲他感到很驕傲。但他的高知名度卻代表我們變得不太能經常見到他。幫我們買衣服，或是我們生病時帶我們去醫院的都是我的母親，雖然在我們的文化裡，特別是像我們這樣的村子，婦女是不被允許獨自進行這類事務。所以我父親的諸多侄子之中就得有人來陪同前往。當我父親在家時，他和他的朋友會在黃昏時坐在屋頂上，沒完沒了地討論政治。他們聊的話題其實只有一個：９１１事件。這件事也許改變了全世界，但我們住的地方首當其衝。蓋達組織的領導人奧薩瑪·賓拉登在攻擊紐約世貿大樓的時候住在坎大哈，美國派了數千名士兵到阿富汗抓他，並推翻了保護賓拉登的塔利班政權。

當時巴基斯坦仍受獨裁政府控制，但美國需要我們的幫助，就像是八〇年代時在阿富汗與俄國人對抗一樣。而就和俄國入侵阿富汗進而改變了齊亞將軍的身分般，９１１事件讓穆沙拉夫將軍不再是受到世界流放的反派。突然間他就被時任美國總統小布希邀請到白宮會晤，到英國唐寧街十號與英首相東尼·布萊爾面談。這之中其實還有個很大的問題。我們的情報單位ＩＳＩ就是最開始塔利班的源頭。許多ＩＳＩ的高層都與塔利班的領導人員很親近，並相識多年、擁有同樣的信仰。一個ＩＳＩ上校伊曼就吹牛說自己曾訓練九萬名塔利班戰士，後來在塔利班政權時期，他甚至成爲巴基斯坦在赫拉特的總領事。

我們不是塔利班的支持者，因爲我們聽說他們會搗毀女校，並炸毀巨型佛像——我們有很多引以爲傲的佛像。但許多帕什圖人對於轟炸阿富汗，還有巴基斯坦幫助美國這件事很不高興，雖然我們也只是讓他們經過我們的領空，和停止提供武器給塔利班政權而已。我們當時並不知道穆沙拉夫將軍也讓美軍使用我們的機場。

我們國內有些宗教人士認爲賓拉登是英雄。市集裡可以買到他騎著白馬的海報，還可以買到盒子上印著他的肖像的糖果。這些傳教士說911事件是對美國人的報復，懲罰他們對世界上其他人做的事，但他們忽略一件事實，那就是世貿大樓裡的受害者是無辜的，他們與美國政府的政策一點關係都沒有，而且《可蘭經》裡也明確寫著殺戮是錯誤的行爲。我們的人民認爲一切事件背後都有陰謀，很多人堅持這場攻擊是猶太人發動的，爲的是要讓美國攻擊伊斯蘭教世界。有些報紙寫道，事件發生當天，世貿大樓裡的猶太人都沒有去上班。我父親說這簡直是一派胡言。

穆沙拉夫將軍向我們的人民說他別無選擇，只能與美國人合作。他說美國人告訴他：「你如果不是和我們同一陣線，就是跟恐怖分子一起。」並且還恐嚇如果我們反抗，他們就要「把我們炸回石器時代」。但我們也沒有眞的與美國合作，ISI還是有提供武力給塔利班戰士，並在奎達提供塔利班領導人庇護。他們甚至說服美國讓他們從阿富汗北方用飛機送數百名巴基斯坦戰士出境。ISI首長要求美軍暫停對阿富汗動武，等他到坎大哈去要求塔利班領導人穆罕默德・奧馬爾交出賓拉登；但其實他卻是提供塔利班政權協助。

蘇非・穆罕默德教授住在我們這個省裡，他曾在阿富汗與俄軍打過仗，他對美國發出了絕殺令。他在馬拉坎縣，也就是我們祖先對抗英軍的地方，召開了一場很盛大的集會，巴基斯坦政府沒有阻止他。我們的省政府發布了一個公告，說明任何人想要反抗北約組織、想到阿富汗打仗的人都可以自由前往。大約有一萬兩千名年輕人從史瓦特去幫助塔利班政權。許多人一去便再也沒有回來。雖然那些人應該都已經死了，但卻找不到死亡證據，他們的妻子因此無法宣告寡婦身分。這對她們來說很難熬。我父親的朋友，瓦西德．祖曼的哥哥和姊夫也加入了這批前往阿富汗打仗的行列中，他們的妻兒都還在等他們回來。我還記得當我們去探望時，感覺到的那股懸念。但即便如此，這一切在我們花園般的河谷地區看來，好像是很遙遠的事。阿富汗距離我們不到一百英哩遠，但要去阿富汗，你得先穿越巴焦爾特區，這是處於巴基斯坦與阿富汗邊界的區域。

賓拉登讓他的手下先逃到阿富汗東邊托拉寶拉地區的白山，躲在當年他在那裡和俄軍打仗時建立的隧道裡。然後他們利用隧道，穿越山嶺來到喀蘭地區以通往至其他塔利班所在地。我們當時不知道賓拉登逃到史瓦特，利用了帕什圖習俗的好客守則，在偏遠的村子裡住了一年。

大家都知道穆沙拉夫在兩面討好，拿美國的錢，協助聖戰士——「策略上的資產」——這是ISI對他們的稱呼。美國說他們給巴基斯坦數千萬美元，讓政府宣導反蓋達組織，但我們人民一毛錢也沒看到。穆沙拉夫在伊斯蘭堡的拉瓦爾湖旁蓋了一棟別墅，並在倫敦買了一層公寓。每隔一陣子就會有個美國的重要官方人物抱怨我們不夠努力，然後突然間就會有位什麼大人物被逮捕。哈立德．謝赫．穆罕默德，911事件的主謀，就是在距離軍隊總司令於拉瓦爾品第的官方住處不到一英哩遠的地方被逮捕。但是小布希總統還是一直稱讚穆沙拉夫，邀請他到華盛頓，還說穆沙拉夫是他的好兄弟。我父親和他的朋友們全都對此很反感。他們說美國人一向都比較喜歡與巴基斯坦的獨裁者來往。

我從很小的時候就對政治有興趣，我會坐在我父親的腿上，聽他和他朋友討論的每件事。但我比較在乎離家比較近的事件——或是說，我們這條街上的事情。我告訴學校裡的朋友關於垃圾山的孩子的事，我說我們應該伸出援手。但不是每個人都願意這麼做，他們說那些孩子很骯髒，搞不好還生病了，他們的父母也不會希望他們與那樣的孩子一起上學。他們還說這種問題輪不到我們來解決。我不同意。「我們可以袖手旁觀，等著政府處理，但他們不會出手的。如果我可以幫助一、兩個孩子，另一個家庭能再幫助其他的一、兩個孩子，那麼我們就能一起幫助全部的孩子了。」

我知道向穆沙拉夫請願是沒有用的。在我的經驗裡，如果我父親在某件事情上使不上力，就只剩下一個選擇了。我寫了一封信給眞主。「親愛的眞主，」我寫道，「我知道祢可以看見所有的事，但是還有好多事情，也許有時候，是被祢錯過了，特別是在現在阿富汗還有轟炸行動的情況下。但我知道祢一定不願意看到我家這條路上的孩子們住在垃圾堆裡。眞主啊，請給我力量和勇氣，讓我變得完美，因爲我想讓這個世界變得完美。馬拉拉敬上。」

問題是我不知道怎麼把這封信交給主。不知怎麼的，我覺得應該要把信深深埋進土裡才行，所以我一開始是將信埋進了院子裡。然後我想，這樣信就會爛掉了，所以我再將信拿出來，放進塑膠袋裡。不過這樣似乎也沒什麼作用。我們喜歡把神聖的文字放進流水中，所以我將信捲了起來，綁在一塊小木頭上，在上面擺了一朵蒲公英，再把它放進水裡，讓它流向史瓦特河。這樣眞主一定就能在那裡找到這封信了。

7

想讓學校關門大吉的穆夫提

我出生的地方，也就是在學校前面的卡須爾街上，有一棟屋子裡頭住著一位又高又帥的傳教士一家人。他的名字是賈蘭穆拉罕，他自稱自己是一位**穆夫提**[49]，意思就是他是伊斯蘭教的學者，是伊斯蘭法的專家。不過我父親對於每個頭上有纏頭布的人都可以說自己是**教授**或**穆夫提**這個狀況頗有微詞。學校營運的狀況很好，我父親正在男校大樓蓋一個很氣派的櫃檯，還有拱型的大門。我母親第一次能買得起好衣服，並且如同她小時候在村裡夢想的一樣，開始可以出去買外食，不用親自下廚。但一直以來這個穆夫提都在觀察著我們。他看到每天都有許多女孩進出學校，因此勃然大怒，特別是在這些學生中有些女孩已經是青少女的年紀了。「那個穆夫提不安好心眼。」我父親說。而他說對了。

不久後，那個穆夫提跑去向學校大樓的屋主太太說：「齊奧汀用妳大樓在經營**哈拉姆**[50]（違

49 原文「**mufti**」

50 「**haram**」，伊斯蘭教中禁止的事物。

反伊斯蘭法的）學校，讓**莫哈拉**[51]（這個地區）蒙羞。這些女孩子應該要在穆斯林深閨[52]裡。」

他告訴她：「把這棟建築收回來，我向妳租來當伊斯蘭教學校。妳如果答應，現在就可以收到錢，而且妳到了來世還會獲得獎勵。」

她拒絕了他，她兒子還偷偷地來找我父親。「這個教授已經開始鼓吹反對你了，」他警告道。「我們不會把大樓租給他，但是你們還是小心點。」

我的父親大爲光火。「這就是我們說的：『**半吊子的醫生危害的是性命，所以說，半吊子的教授危害的是信仰。**』」他說。

我很驕傲我的國家是世界上第一個穆斯林國家，但我們其實對這件事在定義上仍沒有達成共識。《可蘭經》教我們要**有耐性**[53]，但我們常常忘記這個字，以爲伊斯蘭教的意思，就是要婦女待在隔離所或是穿上罩袍，而男人去當聖戰士。在巴基斯坦，我們有很多伊斯蘭準則。我們的國父眞納想要爭取在印度的穆斯林的權利，但印度大多數是印度教徒。就好像是兄弟鬧翻了以後，決定分住不同的房子。所以西元一九四七年八月，英屬印度一分爲二，而獨立的穆斯林國家就此誕生。這實在是血腥的序曲。數百萬穆斯林橫越印度來到這裡，而印度教徒則搬到另一邊去。將

---

51 原文「**mohalla**」，地區的意思。

52 婦女在隔離所或隱居地，戴著面紗。

53 原文「**sabar**」

近有兩百萬人爲了跨越新國界而被殺害。許多人被屠殺，到拉合爾和德里的火車上載滿了血淋淋的屍體。我的祖父從家裡出發到德里上學的火車被印度教徒攻擊，他在千鈞一髮之際逃過一劫。現在我們有一點八億人口，超過百分之九十六是穆斯林。我們還有約兩百萬基督徒人口，和超過兩百萬的阿瑪迪派教徒，阿瑪迪派教徒自稱是穆斯林，但我們的政府否定這樣的說法。令人遺憾的是，這些少數族群常常是被攻擊的目標。

眞納年輕的時候住在倫敦，接受成爲律師的訓練。他想要一塊懂得包容的土地。我們常常引用他在獨立前幾天的一場演講裡說的話：「在巴基斯坦這個國家，你可以自由地去廟宇，可以自由地去清眞寺，或任何你想去的地方進行朝拜。你可以是任何宗教的人，可以來自任何階層，可以信仰任何信條或教義——這與國家一點關係都沒有。」我父親說，問題出在眞納爲我們爭取了一塊「土地」，而不是一個「國家」。他在巴基斯坦建國後一年，因爲肺結核過世了。從那時候開始，我們的國家便沒有停戰的一天。我們除了與印度打了三次仗，我們自己國內還有看似永無止盡的殺戮。

我們穆斯林又分裂爲遜尼派和什葉派[54]——我們擁有共同的基本信仰，以及同一本《可蘭經》，但我們在西元七世紀，先知過世以後到底該由誰領導我們的信仰這件事上，無法達成共識。被選爲領導人，或稱哈里發的人，名叫阿布·伯克爾，他是先知的好友，也是他的顧問，同

54 原文「**Sunnis**」與「**Shias**」

時他也是先知在去世之前，指定接任的人。「遜尼派」是爲追求跟隨「遵從先知的傳統之人」而從阿拉伯來的人。但有一小群人認爲領導權應該要傳給先知家族的人，所以他的女婿阿里，同時也是表親，應該要接管這個權力。這群人後來成了什葉派，是Shia-t-Ali的縮寫，意思是「阿里的黨派」。

什葉派每年都會在穆哈蘭節紀念先知之孫，胡森．阿里被殺害的日子，他死於西元六八〇年卡爾巴拉的戰鬥中。他們會瘋狂的用金屬製的鏈條，或用繩子綁著刀片，把自己鞭打得渾身是血，直到街道都被染成了鮮紅色爲止。我父親有個什葉派的朋友，每次講到胡森在卡爾巴拉被殺害的事都會哭泣。他的激動程度會讓你以爲這不是遠發生在一千三百年前的事，而彷彿是昨晚才剛發生。我們的國父眞納也是什葉派的，班娜姬．布托的母親是伊朗來的什葉派人。

許多巴基斯坦人和我們一樣是遜尼派——超過總人口的百分之八十——但遜尼派之中又分裂成許多不同的群體。目前爲止，人數最多的是拜勒維學派，這個名字取自十九世紀一間在巴勒里的伊斯蘭學校，巴勒里位於印度的北方邦。接著是迪歐班地派，名稱來自十九世紀時另一間也在北方邦的伊斯蘭學校。我們還有哈迪司（《聖訓》的子民），叫做薩里菲派。這個派別的人受到阿拉伯的影響較大，也比另外兩派人更加守舊。他們就是西方人稱的基本教義派。他們不接受我們的聖人或聖殿——許多巴基斯坦人也會潛修，他們會在蘇菲神殿跳舞及崇拜神祇。每一個派別下又會有許多分支。

住在卡須爾的那個穆夫提曾是塔布利吉聖戰士的一員，他們是迪歐班地派的一個團體，每年都會在拉合爾附近，萊文德的總部舉辦一場很盛大的集會，數百萬人會前來參加。我們的前任獨裁者齊亞將軍也曾去參加，在八〇年代他的政權之下，塔布利吉派變得十分強大。許多傳教士會被派到塔布利吉派的軍營裡傳教，軍官們常常會休假去聽講道。

那位穆夫提沒有成功說服我們的房東太太終止租約之後的某天晚上，他聚集了地方勢力和長輩，組成代表團來到我們家門口。一共有七個人——幾位資深塔布利吉派的人、一位清眞寺的長老、一位前聖戰士和一位店老闆——他們擠進了我們的小屋。

我父親看起來很憂心，把我們全都趕進另一間房，但因爲房子很小，我們聽得一清二楚。「我們是代表烏里瑪學會、塔布利吉派和塔利班而來的，」那位穆夫提，賈蘭穆拉罕說道，提了不止一個，而是兩個穆斯林學者組織來支持自己的立場。「我是代表良善的穆斯林人而來的，我們認爲你的女子學校是違背伊斯蘭法的，」他繼續說道，「女孩子是很神聖的，她們應該要被留在隔離所裡，因爲神不想要女孩子被點名，所以整本《可蘭經》維持得非常隱私，連一位女性的名字都沒有提到。」

我父親再也聽不下去了。「《可蘭經》裡一直提到瑪利亞，難道她不是女人？還是她不是好女人呢？」

「不！」穆夫提說，「她出現在《可蘭經》裡只是爲了證明伊薩（耶穌）是瑪利亞的兒子，不是神的兒子！」

「可能是這樣沒錯，」我父親回答道，「但我的意思是《可蘭經》裡的確有出現瑪利亞的名字。」

穆夫提怒目準備提出反駁，但我父親已經受夠了。他轉向那群人，說道：「當我在路上和這位先生相遇時，我會看著他，與他打招呼，但他不會回應我，只是點點頭。」

那位穆夫提低下頭，看起來很尷尬的樣子，因爲在伊斯蘭教中，有禮貌的與別人打招呼是很重要的。「你經營的學校是違法的，」穆夫提說，「這是我不想跟你打招呼的原因。」然後另一個男人開口了：「我聽說你是異教徒，」他對我父親說，「但你家裡有放《可蘭經》。」

「我家當然有《可蘭經》！」我父親因爲自己的信仰被質疑而顯得非常震驚。「我是一個穆斯林。」

「我們回來討論學校這個問題，」穆夫提發現討論沒有往他想要的方向發展，連忙說道。「學校的接待處有男人，他們可以看見這些女孩上學，這樣很不好。」

「我有個解決的辦法，」我父親說，「學校還有另一個大門。女孩們以後從那裡進出。」

穆夫提明顯對此很不高興，因爲他想逼學校關門大吉。但是長者們聽到這樣的讓步，已經滿意地離開了。

我父親懷疑這件事不會就此結束。我們知道一件穆夫提不知道的事，就是他自己的姪女也祕密的在我們學校裡上課。所以幾天後我父親把這個傳教士的哥哥，也就是女孩的父親給找來了。

「你弟弟的行爲讓我感到很疲倦，」他說，「他到底是哪門子傳教士？簡直快把我們逼瘋了。你可以幫我們解決這個問題嗎？」

「恐怕我是幫不上你的忙了，齊奧汀，」他答道，「我家裡也有這個問題。他和我們住在一起，我們的太太和他的太太要在這麼小的屋子裡留下隔離區的空間，把我們和他分隔開來。我們的太太就像是他的姊妹一樣，他的太太也如同我們的姊妹，但這個瘋子已經快把我們家裡變得和地獄沒什麼兩樣了。我很抱歉我沒辦法幫上你的忙。」

我父親認爲這個人不會就此善罷甘休的想法果然應驗了——在齊亞推動政治伊斯蘭化的背景下，穆夫提的勢力越來越龐大。

在某些方面，穆沙拉夫將軍和齊亞將軍很不同。雖然都是穿軍服，但他偶而也會穿西裝，他自稱是總理，而不是軍法總司令。他還有養狗，一般穆斯林認爲狗是很骯髒的動物。不像齊亞將軍的政治伊斯蘭化，他推廣的是開明現代化。他解放媒體，開放新的私人電視臺和女性新聞主播，還同意電視可以播出跳舞的節目。我們可以慶祝一些西方的節日，像是情人節和新年除夕夜。他甚至批准獨立紀念日前夕，可以舉辦年度流行音樂演唱會，還可以全國轉播。他做的一些事，是我們的民主統治者沒有做過的，甚至連班娜姬也沒有。他還廢除了要受害婦女得找出四名男性證人證明自己被強暴的法律。他派任首位女性官員接管公家銀行，還有第一位女性飛行員，和第一位女性海巡人員。他甚至宣布以後在克拉蚩的陵墓會開始有女衛兵。

然而在我們帕什圖坐落的西北邊疆，情況卻大不相同。西元二〇〇二年時，穆沙拉夫舉辦了「限制性民主」的選舉，這幾場選舉很奇怪，因爲主要政黨的領導人納瓦茲．謝里夫和班娜姬都被流放了。這些選舉讓我們的省分受「傳教政府」掌權。原教旨政黨聯盟（MMA）[55]

55 原文「**the Muttahida Majlis e-Amal**」

是一個由五個宗教黨派組成的政黨，包含有營運宗教學校，訓練塔利班的伊斯蘭神學者協會（JUI）[56]。大家會開玩笑說MMA是傳教士軍事聯盟，說他們被選上是因爲穆沙拉夫支持他們。但有些人很支持他們，因爲虔誠的帕什圖人很氣美國人入侵阿富汗，還推翻了塔利班政權。

我們這一區一直以來都比巴基斯坦其他地方來得保守。在阿富汗聖戰時期，這裡有許多宗教學校成立，大多數都是靠沙烏地的金援，許多年輕人也爲了免費受教育而入學了。這就是我父親稱「阿拉伯化」的開始。接著911事件又讓軍隊成爲主流。有時當我走在路上時，會看到建築物牆上用粉筆寫著「想接受聖戰士訓練，請與我們聯絡。」下面寫著電話號碼。那時候聖戰組織可以爲所欲爲，到處可看見他們公開收取獻金和召募新血。甚至還有一個來自香拉縣的主謀，吹牛說自己最大的功勞就是把十個九年級的男孩送去喀什米爾受聖戰士訓練。

MMA政府禁止CD和DVD店，並想和阿富汗塔利班分子一樣，組織一群道德警察。他們想要能在路上把男女攔下，要求女子證明身邊的男子是她的親戚。所幸我們的最高法院阻止了這件事。於是MMA激進分子便發起了對電影院和商店的攻擊活動，並把有婦女照片的看板拆毀，或是用白色油漆蓋過去。他們甚至到服飾店把女生穿衣假人搶走。他們會在路上騷擾穿著西式風格襯衫和長褲，而非穿傳統上衫下褲的男人，並堅持婦女都要把頭部給遮掩起來。他們的行爲就像是想將生活裡的任何一點女性跡象全都抹去一樣。

我父親在西元二〇〇三年成立了高中部。第一年是男女同校，但到了西元二〇〇四年，局

56 原文「the Jamiat Ulema-e-Islam」

勢改變，男女生同班上課變成一件不能被接受的事。這樣的局勢改變，讓賈蘭穆拉罕膽大妄為了起來。學校裡一個職員告訴我父親，這個穆夫提一直跑到學校去，直問道爲什麼女學生仍然繼續使用正門進出學校。父親說有天學校裡一名男職員送女老師到大路上搭黃包車，穆夫提還問道：「爲什麼這個男人送她去路上，他是她的兄長嗎？」

「不是，」這名職員回答，「他是同事。」

「這樣的行爲是錯的！」毛拉那[57]說。

我父親告訴那個職員，下次如果又看到那個毛拉那，就打電話給他。當電話打來時，我父親和教伊斯蘭課程的老師就去和他對質。

「毛拉那，你快把我逼到無路可退了！」我父親說，「你是誰？你瘋了！你該去看醫生。你以爲我進學校就會把衣服脫了嗎？你看到男孩子和女孩子的時候，眼裡只有醜聞。他們只是學生而已。我覺得你該去找阿里醫生看看病！」

阿里醫生是我們這區很有名的精神科醫生，所以如果說「我們該帶你去看阿里醫生嗎？」意思就是「你瘋了嗎？」

這個穆夫提沒有說話。他把他的頭巾拿下來，放在我父親的腿上。對我們來說，頭巾就是俠義精神和帕什圖精神的象徵，一個男人如果失去他的頭巾，等於是奇恥大辱。但接著他開口說：「我從沒這樣對你的職員說過。他說謊。」

57 對會說波斯語和阿拉伯文人的稱呼。

我父親受夠了。「這裡不干你的事，」他怒吼道，「滾！」

穆夫提沒有成功迫使我們關閉學校，但他的介入顯示了我們國家的改變。我父親很擔心。他和其他的活動分子開了無數個會議。這些會議已經不只是關心樹木被濫伐的問題了，也包含教育和民主的議題。

西元二〇〇四年，抵抗華盛頓的施壓已經超過兩年半之久。穆沙拉夫將軍派軍隊進入聯邦直轄部落地區（FATA）[58]，有七個特區沿著我們和阿富汗的國界坐落在此，政府對這裡沒有太大管轄權力。美國宣稱當他們轟炸阿富汗時，蓋達激進分子利用這個地方逃進巴基斯坦，利用帕什圖人的好客習俗幫他們避難。在這個地區，他們組織訓練營，跨越國境向北約軍隊發動攻擊。對我們在史瓦特的人來說，這已經離家很近了。其中一個特區，巴焦爾特區，就在史瓦特旁邊而已。住在聯邦直轄部落地區的人全都來自帕什圖部落，例如優薩福扎伊，並且與阿富汗人跨越國界生活在一起。

部落特區是在英屬時期劃出的，作為阿富汗和當時的印度的緩衝地帶，印度也是用相同的方法管理這裡，管理者是部落的酋長和長者，又稱馬力克。不幸的，馬力克沒有什麼功能。實際上部落特區可說是無政府狀態。這裡就像是被遺忘了的地方，只有陡峭的石壁峽谷，居民靠走私人口勉強餬口。（這裡的平均年收入只有美金兩百五十元——是巴基斯坦人收入的一半。）這裡很少有醫院和學校，特別是女校，而且直到最近才開放組織政治黨派。這些地區的婦女幾乎無人識

58 Federally Administered Tribal Area

字。當地人以凶悍與獨立著稱，如果有看過任何英國文獻就可以知道這一點。

我們的軍隊在這之前從沒涉足過聯邦直轄部落地區。軍隊以英國統治時類似的手法，不派眞正的士兵，而是以帕什圖人組織的邊疆軍團間接地管轄當地。派正式軍隊進入當地是很不容易的決定。不只是因為我們的軍隊和ＩＳＩ長久以來一直與幾個軍事激進分子有聯繫，也代表我們的軍隊將要和他們的帕什圖手足打仗。西元二〇〇四年三月，軍隊第一個進入的部落特區是南瓦茲里斯坦特區。可想而知，當地人將其視為是攻擊他們生活方式的行為。當地所有男人都拿起武器，衝突爆發，死了數百名士兵。

軍隊對此非常震驚。有些人拒絕作戰，因為他們不想和自己的兄弟打仗。僅十二天後軍隊便撤退了，與當地軍事分子，包含內克．穆罕默德，開始討論他們所稱的「和平協商協議」。這包含了軍隊買通軍事分子停止所有的攻擊行動，並阻止外國軍隊介入。軍事分子則用這些錢去購買更多武器，然後繼續發動攻擊。幾個月後，美國無人偵查機發動了第一起對巴基斯坦的攻擊事件。

西元二〇〇四年六月十七日，一架無人戰掠機在南瓦茲里斯坦特區朝內克．穆罕默德發射了一顆地獄火反裝甲飛彈，當時顯然他正透過衛星電話接受採訪。他和他身邊的人立刻斃命。當地人完全不知道發生了什麼事——當時我們並不知道美國人可以做到這般地步。不論內克．穆罕默德是怎樣的人，我們當時與美國並非戰爭狀態，我們對於他們能夠在我們的國境內對百姓空拋炸彈這件事，感到無比震驚。整個部落特區的人都氣炸了，許多人因而加入軍事組織，或自己成立拉西卡[59]，也就是地方軍火組織。

接著又發生更多的攻擊事件。美國人說賓拉登的副手，艾曼．扎瓦希里，人躲在巴焦爾特區，還在那裡娶了老婆。西元二〇〇六年一月，一架本是鎖定他的無人機降落在一個名叫達馬多拉的村子，摧毀了三棟房子，導致十八人死亡，其中許多是年輕的男孩。美國人說那裡是蓋達組織的訓練營，曾經出現在組織的影片中，並且在那個山丘裡藏滿了隧道和大砲。攻擊事件後沒幾個小時，一個經營宗教學校、很有影響力的傳教士法克利．穆罕默德出面宣布，將會有自殺炸彈客找巴基斯坦軍隊為這些死者報仇。

我父親和他的朋友們憂心忡忡的把當地長者和領導人都找來召開和平會議。那是一個寒風刺骨的一月夜晚，但現場來了一百五十人。

「戰火往這裡來了，」我父親警告道，「戰火往河谷地區延燒過來了。讓我們在好戰之火燒到這裡之前，先將它撲滅吧。」

但沒有人聽得進去。有些人甚至笑了出來，包括一位坐在觀眾席第一排的當地政治領導人。

「可汗先生，」我父親對他說，「你知道在阿富汗人身上發生了什麼事。他們現在都成了難民，與我們住在一起。相同的事也發生在巴焦爾特區。而這樣的事也將會發生在我們身上，記住我說的話，到時候我們就會流離失所，沒有辦法移民到別的地方去。」

但那個男人臉上露出了嘲諷的表情。「看看這個男人，」他顯然是在說我父親，「我可是一

59 原文「**lashkars**」。

個可汗。誰敢把我趕出這個地區？」

我父親沮喪地回到家。「我有一所學校，但我既不是可汗，也不是政治領袖。我沒有舞臺可以宣導，」他說，「我只是一個渺小的個體。」

8 地動之秋

十月，一個晴朗的日子，當時還在讀小學的我忽然感覺到我們的課桌椅開始顫抖、晃動。因爲年紀還小，我們都還是男女合班上課。無論男孩女孩都開始大叫「地震！」我們往外跑，就像學校平時教導我們的一樣。所有的孩子都聚在老師們的身旁，像是小雞在尋求母雞的保護。

史瓦特坐落在一條地質斷層線上，所以這裡經常有地震，但這次的地震不太一樣。我們周遭的所有建物都在搖晃，耳中聽見隆隆聲更是不絕。我們這些孩子大多都哭了，老師們則都在祈禱。我最喜歡的老師之一，茹比小姐要我們別哭了，保持冷靜；地震應該很快就會平息。

地表停止晃動後，校方要我們都回家。我們在一張椅子上發現母親的身影，她手裡緊握一本《可蘭經》，一次又一次唸誦著裡面的經文。每當災難發生，人們就會開始祈求真主的幫忙。看見我們出現後，她總算放下一顆心，同時不忘給予我們擁抱，淚水滑過她的臉龐。但餘震不停來襲，整個下午都沒停歇過，所以我們還是很害怕。

我們再次搬家——到我滿十三歲爲止，我們共搬了七次家——這次住進了一幢公寓大樓。這是一棟兩層樓的建築，在明戈拉來講算高，屋頂上還有巨大的水塔。我的母親害怕那大水塔哪天會倒下把我們都壓扁，所以剛搬家的那天，我們人都待在外頭。因爲四處檢查學校建物因這次地震所蒙受的損害，我的父親那天直到很晚才回到家。

當夜幕低垂，大地仍在晃動，而我的母親陷入一種恐慌的情緒中。每當又感覺到地搖，我們心裡就會想著「審判日降臨了」。「我們會在床上被活埋！」她大叫。她堅持要我們離開，但我的父親累壞了，且我們穆斯林相信人的命運早由眞主安排。因此，他把我和我的弟弟們卡須爾及阿塔爾（他還只是個寶寶）送上床睡覺。

「想躲去哪妳就去，」他對我的母親及堂弟說，「我會留在這裡。但如果你和我一樣相信眞主，你就會留下來。」我認爲，當巨大的災難降臨，或當我們的生命遭受威脅時，我們就會想起自身曾犯下的罪行，並思索我們將在何時會晤造物主，而祂是否又會赦免我們的過錯。但眞主也賦予了我們「遺忘」的能力，因此當不幸的事件結束後，我們能夠像一般人一樣繼續活下去。我不質疑我父親的信念，但我能瞭解我母親非常現實的考量。

事後證實，二〇〇五年十月八日所發生的地震是有史以來災情最慘重的一次。它的規模達到芮氏七點六級，遠至喀布爾與德里的人都感受到了它的威力。我們位於明戈拉的小鎮多半安然無恙——只有幾棟建築物倒塌——但鄰近的喀什米爾及巴基斯坦的北部地區則是災情慘重。就連伊斯蘭堡都傳來了建物倒塌的消息。

我們花了一點時間才意識到災害有多嚴重。我們在電視新聞上看到了大規模的毀壞：整座村莊被震爲塵土。土石流阻斷了重度災區的對外交通，電話線及電纜線都因此而斷裂。這次地震的影響範圍高達三萬平方公里，大小有如美國的康乃狄克州。傷亡人數令人難以置信。超過七萬三千人喪生，受傷人數則多達十二萬八千名，災民當中許多人因此而成爲殘障人士。約三百五十萬人失去了他們的家。道路、橋梁、自來水及電力一夕無蹤。有些我們曾去過的地方如小鎮巴拉科特（Balakot）幾近全毀。死於災害中的許多人跟我一樣都不過是當天早上去上學的孩子。約六千四百所學校夷爲塵沙，一萬八千名孩子失去了他們的性命。

我們都還記得那天早晨我們有多麼驚懼，並開始在學校舉辦募款活動。大家都有錢出錢，有力出力。我的父親去拜訪了他所有的親友，希望他們能幫忙捐獻食物、衣服及金錢，而我則幫忙母親收集毛毯。除了在學校勸募到的款項之外，我的父親另外也從史瓦特私校聯盟及環球和平議會（Swat Association of Private Schools and the Global Peace Council）那募了一些錢。最後，我們總計募到了超過一百萬盧比的救濟金。一家位於拉合爾，負責提供我們教科書的出版公司則捐贈了五大卡車的食物及其他民生必需物資。

我們都非常擔心身處香拉縣的親友們，他們都被困於狹長的山區中。最後我們從一名堂兄弟那裡得到了消息。在我父親長大的小村莊裡共有八人死亡，許多房舍都倒塌了；其中一幢乃爲該地區的神職人員毛拉那・卡丁姆所有，他的四名漂亮女兒就此葬送瓦礫中。我希望能搭上卡車與父親一同前往香拉縣，但他說這太危險了，拒絕讓我跟去。

數日之後，我的父親一臉灰白地回來了。他告訴我們這趟旅程的最後一段路非常險峻。道路多數已崩壞，碎裂的路面統統墜入了河流中。巨石從山頂滾落下來，擋住了他們的去路。我們的親友說，他們以爲這就是所謂的「世界末日」。他們形容巨石從山丘上滾下時的鳴吼，每一個人都逃離自宅，口中不停喃唸著《可蘭經》上的經文。屋頂吱軋怪叫，隨即崩落。牛羊群的嚎叫聲不絕於耳。餘震不歇，他們在野外度過日夜。落難民眾們群聚取暖，然而山區氣候依舊刺骨、嚴寒。

爲了執行這唯一一次的救援行動，居民們都得仰賴駐紮當地的外援機構的工作人員，以及來自鐵力克・納法遮・夏里亞・莫哈瑪迪（Tehrik-e-Nifaz-e-Sharia-e-Mohammadi，簡稱爲TNSM），也就是「保衛先知教法運動」的志工。這個團體是由蘇非・穆罕默德創辦，他們曾把許多男性送到阿富汗打仗。二〇〇二年，穆沙拉夫在美國的施壓下，逮捕了數名激進派的將領，因而蘇非・穆罕默德就和其他人一起被關進大牢至今，但他所創立的組織並未瓦解，改由他的女婿毛拉那・法茲魯拉接掌。由於對外道路、橋梁多數均已崩毀，所以官方很難進入類似香拉縣這樣的地方來提供救援，而當地的政府單位又已被摧毀殆盡。在電視上，我們看到一名來自聯合國的官員，他說這是「聯合國成立以來，所面臨過最艱難的一次救援夢魘」。

穆沙拉夫將軍稱其是「國家的考驗」，同時宣布軍方已規劃了一個「生命線救援行動」的計畫——我們國家的軍隊偏好幫他們的行動取各種名字。新聞上出現了很多軍方直升機提供災民物資和帳棚的照片，但許多小村莊面臨的問題是直升機無法降落，而且他們拋下的補給包裹經常滾落斜坡，墜入溪河中。在某些地方，當直升機飛過時，當地人都趕忙擠到了直升機的下方等待，而這會導致他們無法順利空投補給品。

但有些救援行動則是順利進行。美國人提供的救援行動來得很快，因爲他們有數以千計的軍隊和好幾百架直升機正在阿富汗，所以他們能輕而易舉地以直升機帶來補給物資，並藉此表示他們會在我們需要幫忙時伸出援手。但有些美國人因爲害怕被攻擊，因此遮蓋起了直升機上的各式美軍標誌。對很多住在偏遠地區的人來說，這是他們第一次親眼見到外國人。

多數的志工來自伊斯蘭教的慈善機構或組織，但在這些團體之中，有些其實是好戰團體對外的門面。其中最顯而易辨的是賈瑪・歐達瓦（Jamaat ul-Dawa，簡稱JuD），它是拉什卡・泰巴（Lashkar-e-Taiba，簡稱LeT）的福利單位。LeT與ISI十分密切，它的成立是爲了解放喀什米爾，因爲我們認爲，基於它的居民多數都爲穆斯林，因此它應該屬於巴基斯坦而非印度國土的一部分。LeT的領袖是一名來自拉合爾的激進教授哈菲斯・薩伊德（Hafiz Saeed），他經常上電視節目，鼓吹人民進攻印度。當地震發生後，我們的政府幾乎幫不上忙，JuD設置了救助營，營外則由持有突擊步槍及對講機的男人負責巡守。每一個人都知道這些人隸屬於LeT。很快的，他們畫有黑與白與交叉雙劍的旗幟在山谷中迎風飄揚。在阿扎德喀什米爾（Azad Kashmir）的小鎮穆札法拉巴德（Muzaffarabad），JuD甚至設置了一座附設X光機、手術室、藥品齊備的藥局及牙醫部門的大型臨時醫院。內科和外科醫生在此提供醫療服務，院內甚至還有數千名年輕的志工協助營運。

地震受災民眾發自內心感謝這些熱心人士。他們長途跋涉，上山下山，穿越險象環生的山谷，幫忙把醫療用品運送到從來無人聞問的偏遠地區。他們幫助清理並重建傾圮的村落、引導民眾做祈禱、協助掩埋受難者的遺體。直到今天，當多數外援機構都已撤離，破損不堪的建物仍在道路兩側成排而立，民眾還在等待政府發放慰問金好讓他們蓋新家，而JuD的旗幟和救援者仍在現場提供協助。我在英國念書的堂兄弟說，他們從居住在當地的巴基斯坦人手中募得了大筆金錢。不久以後，人們說這些募來的錢的一部分，被轉用來資助另一項陰謀：在英國飛往美國的飛機上安置炸彈。

因爲大量的平民百姓喪生，許多孩子成了孤兒——共計一萬一千名。在我們的習俗中，孤兒通常都會由家族中的其他親友收容，但地震過於猛烈，所以不少大家庭的成員全數罹難，或因失去了一切而無餘力再去照顧這些孩子。政府承諾會照料這些孩子，但這樣的話和政府其他的承諾一樣讓人覺得不過是空口白話。我父親聽說很多男孩被JuD安置，住進了伊斯蘭學校。在巴基斯坦，伊斯蘭學校算是福利制度的一種，因爲它們會提供免費的食宿，但校內安排的教學並不按照一般的教育課程。男孩們用「心」去研讀《可蘭經》，頌經時，他們的身體前後不停地搖動。他們學的是：世界上並不存在科學或文學，恐龍不曾出現在地球，人類從未登上月亮。

這個地震撼動了我們的國家，在那之後很長的一段時間都還心有餘悸。不幸的我們除了要面對政客和軍事獨裁者這些人禍，現在，當務之急，更要解決天災的問題。來自TNSM的**毛拉**[60]教誨民眾，地震是來自眞主的警告。如果我們不改正自己的作爲，並遵守**沙力雅特**[61]，即是伊斯蘭律法的話，他們用如雷般的聲音大喊，將會有更嚴重的懲罰降臨人世。

60 原文「**Mullahs**」，現在伊斯蘭國家，尤其是中亞和印巴次大陸將知識分子、學者尊稱為「毛拉」，通常指伊斯蘭學者。

61 原文「**shariat**」

第二部

死亡之谷

رباب منګیه وخت دِ تېر شو   د کلي خوا ته طالبان راغلي دینه

Rabab mangia wakht de teer sho
Da kali khwa ta Talibaan raaghali dena

再會了，音樂！縱使是你最甜美的曲調也當沉寂；
佇立村莊邊緣的塔利班已靜默了所有唇語。

9 電臺毛拉

當塔利班來到我們的河谷時，我滿十歲。莫妮芭和我正在看《暮光之城》系列小說，滿心希望能成爲吸血一族。對我們來說，入夜後來到的塔利班與吸血鬼沒什麼不同。他們成群結隊而來，配有短刀和突擊步槍；他們最早出現於上史瓦特，在馬塔的山陵地帶。一開始，他們不叫自己爲塔利班，看起來也不像是那些我們曾在照片上看過的阿富汗塔利班那樣配戴頭巾，將眼眶周圍塗黑。

這些穿著奇特的男人留著長髮、鬍鬚凌亂不堪，在沙瓦爾·卡米茲[62]外又套了一件迷彩背心，褲長則只到腳踝上方。他們腳穿慢跑鞋或廉價塑膠拖鞋，有時會用布包覆頭臉，只露出一雙眼睛。有時他們會將鼻腔的髒汙呼進頭巾的尾端。他們配戴黑色的徽章，上頭寫著「沙利亞特·耶·沙哈達[63]——遵循伊斯蘭教法或化身烈士」——有時頭上也會戴著黑色的包巾，因此人們稱

---

62 **shalwar kamiz**，也可拼為 **shalwar kameez**，為南亞及中亞的傳統服飾。下身為極富彈性而寬鬆的長褲，上身則為長衫。男女皆可穿。

63 原文「**SHARIAT YA SHAHADAT**」

他們爲托爾・帕特基[64]或黑巾旅團。他們看起來又黑又髒，我父親的朋友形容他們是「被剝奪了洗澡和理髮權利的人們」。

他們的領袖是毛拉那・法茲魯拉，現年二十八歲，以前負責操作渡史瓦特河用的吊索滑椅，他的右腳因爲小時候罹患小兒痲痺症而不良於行。他曾在伊斯蘭學校師從毛拉那——蘇非・穆罕默德，也就是TNSM的創辦人，還娶了他的女兒。在二〇〇二年蘇非・穆罕默德因一場於針對激進派領袖所進行的圍捕行動而入獄後，法茲魯拉便起身取而代之，成爲該運動的領導人。地震發生前不久，法茲魯拉現身在伊滿德里，一個位於史瓦特河的對岸、距離明戈拉僅數英哩遠的小村落，並在那裡搭建起了他的地下電臺。

在我們的河谷地區中，主要是靠收音機來獲得資訊，因爲有許多人家裡都沒有電視或是不識字。很快的，每個人的話題似乎都繞著這個電臺打轉。它以「毛拉FM」廣爲人知，法茲魯拉則成了「電臺毛拉」。它的播送時間是每天晚上八點到十點，隔天早上七點到九點重播。

電臺建立之初，法茲魯拉相當聰明，他介紹自己是伊斯蘭教的改革者，和《可蘭經》的詮釋者。我的母親對宗教信仰十分虔誠，所以她開始欣賞法茲魯拉。他善用電臺的影響力，鼓勵人民培養好習慣，同時屏除他口中的惡習。他認爲男人應該蓄鬍，同時戒菸，改以咀嚼菸草的方式替代。他說人們應該停止吸食海洛因和希哈什[65]，這是我們用來稱呼「印度大麻」的字。他告訴人

64　原文「Tor Patki」

65　原文「chars」

們在做祈禱前應該如何正確的淨身——從身體的哪個部位開始清洗。他甚至教導人們如何清洗他們的私處。

有時候他的聲音聽起來很理性，就像一名試圖說服你去做你不想做的事的大人一樣，但有時他的聲音聽起來很嚇人，充滿怒火。通常當他在表達對伊斯蘭教的熱情時，會聲淚俱下。經常是會由他先講一陣子，接著再由他的副手夏亞．都蘭接手，他以前都騎著三輪車到市場賣零嘴。他們警告人們不要再聽音樂、看電影及跳舞。就是這些罪行引發了地震，法茲魯拉的聲音如雷貫耳，如果人們再不悔改，真主的怒火將再臨人間。在我們國家，毛拉們經常在佈道時扭曲解讀《可蘭經》和《聖訓》，因為只有極少數的人懂得經文上的阿拉伯文。法茲魯拉利用了他們的無知。

「他說的是眞的嗎，爸爸？」我問父親。我忘不了地震有多麼駭人。

「不，親愛的，」他回答，「他只是在愚弄大眾。」

我父親說這個電臺也是教職員休息室裡的討論話題。那個時候，我們的學校裡聘任約有七十名老師，大概是四十名男老師、三十名女老師。部分老師主張「反法茲魯拉」，但多數都支持他。人們認為他將神聖的《可蘭經》解釋得很好，也推崇他的領袖魅力。他們都喜歡他那些「找回伊斯蘭律法」的言論，因為每個人都對巴基斯坦的法律制度感到灰心，而這些法律卻在我們被併入這個國家時取代了我們自己原先的律法。像是土地糾紛等案件在我們的地區很常見，以往都能迅速解決，現在卻得在法院裡擱上十年。每一個人都希望瞧見那些貪婪的政府官員被送進我們的河谷中進行「思想改造」。幾乎可以這麼說：他們認為法茲魯拉能夠重塑大環境，讓我們的國家回到古時娃利統治下的井然有序。

不到六個月，人們就把電視、ＤＶＤ和ＣＤ統統都丟棄了。法茲魯拉的手下把這些東西都收集起來，在大街上疊成一堆後點火焚燒，濃濃的黑煙如雲霧般升上天空。數百間販售ＣＤ、ＤＶＤ的商店主動歇業，塔利班則發給他們補償金。我的弟弟們和我都很擔心我們鍾愛的電視會遭到不測，但我的父親再三保證我們不會丟棄它。安全起見，我們把它藏進櫥櫃中，看電視時也不忘調低音量。大家都知道塔利班會把耳朵貼近人們的家門細聽後破門而入，奪走電視，在街道上砸它個粉碎。法茲魯拉痛恨我們喜愛的寶萊塢電影，他譴責那些電影違反了伊斯蘭教義。人們只允許收聽廣播，而除了塔利班歌曲外的所有音樂都被視爲違禁[66]。

有一天，我的父親去醫院探視一位朋友，發現許多病患都在聽法茲魯拉佈道的錄音帶。「你一定要認識毛拉那・法茲魯拉，」人們告訴他，「他是一名偉大的學者。」

「事實上他高中輟學，而且他的本名根本也不是法茲魯拉。」我的父親反駁這些人，但他們根本充耳不聞。隨著人們開始擁護法茲魯拉的言談和他的宗教熱情，我的父親變得鬱鬱寡歡。「這太荒謬了，」我的父親會這麼說，「這名大家口中的學者實際上在散播無知。」

法茲魯拉在偏遠地區特別受歡迎。那裡的人們都記得ＴＮＳＭ在地震發生後所提供的協助，同時期政府單位卻連個影子都沒出現。在某些清真寺裡，他們裝上了直接連結電臺的擴音器，因此他的廣播節目無論是在寺裡甚至在戶外的人都能聽得見。在他的節目中，最熱門的橋段是他大

66 原文「**haram**」，伊斯蘭教中禁止的事物。

聲唸出人們的姓名。他會說：「甲先生以前會吸食希哈什，但因爲他知道這件事觸犯律法所以停止了。」或是「我要恭喜乙先生留了大鬍子。」或「丙先生自願關閉他的CD店。」他告訴他們總有一天他們會得到報償。人們喜歡聽見他們的名字出現在節目裡；他們也喜歡聽到鄰居的惡行惡狀，這樣他們就可以私下八卦：「你知道甲做了什麼好事嗎？」

毛拉FM開軍隊的玩笑。法茲魯拉譴責巴基斯坦的政府官員都是「異教徒」，而且表示他們都反對伊斯蘭教的律法。他說，若他們不施行伊斯蘭律法，他的手下會「強制執行，同時將他們碎屍萬段」。他最喜歡攻訐的對象之一是「貴族體制」[67]下的封建制度的不公義。窮人們都對貴族會遭到報應一事樂觀其成。他們視法茲魯拉爲俠盜羅賓漢，並相信一旦法茲魯拉掌權，他會把那些貴族們的領地分送給窮苦人家。有些貴族聞言則逃之夭夭。我的父親也反對「貴族體制」，但他說塔利班「更糟糕」。

我父親的朋友希達亞圖拉在白沙瓦擔任政府官員。他警告我們，「這是激進分子一貫的伎倆。他們想贏取人民的心和思想，所以他們會先釐清當地民眾面臨了哪些問題，接著就把矛頭指向那些該負起責任的人，這麼做的話，他們就能獲得沉默的多數人的支持。他們在瓦濟里斯坦就是這麼做的。當時他們四處追捕綁票犯及盜匪。事後，一旦他們掌權，他們的行徑就會和他們曾經追捕的罪犯們沒有什麼兩樣。」

法茲魯拉的廣播節目常把矛頭指向女性。他當然知道在我們這裡多數男人都離鄉背井，遠

67 原文「khanism」

赴南方的礦坑或波斯灣的工地討生活。有時候他會說：「男人們，請走出家門，我正在跟女人說話。」然後他說：「女人天生應該負起她們持家的重任。只有在緊急的情況下才可以離家，但若如此，她們必須穿上面紗。」有時他的手下們會公開展示一些華美的服裝，並說這是他們從「墮落的女人們」手中拿來的，藉此羞辱她們。

我在學校的朋友們說他們的母親都聽從電臺毛拉的教誨，但我們的校長瑪麗安女士說不必理會他。在我們家，只有一臺我祖父的老舊收音機，早壞了，但我母親的朋友們都有收聽節目，她們會和她分享節目內容。她們都崇拜法茲魯拉，常把他的一頭長髮及他騎馬的方式掛在嘴邊，更說他的舉止像名先知。女性會告訴他關於她們的夢想，而他就會幫她們祈禱。我母親很喜歡聽這些故事，但我父親嚇壞了。

我被法茲魯拉的言論弄糊塗了。在神聖的《可蘭經》中並未提到男人該離家，女人該留在家裡成天工作。在我們學校的伊斯蘭教義研讀課程中，我們經常寫作文，標題爲〈先知如何過日子〉。我們學到先知的第一任妻子卡迪佳經商。她四十歲，比他的年紀大十五歲。她結過婚，但他還是娶了她。另外，從我觀察母親的言行中，我知道普什圖的女性既強韌又堅毅。她的母親，也就是我的外婆，在我外公因一場意外而傷了骨盆，長達八年無法下床的情況下，獨力撫養八個小孩。

一個男人出外打拚，賺得薪水，他回家，他吃飯，他睡覺。男人只要做這些事情。我們這裡的男性卻認爲賺錢養家，指使別人做這做那的，就是一家之主。他們不認同這個幫他們生完小孩以後，還得整天忙著照顧家裡所有人的女人才配掌權。在我們家，我母親掌管各種大小事，因爲我父親實在太忙了。一大清早就得起床，燙好我們的制服，幫我們準備早餐，教我們在學校應該如何表現的，是我的母親。去市場幫我們添購需要的物品，回家還得煮飯的，還是我的母親。負責持家務的，總是我的母親。

在塔利班出現後的頭一年裡，我動了兩次手術。一次是切除盲腸，另一次是切除扁桃腺。卡須爾也動過盲腸切除手術。當時是我母親帶我們到醫院；我父親只負責帶冰淇淋來探望我們。然而，我母親依舊相信《可蘭經》中所提的女性不應該離開家門。而除了那些她們不可能與之婚配的親戚以外，女性也不應該跟男性說話。我父親會這麼跟她說：「貝凱，婦德[68]不是只體現在頭戴面紗等的外在行爲上，婦德是存在心裡的。」

許多女性被法茲魯拉的言論打動，特別是那些身處貧鄉窮里或丈夫出遠門工作的婦女，所以她們把自己的金飾、金錢全都奉獻給他。大桌上，女性一排排依序將手鐲、項鍊等嫁妝呈上，有的甚至貢獻出她們的兒子加入他的麾下。有些人把一生的積蓄都奉獻給他，相信這麼做能取悅眞主。他開始在伊滿德里以紅磚興建一棟巨大的總部，完工時會有一間伊斯蘭學校、一間清眞寺、高牆，和預防史瓦特河氾濫的防洪堤。沒有人知道他由什麼管道拿到水泥和鋼筋，但勞力工作都落到當地人的頭上。每一個村落都要輪流把他們的男丁送往工地一天去幫忙建造。有一天，我們

68 原文「**purdah**」。穆斯林深閨制度。是一種與信仰及社會制度有關的女性隔離制度。它包含了三個層面：視覺、空間及道德。對應的作法為罩袍及面紗（只露出眼睛）、性別隔離與一系列的規範與態度。此制度主要出現在穆斯林為主的國家和南亞部分國家。依據國家、文化和宗教的不同，規範也會有所調整。

的烏爾都語老師納瓦・阿里告訴我父親：「我明天沒辦法來學校。」我的父親問他爲什麼，他解釋這次輪到他的村落要去幫法茲魯拉蓋房子。

「你最重要的責任是教導這些學生。」我的父親這麼回答他。

「不行，這件事我一定得去做。」納瓦・阿里這麼說。

回家時，我父親氣得七竅生煙。「如果人民願意用同樣的態度自動自發去蓋學校、鋪道路，或清理河中的塑膠袋，老天啊，巴基斯坦在那一年之內會變成天堂，」他說，「他們唯一知道的善行都給了清真寺和伊斯蘭學校。」

幾個星期後，同一名老師告訴父親他沒有辦法繼續教導女孩子，因爲「毛拉那先生不喜歡這樣」。

我父親試著改變他的想法。「我同意女孩們應該由女老師來教，」他說，「但首先我們得教育這些女學生，這樣有朝一日她們才能變成女老師啊！」

有一天，蘇非・穆罕默德在獄中宣布，女性不應該受教育，就算在女性專用的伊斯蘭學校也不行。他說：「如果有人能舉證伊斯蘭教曾在歷史上的任何時候允許興建女子伊斯蘭學校，他們可以過來在我鬍子上小便。」於是電臺毛拉就把他的目標轉到學校。他開始發表反對學校管理階層的言論，同時以唱名的方式祝賀那些選擇離開學校的女孩們。「甲小姐決定不去上學了，她會因爲這樣上天堂。」他會這麼說，或是，「來自乙村，就讀五年級的丙小姐決定不再接受教育，我在這兒恭喜她。」他把像我這種還繼續上學的女孩們稱爲野牛或綿羊。

我和我的朋友們都無法理解爲什麼上學這件事會變得如此十惡不赦。「爲什麼他們不讓女孩子去上學？」我問父親。

「因爲他們懼怕文字的力量。」他回答。

接著，我們學校的另一名老師，一名蓄著長髮的數學老師也拒絕幫女孩上課。我的父親將他開除，但其他老師憂心忡忡，委任一名代表來到他的辦公室。「先生，請不要這麼做。」他們苦苦哀求，「最近情勢不是很穩定。讓他留下來，我們會負責補他的課。」

每天都會有新的命令下來。法茲魯拉關閉了理容院大門，嚴禁人們剃鬍，使得理髮師無法經營。我的父親只有八字鬍，他堅持不爲了塔利班而留落腮鬍。塔利班要女人不得上市集。我不在乎不能去逛者那市集。我不喜歡購物，這點我和母親不同，雖然我們家並不富有，但她喜歡漂亮的衣物。我母親常告訴我：「把妳的臉遮起來——大家都在看妳。」

我會回答：「我不在乎，我又沒在看他們。」然後她就會超生氣。

我母親與她的朋友們都因爲不能上街購物而感到難過，特別是在開齋節[69]的前夕，這時我們都會把自己打扮得漂漂亮亮，在七彩絢爛的燈光照耀下，遊逛那些販售首飾與做身體彩繪[70]的攤販。但這些快樂都消失了。雖然女性上市集不至於遭受攻擊，但塔利班們會對著她們大吼大叫、

---

69 原文「**the Eid holidays**」，在伊斯蘭教中，每年的第九個月被稱為齋月（**Ramadan**），所有的穆斯林在這段期間之內都必須遵守齋戒（**Fasting**）：在日出之後、日落之前都不得飲食、行房等，一般來說為期三十天。齋月結束後的隔天就是開齋節，是伊斯蘭教的兩大節慶之一，重要性等同於我們的新年。

70 原文「**henna**」

口出恫嚇之詞，直到這些女人們被嚇得留在家中不敢出門才罷休。一名塔利班便足以威脅一整個村落。我們這些孩子也很生氣。正常狀況下，節日意味著會有新電影可以看，但法茲魯拉關閉了所有的DVD商行。差不多在同個時期，我的母親也逐漸對法茲魯拉感到厭煩，尤其是他開始宣揚反教育的思維，且堅稱上學的人都會下地獄。

法茲魯拉的下一步是成立**蘇拉**[71]，一種地方性的法庭。人們很喜歡，因爲正義得以迅速聲張，不像巴基斯坦的法院都得等上好幾年，你還得行賄才會有人聽你講話。人們開始去尋求法茲魯拉和其手下們幫忙化解各種紛爭，從商業糾紛到個人恩怨都有。「我有個三十年的老問題，結果一下子就解決了。」有個男人這樣跟我父親說。藉由法茲魯拉的蘇拉所宣判的刑罰包括公開的鞭刑，在此之前我們從來沒有聽過這種處罰方式。我父親的一位朋友告訴他，他看到三個男人在蘇拉判決他們涉嫌綁架兩名女性後被公開處以鞭刑。在法茲魯拉的總部旁立起了一座舞臺。在聽他做完星期五的禱告之後，數百名民眾群聚觀賞鞭刑，並在每一鞭落下時大喊「**阿拉呼・艾克巴！**」[72]意思是「真主是全能的！」有時法茲魯拉會騎著一匹奔馳的黑馬現身。

他的手下命令醫療人員不得提供小兒痲痺口服液，並說這些疫苗都是美國人的陰謀，他們要讓穆斯林的女人不孕，好讓史瓦特的人口滅絕。「在一個疾病發病前就先施予治療是不符合伊斯蘭教律法的。」法茲魯拉在節目上這麼說，「你們將不會看見有任何一個住在史瓦特的孩子口服

71 原文「**shura**」

72 原文「**Allahu akbar**」

這些疫苗。」

法茲魯拉的手下會在大街上巡邏，查看是不是有人公然違反他所頒布的法令；他們的行徑與我們曾經聽聞的，位於阿富汗境內的塔利班道德警察如出一轍。他們設置交通警察志工，稱他們爲獵隼突擊隊（Falcon Commando），並讓他們開著上頭架設有機關槍的小貨車巡視大街。

有些人的日子則過得很開心。有一天，我父親在街上遇到他的銀行經理，他說：「法茲魯拉做了一件好事：他禁止女人和女孩上耆那市集，這幫我們這些男人省下不少錢。」只有少數人敢開口抨擊。我父親抱怨大多數人都和我們當地一名理髮師一樣。有一天，他向我父親埋怨他的收銀機裡只剩八十盧比，比他以前收入的十分之一還少。而在他和我父親說話的前一天，當一名記者請理髮師發表他對塔利班的看法時，他卻說他們是優秀的穆斯林。

在毛拉FM建立約一年以後，法茲魯拉的行徑變得更爲激進。他的兄弟——毛拉那．里阿卦，連同里阿卦的三個兒子，於二〇〇六年的十月底，在美軍的無人飛機攻擊位在巴焦爾特區的伊斯蘭學校時，連同其他人全都喪命。在那次行動中，八十人死亡，年齡最小的男孩才十二歲，他們有些人是來自史瓦特。我們都對這次的攻擊震驚不已，人們誓言復仇。十天之後，一名自殺炸彈客在從伊斯蘭堡前往史瓦特的途中，於達爾蓋（Dargai）的軍營裡引爆，殺死了四十二名巴基斯坦士兵。當時，自殺式炸彈攻擊在巴基斯坦並不常見——當年一共發生六起——而那次的攻擊是巴基斯坦武裝分子所發動過的攻擊裡，最嚴重的一次。

當開齋節來臨時，我們通常會宰殺山羊或綿羊等動物做爲牲禮。但法茲魯拉說：「這次的開齋節，我們要獻祭兩條腿的動物。」我們很快就明白了他的言下之意。他的手下開始殺害貴族和政治行動主義人士，從非伊斯蘭教徒到崇尚民族主義的政黨團體，尤其是人民國家黨（Awami National Party，簡稱ANP）的成員都不放過。二〇〇七年一月，我父親的一位好朋友在他的村莊裡遭八十名攜槍的面罩男子綁架。他的名字叫做馬拉克・巴克・拜達。他來自一個富有的貴族家族，且是ANP當地的副議長。他的遺體在家族的歷代墓園被尋獲。他的手腳都被打斷。人們說，這是因爲他幫軍隊找到了塔利班的藏身之處，才會惹來殺身之禍。這是發生在史瓦特的第一宗特定人士謀害事件。

警政單位視若無睹。無論任何人，只要他宣稱自己是爲了伊斯蘭而戰，我們那由毛拉政黨團體所組成的省政府就不會出聲譴責。最初，我們認爲自己身處於史瓦特的第一大城明戈拉，應該是安全無虞的。但法茲魯拉的總部僅在數英哩外，即使塔利班沒有靠近我們的房子，他們仍會出現在市集、大街和丘陵上。危險開始步步逼近。

在開齋節的期間，我們一如往常回到家族村落。當時我坐在堂兄的車中，我們正準備度過一條河，但原先的道路被沖刷殆盡，我們只好在塔利班的檢查哨停下。我和母親一起坐在後座。我的堂兄趕忙用他的大量錄音帶來遮蓋我們的皮包。身穿黑服的塔利班帶著突擊步槍靠近。他告訴我們：「姊妹們，妳們該爲自己感到羞恥。妳們如果要出門，一定要記得穿上罩袍。」

開齋節告一段落，當我們返回學校時，我們看見一封信被黏在學校的大門上。「先生，你所經營的學校崇尚西方教育和異教思維，」它寫著，「你幫女孩上課，而且校服也不符合伊斯蘭教的教義。停止你的惡行，否則你是在給自己找麻煩，到最後你的孩子會哭著幫你送終。」上面署名「伊斯蘭游擊隊」[73]。

我的父親決定把男孩們的制服從襯衫、長褲，換成沙瓦爾・卡米茲，也就是上衫下褲。我們女生的制服則不變，維持色彩爲皇家藍（royal-blue）的沙瓦爾・卡米茲，以及一條都帕塔[74]，也就是頭巾，同時校方建議我們出入校門時記得把頭臉都遮好。

他的朋友希達亞圖拉鼓勵他堅守崗位。「齊奧汀，你有領袖特質；你應該爲大家發聲，發動集體行動跟他們抗衡。」他說，「生命不該只是吸進氧氣，呼出二氧化碳。你可以什麼都不做，忍受塔利班加諸在你身上的一切，或者你也可以挺身而出對抗他們。」

我的父親告訴我們希達亞圖拉跟他說了什麼。於是他寫了一封信到我們當地的報紙《阿札迪日報》。「致伊斯蘭游擊隊（也就是伊斯蘭趕死隊），這不是實踐伊斯蘭教義的正確方法，」他寫著，「請不要傷害我的孩子們，因爲你們所相信的眞主與他們每天祈禱的眞主都是同一位。你們可以奪走我的性命，但請不要殺害我的學童們。」當我父親翻開報紙之後，他非常不開心。那封投書被暗藏在內頁，而且主編還公開了他的姓名及校址，而我的父親壓根沒預料到他會這麼做。但很多人打電話向他致賀。「你在死水中投下了第一顆石頭，」他們說，「現在我們有勇氣站出來說話了。」

73 原文「Fedayeen of Islam」
74 原文「dupatta」

10

太妃糖、網球與史瓦特佛像

塔利班先是奪走了我們的音樂，然後是我們的佛像，然後是我們的歷史。我們最喜歡的事情之一就是校外教學。我們很幸運，住在一個史斯瓦特這樣的世外桃源，有好多美麗的地方值得造訪——瀑布、湖泊、滑雪勝地、娃利的宮殿、大佛雕像、史瓦特的聖賢阿昆德（Akhund）的陵墓等。這些景點呈現出我們不同凡響的歷史背景。早在校外教學前的好幾個星期以前，我們就已經聊個不停，然後，在那天眞的來臨時，我們會穿上最漂亮的衣服，成群結隊擠上巴士，跟我們稍晚的餐點燉雞、米飯等窩在一塊。有些同學有相機，他們就會沿途拍下照片。在美好的一天即將落幕時，我的父親就會讓我們輪流站上大石，同時告訴我們許多與眼前的一切有關的故事。當法茲魯拉出現後，校外教學便不復存在，因爲女孩們不該在外拋頭露面。

塔利班摧毀了我們常去那周遭嬉戲的佛教雕像和佛塔。遠從貴霜帝國[75]的時代開始，它們已

75　原文「**the Kushan kings**」，貴霜帝國在今南亞一帶，統治的時間為西元一世紀至三世紀（**30-375**），人口曾達千萬，是當時世界的強權之一。

在此地矗立數千年，是我們珍貴歷史的一部分。他們認爲任何雕像或繪畫都該被視爲違反教義，因而罪孽深重，理當禁止參訪。在一個黑暗的日子裡，他們甚至用炸藥炸毀了傑哈納巴德佛像（Jehanabad Buddha）的臉龐。離地二十三英呎的佛像被鐫刻在一片山壁上，距離明戈拉開車只要半小時。考古學家說，它和被阿富汗的塔利班炸毀的巴米揚大佛（Buddhas of Bamiyan）幾乎一樣貴重。

他們共引爆了兩次才炸毀它的面容。第一次，他們在岩石上挖洞，埋入炸藥，但計畫失敗了。幾個星期後，在二〇〇七年的十月八日，他們二度出擊。這一次他們成功抹消掉了佛像那張從西元七世紀就開始守護這座山谷的臉龐。爲了安全起見，史瓦特博物館館方把所有的展示品都移送到了其他地方。塔利班成爲了我們的藝術品、文化和歷史的公敵。他們將舊時代的一切毀壞殆盡，卻沒有帶來任何創新。他們掌控了翡翠山脈和它的礦源，開始販售這些美麗的石頭以換購他們醜陋的武器。他們從砍下我們珍貴樹木當作木料販售的人們手中收取金錢，接著又在他們的卡車經過時，開口索討更多的過路費。

他們的廣播範圍橫跨山谷，直達鄰近地區。雖然我們還保有電視，但他們把所有的有線頻道都關掉了。莫妮芭和我再也沒有辦法觀賞我們最喜歡的寶萊塢電視節目，像是「夏拉拉特」。看來塔利班希望我們無所事事。他們甚至下令禁止了我們最喜歡的棋盤遊戲「卡羅姆」（Carrom），遊戲方式是要把籌碼利用手指彈過木製棋盤。我們聽說當塔利班聽見孩子的歡鬧聲時，他們就會衝進房間砸毀棋盤。我們覺得塔利班把我們當成小玩偶來操弄，告訴我們該做什麼、該穿什麼。我認爲，倘若眞主眞的希望我們過那樣子的人生，祂決不會把我們造得和那些無生命的玩偶完全不同。

有一天，我們發現學校老師哈梅妲小姐淚流滿面。她的丈夫在小鎮瑪塔當警員，法茲魯拉的人馬忽然衝入，殺死了數名警員，包含她的丈夫。這是發生在我們河谷地區的第一起塔利班襲警事件。很快他們就攻陷了許多小村落。法茲魯拉的TNSM的黑白旗幟開始出現在警局的外觀上。武裝分子會攜帶擴音器進入小鎮，警員們則會趕忙逃離。在很短的時間內，他們就奪下了五十九個村落，並建立起他們的併行式管理系統。警員們都擔心被殺害，因此他們在報上刊登廣告，告知社會大眾他們都已脫離警方的行列。

縱使發生了這麼多事情，卻沒有人敢站出來做點什麼。就好像每一個人都在發呆一樣。我父親說人民都被法茲魯拉所蠱惑。一部分的人加入他的麾下，認爲他們的生活能過得更好。我父親試圖反擊他們的宣傳手法，但終究知易行難。「我可沒有武裝分子和廣播電臺。」他開玩笑地說。有一天，他甚至鼓起勇氣進入電臺毛拉所在的村落，在一所學校發表演說。他利用一只由滑輪吊起的金屬箱權充橋梁渡河。路途上，他看見煙霧高聳入雲霄，那是他這輩子見過最黑的煙霧。一開始，他以爲那煙霧可能來自磚塊工廠，但當他靠近，他看見許多蓄著鬍鬚、頭戴包巾的人影正在焚毀電視和電腦。

抵達學校後，我父親告訴那些民眾：「我注意到你們的村民正在燒毀這些東西。難道你們都沒注意到嗎？能夠從這件事裡獲利的只有那些日本的公司，他們會製造出更多一樣的電器用品。」

有個人走到他的身邊跟他耳語：「不要再用這樣的方式說話——你在玩命。」

同一時間，執政當局就如同多數的群眾一樣，什麼事也沒有做。

這不禁讓人覺得，整個國家已經瀕臨瘋狂的境地。巴基斯坦剩下的其他領土都在忙著處理別的事情——塔利班已西進，入侵了我們國家的首都伊斯蘭堡。我們在新聞上看見了人們口中的「罩袍旅團」——像我們一樣年輕的女人與女孩穿著罩袍，手拿棍棒，在伊斯蘭堡的中心地帶襲擊市場裡的ＣＤ及ＤＶＤ商店。

這些女人來自賈米亞・哈夫薩（Jamia Hafsa），我們國家最大的伊斯蘭女子學校。它隸屬拉・瑪斯吉德（Lal Masjid）——伊斯蘭堡的紅色清真寺。它興建於西元一九六五年，因它的紅色外牆而命名。那裡距離議會和ＩＳＩ的總部不過幾個街區，許多的政府官員和軍隊士兵都曾在此祈禱。這間清真寺設置有兩所伊斯蘭學校，一間是女校，另一間則是男校，它們長年以來都被用來招募、訓練志願者遠赴阿富汗與喀什米爾作戰。這裡由一對兄弟經營，阿部都・阿吉茲及阿部都・拉希德，成爲宣傳賓拉登的思想的中心。阿部都・拉希德是在坎大哈與毛拉・歐瑪[76]會晤時遇見了賓拉登。這對兄弟以他們激昂的佈道方式著稱，以此吸引了數千名擁護者，特別是在９１１事件過後。當總統穆沙拉夫同意美國的「對恐怖主義宣戰」的論點並願意提供幫助後，這間清真寺便中斷了長久以來跟軍方的友好關係，轉而成爲政府的頭號反對者。阿部都・拉希德甚至遭受指控，指出他是一起發生於二〇〇三年十二月，企圖在拉瓦爾品第炸毀穆沙拉夫的親衛隊的陰謀事件之其中一名主謀。調查者說這些炸藥之前都存放於紅色清真寺裡。但數個月後，他回

76 原文「**Mullah Omar**」。全名為毛拉・穆罕默德・歐瑪，塔利班的精神領導人，自**2001**年起遭美國通緝。

復清白之身。

二〇〇四年，從瓦濟里斯坦開始，當穆沙拉夫逐漸把軍隊送入聯邦直轄部落區（FATA）後，這對兄弟便起身舉辦一系列活動，對外表示軍隊的行動違反伊斯蘭教義。他們建立起自己的網站及地下廣播電臺，就和法茲魯拉的作法一樣。

大約在塔利班開始出沒在我們史瓦特的同時，紅色清眞寺旗下伊斯蘭學校的女孩們開始對伊斯蘭堡的街道造成威脅。她們闖入那些她們宣稱是按摩中心的民宅，她們綁架那些她們說是妓女的女性；她們逼迫DVD店關門大吉，並再次以CD與DVD燃起熊熊大火。當砲火與塔利班一致時，女性便得以發聲、現身。這所伊斯蘭學校的領袖是阿娟·哈珊，是兄長阿部都·阿吉茲的妻子，她甚至吹噓把自己手下的許多女孩都訓練成了自殺炸彈客。這間清眞寺也設立了自己的法院來執行伊斯蘭律法，並表示國家已病入膏肓。他們的武裝分子也綁架警察，還洗劫政府的辦公大樓。

看起來，穆沙拉夫政府並不知道該如何應對此事。這有可能是因爲國家的軍隊跟紅色清眞寺的關係太過緊密。到了二〇〇七年的年中，情勢急轉而下，人們開始憂心首都會不會就此淪落到武裝分子手中。這件事是相當難以置信的——在正常情況下，伊斯蘭堡既安靜又充滿秩序，跟我們國家的其他地區截然不同。遲至七月三日，總算開坦克車的突擊隊員和裝甲運輸車包圍了紅色清眞寺。他們截斷了該區的電力，至黃昏薄暮之際，忽然傳來槍砲炸響。軍隊在清眞寺的牆上轟出大洞，兼用迫擊砲轟它圍籬，頭頂上還有直升機的火力盤旋滯空。他們還使用大聲公對這些女孩子們勸降。

許多武裝分子都曾在阿富汗或喀什米爾參與過戰事。他們築起防禦，學生們則躲進外層有沙包的碉堡中。擔心的父母們群聚外頭，用手機打電話給他們的女兒，哀求她們投降。部分女孩拒絕，說老師教導她們成爲一名烈士乃是無上榮光。

隔天早上，一小群女孩出來了。身穿罩袍僞裝的阿部都．阿吉茲和他的女兒混藏其中。但他的妻子與弟弟及許多學生仍留在寺內。每天，武裝分子跟外頭的部隊都會互相開火。武裝分子持有火箭炮和雪碧玻璃空瓶做成的汽油彈。戰況陷入僵持，直到七月九日，固守寺外的特種部隊的指揮官被尖塔上的狙擊手狙殺，壓垮了軍方的耐心，一舉轟入了敵營。

這個被他們稱之爲「無聲行動」的任務其實一點都不安靜。過去，在我們的首都的心臟地帶從未有過如此戰事。游擊隊員逐間搜索，數小時後總算在地下室掌握到阿部都．拉希德與他的擁護者們的行蹤，並順利置他於死地。七月十日的夜晚，對峙終於告一段落，死亡人數近百，包含數名士兵和一些孩子。出現在新聞上的廢墟影像怵目驚心：到處都是血跡、碎玻璃與屍體。我們都看得膽戰心驚。兩所伊斯蘭學校內的學生中，有一部分是來自史瓦特。這種事情怎麼會發生在我們的首都？怎麼會發生在一座清眞寺中？清眞寺對我們來說可是「神聖之所在」啊。

紅色清眞寺的攻防戰結束後，史瓦特的塔利班變了。在七月十二日當天——因爲那天是我的生日，所以我記得很清楚——法茲魯拉在節目裡發表了與過往言論截然不同的聲明。他爲軍方攻擊拉．瑪斯吉德一事震怒，並誓言要爲阿部都．拉希德之死復仇。接著，他宣布要跟巴基斯坦政府開戰。

眞正的麻煩從此刻開始。現在，法茲魯拉可以打著「爲拉．瑪斯吉德報仇」的名義發聲威脅，並動員他旗下的塔利班支援他的行動。數日後，他們襲擊了一列前往史瓦特的車隊，殺死了十三名士兵。反擊行動不只出現在史瓦特。大量的部落民眾在巴焦爾示威，同時國內掀起一波自殺炸彈客的攻勢。但仍有一絲希望尚存——班娜姬．布托要回來了。美國人擔心他們的盟友穆沙拉夫將軍在巴基斯坦不得民心，無法有效制衡塔利班，因此居中協調了一樁「不可能發生」的權力共享協定。計畫是這樣的，穆沙拉夫終於可以脫下他的軍服，成爲一介平民總統，而班娜姬的政黨會在背後支持他。代價是，穆沙拉夫要撤銷對班娜姬及其丈夫的貪腐指控，並承諾要舉辦選舉，而每個人都相信結果肯定是班娜姬當選首相。沒有一名巴基斯坦人，包含我的父親在內，認爲這樁交易談得成，因爲穆沙拉夫和班娜姬之間只有憎恨。

我兩歲的時候，班娜姬就已流亡在外，但我從父親那邊聽到很多與她有關的事蹟，因此對她可能回國，與我們將可能再一次有位女性領導者一事感到非常興奮。因爲班娜姬的存在，像我這樣子的女孩才敢夢想、勇於爲自己發聲，甚至成爲政治家。她是我們的典範。她象徵了獨裁政權的終結和民主的萌芽，同時也藉此向這個世界送出希望與堅毅的訊息。她也是我們唯一一位敢公開譴責武裝分子的政治領袖，甚至當美國在巴基斯坦境內獵捕賓拉登時，她也曾提供協助。

有些人很明顯地不喜歡她的行徑。二〇〇七年十月十八日，我們都緊盯電視，看著她從停在喀拉蚩的飛機上沿梯步下。經歷將近九年的流亡生活後，她爲能再一次踏上巴基斯坦的土地而落淚。當她搭乘遊行於街道上的無頂巴士時，幾十萬名群眾蜂擁而至，盼能一睹尊容。他們來自全國各地，許多人都抱著孩子。有些人放出白鴿，其中一隻鴿子就此歇息在班娜姬的肩頭。群眾把街道擠得水洩不通，巴士只能以步行的速度緩慢前進。一段時間之後我們就沒再盯著電視看了，因爲大概還得要好幾個小時才會結束。

我在午夜十二點以前上床，於此同時，武裝分子也發動了攻擊。班娜姬的巴士在橘色的焰浪中被炸毀。我父親直到隔天早上我起床後才告訴我這則消息。他和他的朋友震驚莫名，一夜不成眠。幸好，當爆炸發生時，班娜姬已走下階梯，並在一節有裝甲防護的車廂中歇息她的雙腿，但有一百五十名民眾因而喪生。這起爆炸事件，是發生在我們國家中最大的一次。死者多數是學生，他們如鎖鏈般緊緊圈住了巴士。他們稱呼自己爲班娜姬的烈士。那天在學校，每一個人都靜默無語，就連那些反對班娜姬的人也是。我們都心力交瘁，但都感謝上天讓她活了下來。

約一個星期過後，軍隊來到史瓦特，他們的吉普車和直升機製造了很多噪音。當時我們人在學校，看見直升機抵達時，我們都非常興奮。我們跑到外頭，機上的人朝我們丟下太妃糖及網球，我們都搶著去撿。在史瓦特，你不常有機會看見直升機，不過因爲我們家鄰近當地的軍事中心，所以它們偶爾會從我們頭上飛過。我們以前都會比賽，看誰能撿到最多的太妃糖。

有一天，一個男人沿著街道走來，告訴我們有人在清眞寺宣布隔天會有宵禁。我們不知道什麼是宵禁，因此有點焦慮。在我們家與鄰居賽費娜一家的牆上有個小洞，我們彼此間可以透過這個洞來說話；只要敲敲那堵牆，他們就會來到洞旁。「爲什麼會有宵禁？」我們問。當他們跟我們解釋時，我們甚至沒有離開房間，因爲我們認爲某種不好的事可能要發生了。不久以後，宵禁接管了我們的生活。

我們聽到消息，穆沙拉夫只派了三千名士兵到我們村落來對付塔利班。只要是他們認爲具戰略要址的建築，不管隸屬於國家或個人，塔利班統統據爲己有。在政府實際派兵前，我們原以爲除了在史瓦特的人民之外，根本沒有人在乎這裡發生了什麼事。隔天，一名自殺炸彈客襲擊了另一輛停駐史瓦特的軍用卡車，殺死了十七名軍人及十三名百姓。一整個晚上，我們只聽到「磪、磪、磪」的聲響，大砲不停開火，機槍不停射擊。大家都睡不好。

隔天，我們從電視上聽到消息，戰事已在朝北方的山丘爆發。學校被迫關閉，我們都留在家裡，試圖理解外頭究竟發生了什麼事情。雖然戰事發生在明戈拉的外圍，但我們仍聽得到砲火隆隆。軍方說他們已擊斃超過百名武裝分子，但就在十一月的第一天，約七百名塔利班攻占了位於克瓦札克拉的軍事據點。五十多人棄邊境防衛隊的同袍而逃，另外四十八名則被捕並遊街示眾。法茲魯拉的手下奪走了他們的制服及槍械，同時給他們各五百盧比的盤纏讓他們回家，藉此羞辱他們。塔利班接著占領了兩間位於克瓦札克拉的警局，並繼續向梅德昂進軍，在那有更多的警察棄械投降。塔利班很快地掌控了明戈拉以外多數的史瓦特區域。

十一月十二日，穆沙拉夫命令額外一萬名軍隊進入我們的河谷，並帶來了更多的武裝直升機。四處都是軍人。他們甚至在高爾夫練習場紮營，他們在丘陵地操練大槍。接著，他們發動了一次攻擊法茲魯拉的軍事行動，也就是後來大家所知的、位於史瓦特的第一場戰役。除了在聯邦直轄部落區（FATA）之外，這是軍方第一次發動對抗自己國家人民的軍事行動。警方試圖在一次法茲魯拉於集會演講時將他緝捕，但一場巨大的沙塵暴忽然襲來，使他順利逃脫。這次的事件提高了他的神祕感和他的靈性聲望。

武裝分子並沒有輕言放棄。相反地，他們選擇東進，並在十一月十六日奪下阿爾普里——香拉縣的主要城鎮。又一次，當地警方不戰而逃。那裡的人說他們的軍隊裡包含了車臣及烏茲別克的人民。我們的親戚住在香拉縣，縱使我父親說我們的村落對塔利班來說太過偏遠，且當地民眾揚言不會讓他們輕易入侵，我們還是擔心他們的安危。巴基斯坦的軍隊有人數及重型武器上的優勢，因此他們很快就奪回了山谷。他們連帶攻下了伊滿德里——法茲魯拉的根據地，武裝分子因而逃進森林。十二月初，軍方發表聲明，他們已經掃蕩了多數地區。法茲魯拉則逃進了深山野嶺。

但他們沒有眞的把塔利班都趕走。「軍隊不會永遠待在這裡。」我父親預言。

帶來生靈塗炭的不僅只有法茲魯拉的組織。在巴基斯坦的西北方，來自各個部落的人民率領的武裝分子集團大舉出現。約在史瓦特之戰的一星期後，四十名來自我們省分各處的塔利班領袖們在南瓦濟里斯坦會面，同時對巴基斯坦宣戰。他們同意組成一支聯合前線，他們的旗幟上寫著鐵力克・塔利班・巴基斯坦（Tehrik-i-Taliban-Pakistan，簡稱TTP），也就是巴基斯坦塔利班，並宣稱旗下戰士共有四萬名。他們選擇了一個近四十歲男人作爲他們的領袖，名叫拜圖拉・馬蘇德，他曾在阿富汗打過仗。法茲魯拉則被選爲史瓦特分部的首席。

當軍隊抵達後，我們以爲戰爭很快就會結束，但我們錯了。還有太多事情還沒發生。塔利班的攻擊目標不只是政治家、國會議員和警察，還有那些不遵守婦德、留了太長或太短的鬍鬚，以及穿著錯誤的沙瓦爾・卡米茲樣式的平民百姓。

十二月二十七日，班娜姬・布托出席了一場位於里亞格特公園的競選集會。這座位於拉瓦爾品第的公園是我們的第一位首相利雅庫・阿里被暗殺的地方。「我們會善用人民的力量，來擊垮這些崇尚極端主義的武裝分子的惡勢力。」她在群眾的歡呼聲中宣布。她坐進一臺特製的防彈豐田陸巡轎車（Toyota Land Cruiser），並在離開公園後就從座椅上站起，把上身探出車頂向支持者揮手致意。忽然間一聲槍響，同時有另一名自殺炸彈客就在她的座車旁引爆。班娜姬的身軀滑回椅上。稍晚，穆沙拉夫政府宣稱她只是被車頂的把手撞傷了頭部；其他人則都說，有人對她開槍。

當時我們正在看電視，忽然插播臨時新聞。我祖母說：「班娜姬會成爲莎希德[77]。」意味著她會光榮地死去。我們都哭了，也爲她祈禱。當我們知道她的死訊時，我的心跟我說，「妳怎麼不試著挺身而出，為女性爭取權益呢？」我們都很期待民主的到來，但現在人們會說：「如果連班娜姬都會被殺，沒人能倖免。」感覺起來，我的國家已燃盡了希望。

穆沙拉夫把班娜姬的死歸咎到TTP黨的領導人，拜圖拉・馬蘇德的頭上，並對大眾釋出一通他們截獲到的對話紀錄副本，內容聽起來應該是他和其手下在討論這次的攻擊事件。拜圖拉否認他與此行動有關，而這跟塔利班慣有的行事風格，並不相符。

以前，我們總有教授伊斯蘭教義的老師——我們稱爲夸里・薩希巴斯[78]——來到家裡教導我和其他當地的孩子研讀《可蘭經》。當塔利班出現時，我已經朗誦完整本經書，我們把這稱爲

77 原文「**shaheed**」

78 原文「**qari sahibs**」，神職人員。

卡達姆・烏爾・可蘭[79]，我那擔任伊斯蘭教長的祖父知道後非常開心。我們用阿拉伯文朗誦，多數人都不知道那些句子的涵義，但我也開始透過翻譯的方式學習這些文字。最讓我感到害怕的，莫過於有個夸里・薩希巴斯試圖將暗殺班娜姬的行爲予以正當化。「她被殺了比較好，」他說，「她活著時一無是處。她的行爲並沒有正確依循伊斯蘭教義。如果她還活著，國家會大亂。」

我心裡受到衝擊，把這件事告訴父親。「我們沒有其他選擇。我們需要依靠這些毛拉來研習《可蘭經》，」他說，「但妳只用他來學習這些話字面上的涵意；不要聽從他的解釋與翻譯。只能從眞主的言行中去學習。祂的字句帶有神聖的意涵，因此妳可以自由運用，並用妳自己的話去詮釋它。」

79 原文「Khatam ul-Quran」

11 聰明的班級

在那些失去光明的日子裡，上學是讓我堅持走下去的動力。當我身在大街上，我有種「任何從我旁邊錯身而過的人都可能是一名塔利班」的感覺。我們把書包和課本藏在我們的披肩裡。我父親常說，在小村晨光中，最美麗的事物就是孩童穿著學校制服的身影，但現在我們都很害怕穿上它。

我們升上高年級。瑪麗安女士說沒有老師想在我們這班授課，我們太愛問問題了。我們希望別人覺得我們是聰明的女孩。當我們在假日或婚禮彩繪雙手時，我們畫的是微積分算式和化學方程式，而非花花蝶蝶。我和瑪麗克・愛奴兒之間的競爭猶在，但自那次她剛轉學到我們學校，便打敗我之後，這個打擊讓我加倍努力，並成功再拔頭籌，成爲班級榮譽榜上的第一名。她則通常是第二名，莫妮芭第三名。老師告訴我們，說主考老師第一眼會先看我們寫了多少字，再來才會看我們寫得如何。在我們三人中，莫妮芭的字最漂亮，表達能力也最好，但我常跟她說，她就是對自己缺乏信心。她非常用功，因爲她擔心若考試成績不好，她的男性親戚就會以此爲藉口，中斷她的求學之路。數學是我的弱點——有一次考試我甚至拿了零分——但我對這門課很用心。

我的化學老師歐拜杜拉先生（我們用「先生」或「小姐」作爲對老師們的尊稱）說我是一名天生的政治家，因爲每當口試時，我都會說：「先生，您眞的是一名最棒的老師，我最喜歡上您的課了。」

有些家長抱怨老師們都偏袒我，因爲我父親是學校的擁有者。但同學們總是訝異於，即便競爭不斷，我們仍是好朋友，且彼此間也不會忌妒對方。我們也會在我們稱爲「黑板考試」時比賽。這些考試是私立學校用來評斷該地區最好的學生的方式，有一年瑪麗克・愛奴兒跟我拿到了一樣的分數。我們在學校舉行了另一次筆試，來決定誰能贏得最後大獎，但我們又一次平手。所以當我們在另一所學校（我父親的朋友阿梅德・夏的學校）再次筆試時，人們就不會覺得我父親能夠爲我爭取到什麼特殊待遇。我們再次同分，因此我們雙雙獲獎。

在學校裡可不是只有功課要寫。我們喜歡表演話劇。參照《羅密歐與茱麗葉》，我創作了一齣與貪腐有關的短劇。我扮演的羅密歐是一名公職人員，專門介紹人們工作。第一個應試者是一名美麗的女孩，他只問了她一些非常簡單的問題，例如：「腳踏車有幾個輪子？」當她回答「兩個」時，他就說「妳很聰明。」第二個應試者是一名男人，因此羅密歐問了他一些根本沒有辦法回答的問題，像是「在不離開你的座位的前提下，告訴我樓上那間房裡的風扇的材質是什麼。」「我怎麼可能會知道？」應試者說。「你說自己有博士學位，但你竟然連這個都不知道！」羅密歐這麼回答。他決定把這份工作給女孩。

想當然，女孩的角色由莫妮芭飾演，另一位同學阿緹雅則當我的祕書，利用她的機智旁白幫戲添點鹽、胡椒或印度香料（masala）來提升戲味。每個人看了都哈哈大笑。我喜歡模仿他人的舉動，下課時朋友們都會求我模仿老師的神情，特別是歐拜杜拉先生。那些日子裡發生了太多壞事情，我們需要一些小之又小的理由來讓自己歡笑。

直到二〇〇七年的年底，軍事行動仍未徹底根除塔利班。軍隊駐紮在史瓦特，鎮上隨處可見士兵，然而法茲魯拉仍舊每天「空中開講」。而到了二〇〇八年，隨著爆炸、殺戮不斷，情勢變得比之前更爲嚴重。在那段時間裡，我們每天的話題都是軍隊、塔利班，以及被夾在兩者之間的感受。阿緹雅經常取笑我說：「塔利班是好人，軍隊是壞人。」我會回答：「如果同時有一尾毒蛇和一頭獅子過來要攻擊我們，哪一邊是比較和善的，毒蛇還是獅子？」

比起外界的恐怖，我們的學校猶如避風港。班上的其他女孩都想當醫生，但我決心要成爲一位發明家，我要發明一種專門用來制衡塔利班的機器，它可以嗅出他們的氣味後摧毀他們的槍枝。不過即使身在學校，我們仍飽受威脅，我有些朋友因此決定休學。法茲魯拉持續藉由廣播告訴人們：女孩子們應該留在家裡，而他的手下也開始利用夜晚宵禁時，孩子不在學校的時候炸毀這些地方。

第一所被炸毀的學校是沙瓦贊給，一所位於瑪塔的國立女子小學。我們無法想像有人竟然會做出這種事。接著越來越多起爆炸發生，幾乎每天都有，就連明戈拉也逃不過這些炸彈的威脅。當我人在廚房時，兩起爆炸同時發生，因爲我家離事發地點很近，整棟房子都在搖晃，把窗戶上方的電扇都震掉了下來。在那之後，我變得很害怕留在廚房，進出都只敢用跑的。

在二〇〇八年二月的最後一天，我人在廚房，當時我們聽見一聲巨響。那聲音幾可震破耳膜，而且聽起來就在咫尺。就像我們常做的，我們呼喊彼此的綽號或姓名來確認大家是否都安好。「帥哥、貓咪、嫂嫂[80]、卡須爾、阿塔爾！」然後我們就聽到了鳴笛聲，一臺接著一臺，就像是所有在明戈拉的救護車都從我們家旁邊駛過一樣。一名自殺炸彈客襲擊了位在哈吉巴巴高中的籃球場。喪葬禮儀師們也在路上，因爲當地一名受歡迎的警察賈維德・伊克巴在一個偏遠的地區試著要逃離塔利班的魔掌時，被自殺炸彈客奪走了性命。他來自明戈拉，他的遺體被送返故鄉下葬，同時接受警方的表揚。塔利班接著襲擊了送葬隊伍，超過五十五名民眾身亡，包含賈維德・伊克巴的小兒子和許多我們認識的人。有十名莫妮芭的家屬也在現場，他們非死即傷。莫妮芭傷痛欲絕，整個小鎮陷入恐慌。每一間清眞寺都在哀悼死者。

「你現在會害怕嗎？」我問父親。

「入夜以後我們的恐懼會增強，親愛的，」他告訴我，「但天亮了之後，在光芒中，我們會再次找到自己的勇氣。」對我們家來說，這事千眞萬確。我們很害怕，但我們的恐懼卻敵不過我們的勇氣。「我們必須想辦法把塔利班從這個河谷裡趕走，這樣就再也沒有人需要承受這樣的恐懼。」他說。

在發生重大危機的時候，我們普什圖人會採用我們的老方法，因此，在二〇〇八年，史瓦特的長者們建立了一個叫做和平組織（Quami Jirga）的小組來迎戰法茲魯拉。三個當地的男人穆可塔・汗・優薩福扎伊（Mukhtar Khan Yousafzai）、庫爾希德・卡卡吉（Khurshid Kakajee）與扎西德・汗（Zahid Khan），他們拜訪過一間又一間的會所，說服更多長者來加入他們的行列。一位

80 原文「**Khaista, pisho, bhabi**」

年歲較大的長者留著一臉白鬚，七十四歲的他名爲阿布朵・汗・卡利格（Abdul Khan Khaliq），想當年皇后到史瓦特來與我們的娃利共處時，他乃是皇后的貼身保鑣之一。雖然我父親年紀不夠大也不是貴族，他仍因他的言無所懼而被選爲發言人。雖然他說起母語來較具詩意，但他的烏爾都語及英語（這都是我們的標準語）都非常流利，這表示他無論對內或對史瓦特以外的人來說，都是一名稱職的傳達者。

每一天，他都代表史瓦特長者議會（Swat Council of Elders）出席研討會或在媒體上批評法茲魯拉。「你知道自己在做什麼嗎？」他會先這麼問，「你把摧殘我們的性命和我們的文化當作一場遊戲。」

我父親會跟我說：「任何爲和平盡一份心力的組織，我都會參加。如果妳想解決一場紛爭或脫離一場爭執，第一件事就是說實話。如果妳頭痛，但妳跟醫生說妳胃痛，要醫生怎麼幫妳？妳一定要說實話。說實話會消除妳的一切恐懼。」

當他與其他行動主義人士會面時，特別是他的老朋友阿梅德・夏、穆罕默德・法魯克及扎西德・汗，我通常都會陪他一起去。阿梅德・夏也開了一間學校，穆罕默德・法魯克就在那工作，因此他們有時會在那裡的草坪上聚會。扎西德・汗擁有一棟旅館和一間巨大的會所。當他們來我們家拜訪時，我會幫大家倒茶，然後坐下來安靜地聽他們討論下一步該怎麼做。「馬拉拉不單是齊奧汀的女兒，」他們會說，「她是我們所有人的女兒。」

他們往返於白沙瓦與伊斯蘭堡之間，接受了許多電臺的訪問，尤其是「美國之音」（Voice Of America）與「英國廣播公司」（ＢＢＣ）。他們輪流受訪，因此總會有一個人能空出時間，以便不時之需。他們告訴人們發生在史瓦特的事情與伊斯蘭教無關。我父親說塔利班要在史瓦特存活下去是不可能的，除非背後有軍方人士和官僚在撐腰。國家的存在應該是要保障國民的權益，但當你再也無法分辨國家有無存在的必要，且當國家無法在你對抗反國家勢力時保護你時，這個局勢可說是相當艱難。

我們的軍隊及ＩＳＩ握有大權，因此多數人不敢公開發聲譴責這些事情，但我父親和他身旁的許多朋友都一無所懼。「你們正在做的事情不利於人民，也不利於巴基斯坦，」他會這麼說，「不要盲目支持塔利班思想，那是不人道的。人們告訴我們，史瓦特是爲了整個巴基斯坦的和平而犧牲，但沒有人、沒有一件事情該爲了國家而犧牲。國家猶如母親，而一名母親永遠也不會放棄或欺騙她的孩子。」

他痛恨多數人敢怒不敢言的作爲。在他的口袋裡，他擺著一首詩。詩人的名字是馬丁・尼莫拉（Martin Niemoller），他曾經住在納粹德國。

起初他們獵捕共產主義者，
我沒說話，因為我不是共產主義者。
接著他們獵捕社會主義者，
我沒說話，因為我不是社會主義者。

接著他們獵捕貿易工會成員，
我沒說話，因為我不是貿易工會成員。
接著他們獵捕猶太人，
我沒說話，因為我不是猶太人。
接著他們獵捕天主教徒，
我沒說話，因為我不是天主教徒。
最後他們來獵捕我，
已經沒有人可以替我說話了。

我知道他說的對。如果人們保持沉默，什麼事也改變不了。在學校，我父親舉辦了一場和平演說，鼓勵我們針對現況發聲。莫妮芭說得很好。「我們普什圖人極具宗教熱忱，」她說，「但因爲塔利班的緣故，全世界都視我們爲恐怖分子。這不是事實。我們熱愛和平。我們的山巒，我們的樹林，我們的鮮花——在我們的山谷中，每一件事都象徵了和平。」我們一部分的女孩受ATV凱博（ATV Khyber）電視頻道採訪，這是唯一一家由普什圖人擁有的私人電視臺，談論關於女孩們因爲武裝分子的關係而輟學的事情。老師們事前有指導我們如何回答問題。該節目不單只訪問了我一個人。當我們只有十一、十二歲時，我們一起做這件事情；但當我們邁入十三、十四歲，我朋友的兄長、父親就禁止她們這麼做。一方面因爲她們已經進入青春期，應該遵守婦德。二方面則因他們害怕這麼做了之後，會有不好的下場。

有一天，我上了「地理」（Geo）頻道，它是我們國家最大的新聞頻道之一。在他們的辦公室裡有一面電視牆。當我看到有這麼多頻道時，我非常訝異。事後我有了一個想法：媒體需要訪談。他們想要訪談一個小女孩，但那些女孩們都心有恐懼。就算她們不怕，她們的父母親也不會允許她接受訪問。我有一個勇敢的父親，他會陪在我身旁。他說：「妳是一個孩子，妳有權說話。」我接受的訪問越多，我就會越無懼，我們則會獲得更多的支持。我只有十一歲，但我看起來不只這個歲數，而媒體似乎喜歡聽年輕女孩的想法。有一名記者稱我爲「塔克拉・婕奈」[81]——一名「燦如陽光的淑女」；另一個則說我是「帕卡・婕奈」[82]——妳比妳同齡的孩子聰明太多了。在我心中，我相信眞主會保護我。如果我爲自己的權益發聲，爲了女孩們的權益發聲，我就是在做一件對的事情。這是我的責任。面臨這樣的情況，眞主想見識我們會如何應對。《可蘭經》裡面有一句話：「謊言將離開，眞理會獲得勝利。」如果單憑法茲魯拉一個人就可以摧毀一切，那麼為什麼一個女孩不能改變現況？我很納悶。每天晚上，我都會祈求眞主賜給我力量。

81 原文「**takra jenai**」

82 原文「**pakha jenai**」

礙於壓力，史瓦特的媒體都賦予塔利班正面的形象——有些甚至語帶尊敬地稱呼塔利班的發言人穆斯林・汗爲「學校之父」[83]，而他在現實生活中卻是專拆學校的人。但許多當地的記者都對發生在故鄉的事情很不高興，而他們給了我們一個有力的舞臺，讓我們發表他們不敢說出口的事。

我們家沒有車，因此我們會搭乘黃包車去，有時我父親的朋友們也會載我們去接受採訪。有一天，我跟著父親去白沙瓦上BBC的烏爾都語談話節目，節目的主持人是知名的專欄作家瓦沙圖拉・汗（Wasatullah Khan）。我們與父親的朋友法扎爾・毛拉（Fazal Maula）與他的女兒一起受訪。兩名父親兩位女兒。代表塔利班說話的則是穆斯林・汗，他並沒有出現在攝影棚中。我有點緊張，但我知道這件事情非常重要，因爲有許多住在巴基斯坦各地的民眾會聽到我們說的話。「憑什麼塔利班可以剝奪我受教育的基本權利？」我說。穆斯林・汗沒有回答，因爲他的電話訪談是預錄的。預錄的內容怎麼有辦法回答現場的問題？

訪談之後，人們紛紛跑來祝賀我。我父親大笑，說我應該踏入政治圈。「就連妳腳步都還沒走穩的時候，講話就像是個政治家。」他調侃我。但我從沒有聽過自己的訪談內容。我知道這才只是剛起步。

我們的話語就像春天時開花的尤加利樹，它們被風吹散而去。對學校的破壞行動仍在進行。二〇〇八年十月七日的晚上，我們聽見爆炸聲陸續從遠方傳來。直到隔天早上，我們才知道蒙

83 原文「School Dada」

面的武裝分子入侵了珊哥拉女子修院學校（Sangota Convent School for girls）和男子精進書院（Excelsior College for boys），並利用土製炸彈炸毀了這兩所學校。老師們稍早即收到警告，因此事發當時已全數撤離。這兩所都是名校，尤其是珊哥拉，它的歷史可追溯至末代娃利當政的時期，並以其學術上的卓越而著稱。它們的規模也很大——精進書院有兩千名學生，珊哥拉則是一千名。爆炸案之後，我父親親自探訪，發現兩所學校的建物都被徹底夷爲平地。他在斷瓦和焦書中接受電視記者的訪問，回到家時恐懼萬分。「那裡只剩下廢墟。」他說。

不過我的父親仍抱持希望，並相信終有一天，這些破壞行動將會停止。眞正令他感到灰心的，是在這些學校被摧毀後所發生的掠奪事件——家具、書本、電腦全被當地人搜刮光了。當他聽到這件事情時忍不住哭了出來，他說「他們就像是在死屍上蹦跳的禿鷹」。

隔天，他去上「美國之聲」頻道的一個現場節目，並憤怒地譴責這些攻擊行動。塔利班的發言人穆斯林．汗人在電話的那端。「這兩所學校究竟做錯了什麼？你爲什麼要炸掉它們？」我父親問。

穆斯林．汗說珊哥拉是一所教授基督教文化的修道院學校，精進書院則沒有分班，男女生在一起上課。「你說的兩件事情都是謊言！」我父親回答，「珊哥拉學校從一九六○年創校至今從未把任何學生變成基督徒——事實上有些學生甚至還皈依伊斯蘭教。而精進書院只有小學部才是男女合班。」

穆斯林．汗沒有回答。「他們自己的女兒呢？」我問父親，「難道他們不希望女兒們受教育嗎？」

我們的女校長瑪麗安女士年輕時曾在珊哥拉求學，而她的妹妹阿依莎原先則是那裡的學生，所以她和其他原本就讀珊哥拉的女學生都轉到了我們學校。我們每個月收到的學費永遠不夠支付我們的所有開銷，因此能增加進帳當然是好事一樁，但我的父親卻開心不起來。他四處走訪，要求重建這兩所學校。有一次，他在一場盛大的集會中演講，他抱起其中一名聽眾的女嬰說：「這個女孩是我們的未來。我們希望她一生無知嗎？」群眾均點頭稱是，他們願意犧牲自己來挽救女兒的教育。這些新來的女生有一些很恐怖的故事。阿依莎告訴我們，那一天，當她從珊哥拉下課回家的途中，她看見一名塔利班手抓著一顆頭顱的毛髮，那是從一名警察的身上割下的，鮮血從他的頸部不停滴下。珊哥拉的女孩們都非常聰明，這意味著我們面臨更多競爭壓力。她們的其中一位，麗妲，是一名優秀的演說家。她和我還有莫妮芭結為好友。我們之間偶有爭執，因為「三」是一個弔詭的數字。莫妮芭常會帶東西來學校吃，但她只會多帶一支叉子。「妳是我的朋友還是麗妲的朋友？」我問莫妮芭。

她大笑並說：「我們是三個好朋友。」

到二〇〇八年底，塔利班約摧毀了四百所學校。我們的政府領導人換成了總統阿西夫．扎爾達里，他是班娜姬生前的丈夫，但看來他們並不想插手史瓦特的死活。我告訴人們，若扎爾達里的女兒在史瓦特就學，一切情況就會有所不同。全國到處都有自殺式炸彈攻擊的事件發生：就連位於伊斯蘭堡的萬豪酒店（Marriott Hotel）都被炸毀。

在史瓦特，住在城鎮中比住在偏遠地區安全許多，因此我們家族的許多親戚都遠道從鄉間來投靠我們。加上原先就有表兄弟跟我們住在一起，我們家變得又小又擁擠。沒什麼消遣好做。跟以前不同，我們既不能在街上打板球，也不能上屋頂玩耍。我們在庭院裡一次又一次玩彈珠。我與卡須爾之間的對戰永無止境，而他偶爾會去找我母親哭訴。在歷史上，從來就沒有一位卡須爾和一位馬拉拉變成朋友。

我喜歡變換頭髮的造型，會花上好幾個小時待在浴室盯著鏡子嘗試變換各種我從電影裡頭看到的髮型。直到我八或九歲之前，我的母親都會幫我剪和弟弟們一樣的短髮，這除了可以預防蝨子，也讓我的頭髮更容易清洗、梳理，免得它們老是在我的披巾下亂成一團。到最後，我總算說服她讓我留長，直達肩膀。不像莫妮芭的一頭直髮，我是自然捲，我喜歡把它捲得像彈簧或綁成辮子。「妳在浴室裡面磨蹭什麼呀小貓咪？」我母親會在門外大喊，「我們的客人要用浴室，所有人都在等妳一個。」

二〇〇八年的齋月是我記憶中最慘的日子之一。在齋月期間的白天，穆斯林不能吃也不能喝。塔利班炸掉了發電廠，所以我們缺乏電力，過沒幾天他們換炸管線，於是我們又沒了瓦斯。市場的瓦斯桶價格漲了一倍，我的母親只好像我們還住在鄉下時那樣生火燒飯。她沒有半句怨言——需要人煮飯因此她就去煮，還有人的日子過得比我們還糟。但由於缺乏乾淨的飲水，人們開始死於霍亂。醫院無法收容所有病人，只好在院外立起大帳篷治療病患。

雖然我們家裡沒有發電機，但我的父親買了一臺裝在學校，我們用幫浦從地上的鑽孔中打出乾淨的清水，附近鄰居的孩子們都會來這取水。每一天都會有成排的人等著把水裝入水壺、瓶子或鐵桶中。對此，有一名鄰居很害怕。「你在做什麼？」他問，「如果塔利班發現你在齋月提供大家飲水，他們會來把我們都炸死！」

我父親回答他，人們只能在渴死跟炸死間擇一。

從前那些戶外教學或野餐時光如同陳年舊夢。沒有人敢在太陽下山後出門。恐怖分子甚至炸毀了登雪山的纜車及位在瑪蘭加巴的大飯店，以前遊客都會住在那裡。一座假日天堂化爲了煉獄，沒有遊客膽敢進駐。

緊接著，在二〇〇八年的年底，法茲魯拉的副手毛拉那・夏・道藍在收音機裡宣布所有的女子學校都得關閉。他提出警告，從一月十五日開始，女孩們不得再上學。一開始，我以爲他只是在開玩笑。「他怎麼有辦法阻止我們上學？」我問朋友們，「他們辦不到。他們說他們摧毀了高山，但他們連道路都控管不了。」

其他的女孩不同意我的看法。「誰能阻止他們？」她們問我，「他們已經炸毀了好幾百所學校，但根本沒有人出面做任何事情。」

我父親以前都說史瓦特的人們和老師們會繼續他們對孩子的教育，只要有一間教室，一名老師跟一個學生存在，就不會停止。我的父母從來沒有要我放棄學業。雖然我們喜愛學校，但直到塔利班嘗試阻止我們，我們才瞭解到教育的重要性。到學校上課、閱讀與寫作業不只是殺時間而已，我們的未來與之息息相關。

那年的冬天下了雪，我們捏造了好多雪熊，但心裡卻缺乏歡笑。在冬天，塔利班通常會沒入山中，但我們知道他們會再回來，卻不知道他們接下來會做些什麼。我們相信學校會再開張。塔利班可以拿走我們的鉛筆、書本，但他們沒辦法讓我們的腦袋停止思考。

12

血色廣場

屍體會在入夜後棄置廣場，這樣隔天早上出門工作的每一個人都能看見。屍體上通常會釘上一張字條，上面寫著諸如「這就是當軍方密探的下場」或「早上十一點以前不准碰這具屍體，否則你就是下一個」的文字。在某些執行殺戮的晚上甚至會發生地震，這讓大家更害怕，因為我們認為每一個天災的背後都包藏了人禍。

他們在二〇〇九年一月一個嚴寒的早晨殺死了莎芭娜。她住在班惹市場，一條在我們的小鎮明戈拉的狹窄街道，以其舞者及音樂家著稱。莎芭娜的父親說，一群男人敲了她的門，要求她為他們跳舞。她換上了舞衣，當她回來為他們舞動身軀時，他們掏出了槍，並威脅要劃開她的喉嚨。這件事情發生在晚上九點的宵禁後，街坊鄰居都聽見了她的尖叫。「我保證不會再犯了！我保證我不會再唱歌或跳舞。看在真主的份上放我一馬！我是一個女人，一名穆斯林。別殺我！」槍聲大作，她滿布彈痕的屍體被拖到綠色廣場（Green Chowk）。有太多屍體被丟在那裡，因此人們開始叫那邊「血色廣場」。

我們在隔天早上知道了莎芭娜的死訊。在毛拉FM上，法茲魯拉說她離經叛道，死有餘辜。

倘若有任何女孩敢在班惹市場上表演，她們將一個個都步上她的後塵。過去在史瓦特，我們對自己的音樂和藝術引以爲傲，但現在多數的舞者都逃到了拉合爾或杜拜。音樂家在報紙上發表聲明，說他們不會再演奏任何曲調，並誓言將過著虔誠敬天的生活，藉此安撫塔利班的怒火。

人們常議論莎芭娜的負面形象，我們這兒的男人既愛看她跳舞又因她的舞者地位而鄙視她。貴族的女兒不能嫁給理髮師的兒子，理髮師的女兒也不能嫁給貴族的兒子。我們普什圖人喜歡皮鞋，但討厭鞋匠；我們喜歡圍巾和毛毯，但瞧不起紡織工。手工藝職人爲我們的社會貢獻良多，卻得不到一絲認可，這也是爲什麼他們很多都加入了塔利班——藉此掌握地位與權力。

人們愛看莎芭娜跳舞但看不起她，當她被殺害後，沒有人出來爲她說一句話。有些人甚至認爲她被殺是再合理不過，無論他們是因爲懼怕或崇拜塔利班。「莎芭娜才不是穆斯林，」他們說，「她是一個壞蛋，她活該被殺。」

我不會形容那是「最難熬的一天」。在莎芭娜被謀殺的那段時間裡，每天都很難熬；每一分一秒都很難熬。到處都有壞消息：這個人的家被炸了，這間學校被毀了，誰在眾人眼前被處以鞭刑等等。慘事接二連三發生，勢不可擋。莎芭娜謀殺案過去幾星期後，一名住在瑪塔的老師，被塔利班要求將褲管摺到腳踝以上，就像塔利班的穿法一樣，他拒絕服從，因而慘遭殺害。他告訴他們伊斯蘭教義裡根本找不到這樣的規範。他們吊死了他，隨後槍斃了他的父親。

我沒有辦法理解塔利班的想法。「他們在詆毀我們的信仰，」我在一次受訪時說，「如果我掏出一把槍抵在你頭上，然後跟你說伊斯蘭教是一個誠善的宗教，誰有辦法發自內心認同伊斯蘭教？如果他們希望世上的每一個人都變成穆斯林，爲什麼他們不先以身作則，當一名好穆斯林？」

在我父親踏進家門時，通常都會因他親眼目睹或聽到的事情而渾身顫抖，例如警察被割頭，他們的頭顱被用來在鎮上遊街示眾。即使是那些一開始為法茲魯拉辯護，相信他旗下的都是些真正遵循伊斯蘭教義的信奉者，並因而貢獻他們的黃金的人，也轉而開始反對他。我的父親告訴我，有一名女性，在她的丈夫出遠門工作時，捐獻了大筆的財富給塔利班。當他回家，發現她把她的金飾都捐出去時，他氣炸了。有一天晚上，他們村落發生一起規模較小的爆炸事件，那名妻子哭了。「別哭，」她的丈夫說，「那是妳的耳環和鼻環的聲音。仔細聽，接下來的聲音是妳的紀念項鍊和黃金手鐲。」

縱使如此，還是只有少數人敢出來說話。我父親在大學政治課上的老對手伊赫桑・哈克・哈卡尼（Ihsan ul-Haq Haqqani）在伊斯蘭堡成為了一名記者，他為討論史瓦特的現況而安排了一場會談。然而，受他之邀發表意見的史瓦特的律師或學者沒有一個出席。只有我父親和一些記者到場。似乎人們都認為塔利班會留在這裡，跟他們好好相處才是上策。「當你加入塔利班之後，你的生命百分之一百不會遭受威脅。」人們會這麼說。這就是為什麼他們要年輕人主動加入。塔利班會來到他們的家，也許是來討經費，好讓他們能買突擊步槍；也許是來要求他們獻上自己的兒子，好跟他們並肩作戰。很多有錢人都逃走了。窮人除了留下來和盡力生存下去之外，沒有其他選擇。我們村裡的很多男人都去礦坑或波斯灣工作，這些家庭都缺了父親，他們的兒子因而成了獵物。

這些威脅逐步進逼我的家鄉。有一天，阿梅德・夏從不明人士手中收到了一份警告：他們要來殺他，因此有一段時間他人都在伊斯蘭堡，試圖在那裡引起注意，希望大家都能關心最近發生在我們河谷區的事情。在那個期間中，最糟糕的事情莫過於我們之間彼此存有猜忌。甚至有人把矛頭指向我的父親。「我們的人民接二連三被殺，而這個齊奧汀明明四處大放厥詞，卻還活得好好的！他一定是特務！」實際上他也遭受了威脅，但他沒讓我們知道。他在白沙瓦舉辦記者會，要求軍方出面對抗塔利班，直取他們的首腦。不久後，人們告訴他，他們在毛拉FM上聽到了他的大名，夏亞・都蘭出言恐嚇他的安危。

我父親置之不理，但我很擔心。他在外直言不諱，同時參加了許多團體及委員會，他通常得到午夜才能回到家。他開始到一名朋友的家裡借宿，這是為了保護我們，免得塔利班對他下手。他沒辦法想像死在我們面前的情景。我夜不成眠，直到他返家，我才能鎖上大門，安然入睡。當他在家時，我母親會擺一把梯子靠在後院的外牆旁，讓他能在情況危急時直接翻牆逃到大街上。他覺得這個點子很好笑。「松鼠似的阿塔爾應該辦得到，我可沒辦法！」

任何時候，我母親都在想辦法，以應付隨時可能會突然來襲的塔利班。她想到上床睡覺時，可以在枕頭下藏一把刀。我說我可以偷偷溜進廁所，然後去找警察。我和我的弟弟們想過挖一條地道。再一次，我希望眞主賜給我一把魔杖，好讓我把塔利班統統都變不見。

有一天，我看見我的么弟阿塔爾在花園裡發瘋似地掘地。「你在做什麼？」我問他。「挖一個墳墓。」他說。我們的緊急插播新聞永遠都脫離不了謀殺、死亡，因此對阿塔爾來說，棺木和墳地是生活的一部分。以前孩子們都玩躲貓貓、官兵捉強盜，現在他們都玩軍隊大戰塔利班。他們用粗樹枝當作火箭，細木當作突擊步槍；這些就是他們的「恐怖遊戲」。

沒有人能保護我們。我們的警察局副局長薩厄德・賈維德不但去參加塔利班的會議、在他們的清真寺祈禱，甚至主持他們的會議。他成了一名完美的塔利班。塔利班鎖定的目標之一是那些非政府組織（NGO），塔利班宣稱他們是反伊斯蘭教的。從塔利班手中收到威脅信函後，這些NGO跑去請求副局長協助，而他根本不讓他們有說話的機會。某次開會時，我父親公然質疑他：「你說出口的話代表誰？法茲魯拉還是政府？」在阿拉伯，我們說「人民跟隨國王」。當你所居住的地區的最高權力者加入塔利班以後，「塔利班化」便成了常態。

在巴基斯坦，我們很愛聊「政府的陰謀」，而且我們有很多想法可以聊。有些人認為執政單位乃蓄意支持塔利班。他們說軍方希望塔利班留在史瓦特，因為美國人想要使用那裡的空軍基地來發射他們的無人飛機。由於塔利班藏身山谷中，我們的政府就可以對美國人說他們愛莫能助，因為他們有自己的問題要操心。這樣的說法，剛好也能用來回應美方不停攀升的批評聲浪：為什麼我們的軍隊與其說是在阻止塔利班，還不如說是在幫助他們。現在我們的政府就可以這樣回答：「你們說我們收了你們的錢來幫助這些恐怖分子，但若事實真是如此，為什麼他們連我國的人民都不放過？」

「塔利班的背後很明顯地有一股我們看不見的力量在撐腰，」我父親說，「但發生的事情沒有那麼單純，你越想深入理解，它就會變得愈加複雜。」

在二〇〇八那一年，政府甚至從監獄裡釋放了蘇非・穆罕默德，它就是TNSM的創辦人。比起他的女婿法茲魯拉，據說他的手段比較溫和，因此我們有希望看到他與政府簽訂和平條款，以在史瓦特施行伊斯蘭教義的代價，來讓我們從塔利班的暴力中解放。我父親樂見其成。我們知道一切不會在這裡畫下休止符，但我父親認爲如果我們都以尊崇伊斯蘭的教義過日子，那麼塔利班就沒有理由繼續戰鬥下去。屆時他們就能放下武器，過起平常人的日子。到那個時候如果他們不從，他說，他們就會暴露出自己的眞面目。

軍隊依舊在能俯瞰明戈拉的高山上進行槍械訓練。我們整晚都能在床上聽見他們的「碰、碰」聲。他們會休息五分鐘、十分鐘或十五分鐘，然後在我們恍恍惚惚即將入夢的時候再次開始。有時候我們會遮起耳朵或用枕頭蓋住頭，但那槍聲就在附近，而它所發出的噪音也大到無法可擋。隔天早上，我們會在電視上看到更多塔利班殺人事件，滿心疑惑軍隊到底在山裡對什麼東西開炮，爲什麼他們就連阻止毛拉FM日復一日的廣播節目都辦不到？

無論是軍隊或是塔利班，他們的火力都很強大。有時候，他們在同一條大路上架設每隔不到一公里就會有一座的路障。他們會要求我們停下，但整個情況看來就像軍隊和塔利班總是王不見王。這眞的很難令人置信。沒有人知道爲什麼軍方不保護我們。人們會說他們就像是硬幣的一體兩面。我父親說，我們這些平凡百姓就像卡在石臼縫隙裡的粗糠一樣。但他仍舊不害怕。他說我們會繼續在公眾面前發聲。

我只是一個凡人，當我聽到槍聲，我的心臟就會跳得很快。有時候，就算我什麼都沒有說出口，但心裡還是會恐懼，不過這不表示我會停止去上課。但恐懼的力量如此強勁，到頭來就是因爲恐懼，人們選擇站在塔利班而非與莎芭娜站在一起。恐懼讓人們變得殘忍。塔利班剷平了我們普什圖人的信念，以及伊斯蘭教義的價値。

爲了讓自己分心，我開始閱讀史蒂芬．霍金所寫的《時間簡史》，這本書解答了很多大問

襁褓中的我

與我的弟弟卡須爾在明戈拉

我父親的朋友希達亞圖拉抱著我在我們第一間校舍外留影。

我的外祖父，馬力克‧妍瑟爾‧汗，攝於香拉縣。

我父親孩童時代的家。

我的祖父，與我和卡須爾在我們明戈拉的家中合影。

我與弟弟卡須爾在看書。

與卡須爾享受在香拉縣的瀑布景致。

學校校外旅遊的野餐。

在卡須爾學校的集體禱告（Copyright © Justin Sutcliffe, 2013）。

最初，民眾捐了大筆金錢給法茲魯拉。

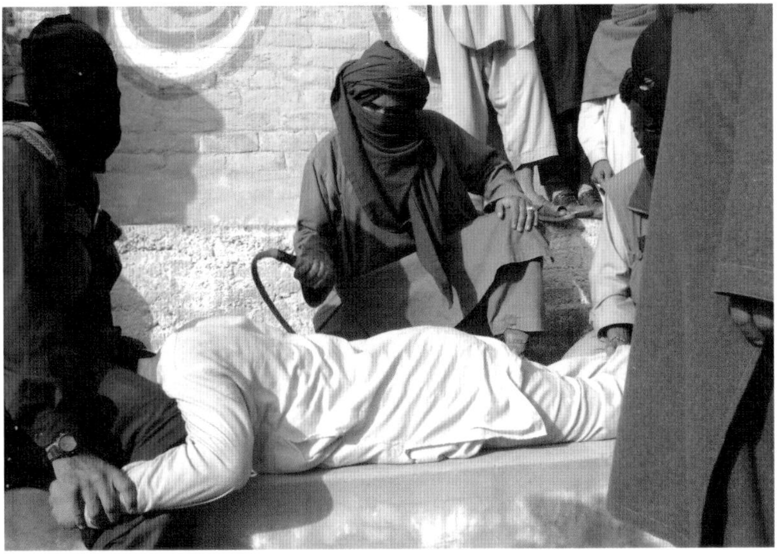

塔利班公然地對人民施以鞭刑。

發表演說以慰那些在哈吉巴巴因遭到自殺攻擊事件而喪命的人們。

在學校的話劇表演。

在學校畫圖。

我12歲時所畫的圖，是我們成爲國內難民後，再次返回史瓦特時所畫的。
圖畫說明了我希望不同信仰之間能和睦共處的夢想。

在我們明戈拉家中的庭院裡，我與阿塔爾一起堆出的雪人。
這是我們第一次在這個城市看到雪。

參訪絲帕班迪，這是我父親求學之處。

在學校朗讀一個故事：「金玉其外，敗絮其中」。

在巴基斯坦國父—眞納的陵墓前留影。

我父親與史瓦特的長老們。

學校被炸毀後的情況（Copyright © Kh Awais）

我被槍殺時所坐的公車座位（Copyright © Asad Hashim / Al Jazeera. Courtesy of Al Jazeera English; AlJazeera.com）

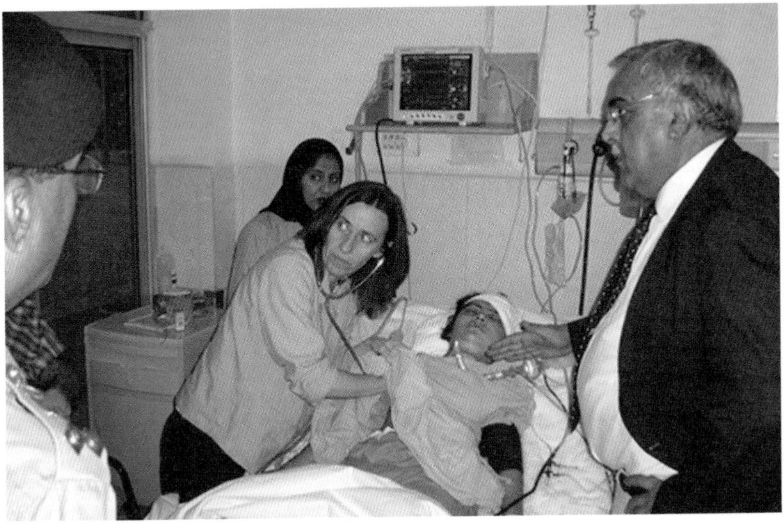

費歐娜醫生與亞維德醫生在我的身旁（Copyright © University Hospitals Birmingham NHS Foundation Trust; used with the kind permission of the Queen Elizabeth Hospital in Birmingham）

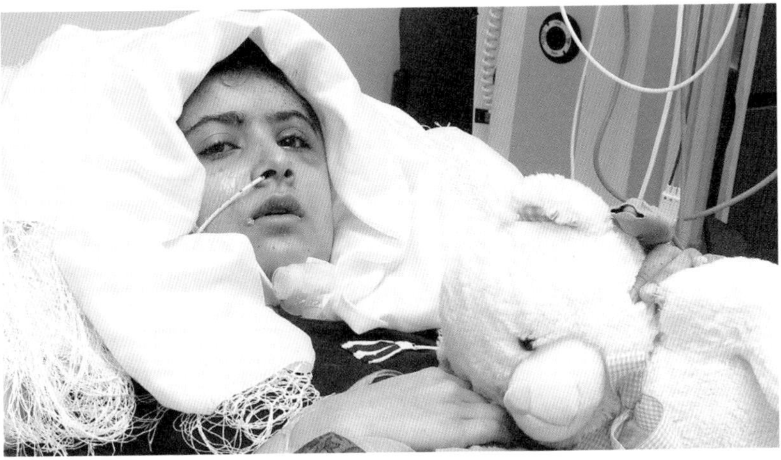

在伯明罕醫院裡的第一天（Copyright © University Hospitals Birmingham NHS Foundation Trust; used with the kind permission of the Queen Elizabeth Hospital in Birmingham）

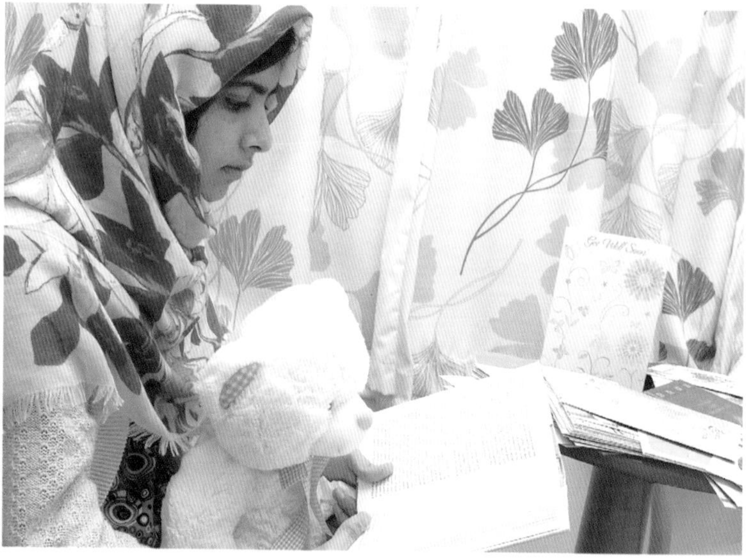

我在醫院讀著《綠野仙蹤》（Copyright © University Hospitals Birmingham NHS Foundation Trust; used with the kind permission of the Queen Elizabeth Hospital in Birmingham）

我們的校長瑪麗安女士（左），與夏息雅，她是其中一位與我一起中槍的女孩。

我的朋友幫我保留了我在學校的座位（最右邊）。

阿姆傑德先生，男子學院的主任，每天早上進辦公室前都會先跟我的海報打招呼。

我與潘基文、高登・布朗、和我的家人及朋友們在聯合國大會裡。（Copyright © UN Photo / Eskinder Debebe; used with the kind permission of the United Nations Photo Library）

在我十六歲生日當天於聯合國發表演說。（Copyright © UN Photo / RickBajornas; used with the kind permission of the United Nations Photo Library）

我與母親在麥地那。

我們一家人在伯明罕的新家外合影。（Copyright © Antonio Olmos）

13 高爾・瑪凱的日記

在那些黑暗日子裡的某一天，我父親接到了一通電話，打來的人是他的朋友阿布朵・海・卡卡爾，一名派駐白沙瓦的ＢＢＣ特派員。他想找一名女教師或女學生來撰寫塔利班統治下的每日記事。他想要展現出相較於史瓦特所發生的災難之下，比較人性的一面。原先瑪麗安女士的妹妹阿依莎點頭同意，但後來被她的父親發現，認爲這件事太過冒險，因此不允許女兒這麼做。

當我無意中聽到父親在談論此事時，我說：「何不讓我試試看？」我想讓外界的人知道發生了什麼事。教育是我們的權益，正如同我們也有權歌唱。伊斯蘭教義賦予我們這項權利，它上面說每一個女孩與男孩都應該去上學。《可蘭經》上寫我們應該追求知識，認眞學習，以習得世界的奧祕。

我從來沒寫過日記，所以不知道該如何下手。雖然我們有電腦，但電力經常中斷，也沒幾個地方能讓我連上網路。因此海・卡卡爾會在晚上打電話到我母親的手機找我。他用他太太的電話打過來，藉此保護我們。他說因爲他自己的電話會被情報單位竊聽。他會引導我，針對我今天做了些什麼提出疑問，並要我告訴他一些趣聞或我的夢境。雖然我們都是普什圖人，但我們會用烏爾都語聊上三十或四十五分鐘，因爲這個部落格是採用烏爾都語撰寫，而他希望這個「聲音」越眞實越好。接著他會寫好文稿，每星期一次在BBC的烏爾都語網站上更新。他告訴我關於安・法蘭克的事情：她是一名十三歲的猶太女孩。爲了逃避納粹的追殺，她在戰時與她的家人一起躲在阿姆斯特丹。他告訴我，她寫了一本日記，內容是關於她和家人們的命運如何交織、關於他們如何度過每一天，以及關於她心中的感受。十分令人傷心的是，到最後，他們家被別人背叛而遭逮捕，安死在集中營，嚥下最後一口氣時才不過十五歲。在那之後她的日記公開出版，成爲了一份非常強而有力的紀錄。

海・卡卡爾告訴我用眞名發表這些文字太危險，因此給了我一個假名高爾・瑪凱（Gul Makai），它的原意爲「矢車菊」，是普什圖傳說中一位女英雄的名字。這個傳說有點像是《羅密歐與茱麗葉》的故事：高爾・瑪凱在學校認識了慕沙・汗（Musa Khan），兩人墜入愛河。但他們來自不同的部落，因此兩人的相愛引發了一場戰爭。不過，與莎士比亞的劇本不同的是，他們的故事並非以悲劇結尾。高爾・瑪凱用《可蘭經》教育她的長輩們戰爭是不好的，最後他們終於停止干戈，也讓這對愛侶共結連理。

我的第一篇日記發表於二〇〇九年的一月三日，標題是《我很害怕》：「我昨晚做了惡夢，夢中充斥軍方直升機與塔利班。自從在史瓦特的軍事行動展開後，我就常做這樣的夢。」我寫到我害怕去上學，因爲塔利班明定禁止，而且隨時注意我的舉動。我還描述了一件在我下課要回家時發生的事：「我聽到一個男人在我的後頭說：『我會殺了妳。』我趕緊加快自己的腳步，一段時間後才敢回頭，看他有沒有跟在我的後面。當我看到他是在講電話時，我才放下心中的大石，他一定是在跟別人說話。」

親眼看見我的文字出現在網站上讓我非常興奮。一開始我有點害羞，但間隔一段時間之後，我開始知道海．卡卡爾想要跟我聊哪些事情，因此我變得比較有自信。他喜歡個人情緒的抒發，以及他所謂「辛辣的字句」，最後再加入一些「在塔利班的恐怖統治下的日常家庭生活」。

我寫了很多與學校有關的事情，因爲那是我們生活的中心。我喜歡我的皇家藍色制服，但校方建議我們改穿一般的服裝上學，同時將我們的書本藏在披巾底下。有一段話摘自一篇名爲**《別穿彩色服裝》**，在裡面我寫到：「有一天，我已經準備好要上學，當我正要套上我的制服時，我忽然想起校長的叮嚀，於是那天我決定穿我最喜歡的粉紅洋裝去上課。」

我也寫到罩袍。當妳還年輕時，妳會喜歡罩袍，因爲它很適合用來打扮。但當妳是被迫戴上它時，情況就截然不同了。而且它還讓我寸步難行！我有一篇日記裡提及的事件，發生在我與母親及堂兄弟一起出門到耆那市集採買的時候：「在那裡，我們聽到一則流言，說是有一天，一個穿著覆面式罩袍的女人跌倒了。有一個男人想出手幫忙，但她拒絕了，並說：『兄弟，你不需要幫我，我這麼穿能帶給法茲魯拉莫大的喜悅。』當我們走進一家商店時，商店老闆大笑，告訴我們一開始他嚇死了，以爲我們是自殺炸彈客，因爲很多自殺炸彈客都身著罩袍。」

在學校，大家開始談論網站上的日記。有個女孩甚至將它列印下來，帶到學校給我父親看。

「寫得很好。」他邊說，臉上掛著一副了然於心的微笑。

我想告訴大家作者是我，但BBC的特派員要我別張揚，因爲這麼做可能會爲我帶來危險。我不知道爲什麼他會這麼想。我不過是個孩子，誰會攻擊一個孩子呢？但我的朋友有些人認出了日記裡面描述的事情。我一度差點自白。在一篇文章我提到：「我母親喜歡我的筆名高爾・瑪凱，她向我父親開玩笑說我應該把它改成本名……我也喜歡這個名字，因爲我眞正的名字的意思是『悲痛欲絕』。」

高爾・瑪凱的日記獲得了意想不到的迴響。有些報紙登出了摘錄。BBC甚至找了另一個女孩來錄製有聲版本。我開始理解到一支筆，以及那支筆所寫出來的文字所產生的力量可以大過機關槍、坦克車和直升機。我們學到了如何在困境中掙扎。我們也學到了當我們說話時，我們的力量有多強大。

有些老師開始不來學校。其中一人說他收到了毛拉・法茲魯拉的命令，要去伊滿德里幫忙蓋他的總部。另一人說他在進門時看到了一具被砍了頭的屍體，他沒有辦法再冒著生命危險來教書了。許多人都很害怕。我們的鄰居說，塔利班指示人們，如果家中有尙未出嫁的女兒，應該通報清眞寺，這樣她們才可以被嫁掉，很有可能嫁給武裝分子。

到了二〇〇九年的一月初，我們班從最多的二十七名學生，到現在只剩下十個女孩。我的朋友們很多都離開了河谷地區，這樣她們就可以在白沙瓦受教育，但我父親堅持不離開。「史瓦特曾經給予了我們這麼多。在這些艱難的日子裡，我們必須爲了我們的河谷堅強起來。」他說。

有一晚，我們全家都到父親的朋友亞夫卓醫生的家裡用晚餐，他經營了一家醫院。晚餐後，當醫生載我們回家時，我們看到道路兩旁站著攜槍的蒙面塔利班。我們非常害怕。從前，亞夫卓醫生的醫院位在一塊被塔利班所占領的區域。無止境的槍戰和宵禁讓醫院實難運作，因此他把醫院搬到了巴里卡特（Barikot）。這個舉動引發抗議，於是塔利班的發言人穆斯林・汗呼籲醫生重新開張。他來尋求我父親的意見。我父親告訴他：「不要從邪惡之人的手中拿取善良的事物。」一家依靠塔利班保護的醫院不是什麼好事，因此他拒絕了。

亞夫卓醫生跟我們家住得不遠，所以在我們平安到家後，我父親堅持陪他回去，以免塔利班對他下手。當他與我父親駛離後，亞夫卓醫生緊張地問他：「如果他要我們停下，並詢問我們的姓名，我們要怎麼說？」

「你是亞夫卓醫生而我是齊奧汀·優薩福扎伊，」我的父親回答他，「這些嗜血之徒，我們什麼錯也沒犯，為什麼要報上假名──那是罪犯在幹的事。」

幸好那些塔利班都消失了。當我父親打來報平安時，我們都鬆了好大一口氣。

我也不打算投降。但塔利班給的期限越來越接近：女孩子們不准去上學。現在是二十一世紀，他們打算怎麼阻止超過五萬名女孩去學校上課？我不停祈禱奇蹟會發生，學校能夠繼續開張。終於，期限到了。我們決定讓卡須爾學校的校鐘響到最後一刻。瑪麗安女士甚至都結了婚，這樣就可以讓她繼續留在史瓦特。為了避免衝突，她的家人都已經搬到喀拉蚩，而身為一名女人，她沒有辦法獨身離開。

一月十四日星期三，是我們學校關門的日子。那天早晨當我醒來，我在自己的房間裡看到了一臺電視攝影機。一名巴基斯坦的記者伊凡·艾希拉夫四處跟著我，就連我在做禱告或刷牙都不例外。

我能告訴你，我父親的心情很差。他的一位朋友說服了他參與一項《紐約時報》官方網站的紀錄片拍攝計畫，讓世界看到我們發生了什麼事。幾個星期前，我們在白沙瓦和美國的錄影記者亞當・艾利克見面。那是一次有趣的面談，他準備了一段很長的時間，用英文來訪問我父親，而我只是靜靜地坐在一旁。然後他問是否可以跟我說話，接著便開始透過伊凡當翻譯來問我問題。約在十分鐘之後，他從我的臉部表情意識到我其實聽得懂他說的話。「妳會講英文嗎？」他問我。

「會，我只是想告訴你我心裡仍有恐懼。」我回答。

亞當很震驚。「你們這些人究竟怎麼了？」他問伊凡與我的父親。「她的英文說的比你們都還好，然後你還在這邊幫她翻譯！」我們都大笑。

原本的計畫是在學校最後的日子裡跟拍我父親的一天，但到最後伊凡問我：「如果有一天，妳再也不能回去妳的河谷和妳的學校，妳會怎麼做？」我說這事情永遠也不會發生。他堅持要我回答，我開始落淚。我想應該是那個時候開始，亞當決定把焦點轉移到我的身上。

亞當沒有辦法親自來史瓦特，因為這對一名外國人來說太危險。當伊凡與一名攝影師抵達明戈拉時，跟我們住在一起的舅舅不厭其煩地向我們說在家裡擺一臺攝影機非常危險。我父親也一再要他們把攝影機藏好。但他們花了很多時間來到這裡，而對我們普什圖人來說，拒絕賓客實在不是我們的作風。除此之外，我父親也深知這會是我們用來對外界說話的麥克風。他的朋友跟他說，這麼做能夠帶來的效益，比他行遍鄉里還管用。

我參加過很多次電視訪談，也沉浸於對著麥克風說話的快樂，我的症狀嚴重到朋友們都會拿這件事情來嘲笑我。但我從來沒有做過被實際跟拍這種事。「自然一點。」伊凡告訴我。這有點難度，特別是在一臺攝影機黏著我到處跑，就連我刷牙都不放過的時候。我讓他們看那件我不能穿的制服，並告訴他們我很害怕。如果塔利班發現我去上學，他們會在我臉上潑硫酸，就像他們在阿富汗對女孩子們做的那樣。

最後一天的早上，我們學校舉行了一場特別的聚會，但因爲直升機在我們的上空盤旋，我們很難聽見除了噪音以外的其他聲音。我們當中有些人開口批判發生在這河谷裡的事情。學校的大鐘響了最後一次，接著瑪麗安女士宣布了寒假的到來，但與往年不同的是，沒有另外公告下個學期開學的正確時間。即便如此，有些老師還是出了寒假作業。在學校的庭院裡，我給了每個朋友一個擁抱。我看著學校的榮譽榜，心想著是否有朝一日，我的名字還會再一次寫在上面。三月份應該要有考試，但要在哪裡舉辦呢？而且若你根本就不被允許學習，早一點或晚一點到學校已經沒有任何差別了。當有人奪走了你的筆，你才會眞正意識到教育有多麼重要。

當我要準備關上校門之前，我回頭望，好像這是我最後一次待在學校。這一景是紀錄片中某段落的一個結尾。在現實生活裡，我又走回學校裡。朋友們和我都不希望這天到此爲止，所以我們決定再停留久一點。我們走到小學部，那裡有更大的空間讓我們奔跑、玩官兵抓強盜。然後我們玩了「芒果芒果」，玩法是參加的人繞成一個圓圈然後唱歌，當歌曲停止後每一個人都不准動。任何移動身體或笑出來的人就出局。

我們那天比較晚才從學校離開。通常我們是下午一點下課，但那天我們足足待到三點。莫妮芭和我因爲一件蠢到我現在完全都想不起來的事情而鬧翻了。我的朋友們聽了都覺得難以置信。「妳們兩個以前不是每逢要事就會吵架嘛！」她們說。這不是一個劃下句點的好方式。

我告訴紀錄片製作人：「他們阻止不了我。我會在家裡、學校，甚至於任何地方接受教育。這是我們對這個世界的請求——請救救我們的學校，我們的巴基斯坦，我們的史瓦特。」

回家以後，我哭了又哭。我不想停止學習。我才十一歲，但我覺得自己好像已經失去了一切。在那之前，我告訴班上的每一個人，塔利班才不會眞的下手。「他們就跟我們的政客一樣——一再打包票但什麼事都沒做。」我說。但他們繼續向前，關閉了我們的學校，這讓我覺得自己很羞愧。我沒有辦法控制自己。我在哭，我母親也在哭，但我父親則堅持說：「妳會繼續上學。」

對他來說，學校的關閉等同於事業的結束。男子學校會在寒假結束後繼續營運，但女子學校的關閉象徵著我們的收入將銳減。學校該支付的費用超過半數都已經到齊了，我父親花了最後幾天四處籌錢以支付房租、水電費帳單及老師們的薪水。

那夜，空氣中砲聲隆隆，我因此被吵醒三次。隔天早上一切都變了。我開始思考，也許我應該去白沙瓦或國外繼續進修，或者也許我可以請老師們在我們家裡開一間祕密學校，就像在塔利班統治下的阿富汗人所做的一樣。在這之後，我盡可能地上電臺或電視節目。「他們可以阻止我們上學，但他們無法停止我們學習。」我說。我說的話聽起來充滿希望，但在心裡深處其實憂心忡忡。我陪父親一起到白沙瓦，也走訪了很多地方，告訴人們究竟發生了什麼事。我諷刺塔利班欣賞女教師或女醫生，然而卻不讓女孩子們到學校上課學習，那她們要怎麼踏進那個行業？

有一次，穆斯林．汗說女孩子不應該上學和學習西方文化。這位住在美國很長一段時間的男人居然敢說這種話！他堅持他會研究出自己的教學系統。「捨棄聽診器及溫度計，穆斯林・汗想用什麼東西去代替？」我父親問，「有什麼東方的醫療器具能夠治病嗎？」塔利班反對教育，是因爲他們認爲如果一個孩子讀書、學英文或研讀科學，他或她就會被「西化」。

但我說：「教育就是教育。我們應該無所不學，然後選擇一條想走的道路。」教育與東方或西方等區域無關，它是屬於全人類的。

我母親經常告誡我，當我在媒體上說話時，要記得把臉遮起來，因爲在這個年紀我應該要遵守婦德，而她很擔心我的人身安全。但她從不會阻止我去做任何事。那是一段充滿恐怖與懼怕的時期。人們常說塔利班可能會殺了我父親，但不會對我下手。「馬拉拉是個孩子，」他們會說，「就算是塔利班也不會殺小孩。」

但我的祖母沒辦法如此信誓旦旦。每當祖母看見我在電視上說話，或看到我準備要出門，她就會祈禱：「眞主啊，請讓馬拉拉成爲像班娜姬・布托一樣的人，但請不要讓她跟班娜姬一樣短命。」

在我的學校關閉以後，我繼續寫我的部落格。在女子學校被禁四天後，有五所女校被摧毀了。「我非常驚訝，」我這麼寫，「既然這些學校都已經關門了，爲什麼還要摧毀它們呢？在塔利班訂立的期限到了之後，沒有一個人再去上學了。對此，軍隊什麼事也沒有做。他們坐在山丘上的碉堡中發呆。他們宰殺羊隻，大快朵頤。」我還寫到在毛拉FM宣布時間後，人們會集體去欣賞鞭刑，而且不管你走到哪裡，都看不到半名警察。

有一天，我們接到一通來自美國的電話，電話的那頭是一名史丹福的學生。她的名字是西莎・沙依德，她的故鄉是伊斯蘭堡。她看過《紐約時報》拍的紀錄片「**在史瓦特河谷的最後一堂課**」[84]，然後想辦法找到了我們。我們見識到了媒體的力量，而她成爲了我們的有力支柱。我父親喜不自勝，對我在紀錄片裡面的表現充滿驕傲。「你看看她，」他告訴亞當・艾利克，「你不覺得她生來就是要翱翔天際的嗎？」有時候父親們說出口的話，會讓兒女們覺得非常害羞。

亞當把我們帶往伊斯蘭堡。這是我第一次來到這裡。伊斯蘭堡是一個很漂亮的地方，隨處可見的平房及寬廣的道路看起來都很舒適，但它完全沒有像史瓦特的天然美景。我們親眼看到了兩軍曾經在此對峙的紅色清真寺，與非常寬敞的憲法大道（Constitution Avenue），以及在大道另一頭，有潔白柱廊的國會大廈與總統官邸，現在住在裡面的人是扎爾達里。穆沙拉夫將軍流亡到倫敦了。

我們去逛商店，我在那裡買了學校的課本，亞當則買了一些美國影集的DVD送我，例如「**醜女貝蒂**」[85]，片中女主角雖然戴著超大牙套，但更有一個寬大的心胸。我喜歡這部戲，也夢想有一天能夠跟女主角一樣，在紐約的雜誌社上班。我們參觀了洛克維爾薩博物館，能夠再一次讚賞我們國家的歷史文物相當令人開心。我們在史瓦特的博物館已經關門了。在外面的階梯上，一個老人在販售爆米花。他跟我們一樣都是普什圖人，當我父親問他的故鄉是否爲伊斯蘭堡時，他回答：「你覺得伊斯蘭堡有可能會是屬於我們普什圖人的嗎？」他說他來自莫瑪德，部落地區

---

84 原文「Class Dismissed in Swat Valley」

85 原文「Ugly Betty」

之一，但因爲一場軍事行動的緣故而逃來這裡。我看到眼淚從父母的眼中落下。

許多建築都用水泥牆包覆起來，許多檢查哨沿路盤查過往車輛，以防止自殺炸彈客的攻擊。在回家的路上，當巴士行駛到一個坑洞時，我那本來在睡覺的弟弟卡須爾猛地驚醒過來。「剛剛那個是爆炸嗎？」他問。這就是充斥我們日常生活的恐懼。任何風吹草動或噪音都可能是炸彈或槍砲。

在這短暫的旅途中，我們暫時把史瓦特的問題拋在腦後。但當我們進入故鄉山谷時，那些威脅與危險也跟著回來了。縱使如此，史瓦特還是我們的家，我們還不準備撤離。

回到明戈拉，當我睜開眼時，我見到的第一樣物品是我的制服、書包和數學用具組。我很難過。前往伊斯蘭堡的旅程是一次美妙的休憩，但眼前現在的一切，才是我的眞實人生。

14
一種有趣的和平

當我兩個弟弟的學校在寒假結束、重新開學時，卡須爾說他寧可跟我一樣待在家裡。我很生氣。「你根本不知道自己有多幸運！」我告訴他。沒有學校能去上課的感覺很奇怪。我們家甚至連電視都不見了，那是在我們去伊斯蘭堡的時候被偷的，小偷利用我父親的「逃生梯」跑進家中。

有人送了我一本作家保羅・科爾賀所寫的《牧羊少年奇幻之旅》，這是一本寓言故事，描述一名牧羊少年長途跋涉到金字塔去尋找寶藏，到頭來卻發現寶藏一直都在他家裡。我喜愛這本書，一讀再讀。書中寫到：「當你眞心渴望某樣東西時，整個宇宙都會聯合起來幫助你完成。」我不認爲保羅・科爾賀有遇過塔利班或我們這裡的無能政客。

過去我並不知道，原來海・卡卡爾會私下與法茲魯拉及他手下的將領們會談。他是在訪談時認識他們的，他希望他們能夠針對禁止女孩接受教育一事，重新考慮。

「聽我說，毛拉那，」他跟法茲魯拉說，「你殘殺人民，你屠殺人民，你砍掉人民的頭，你摧毀許多學校，但依舊沒有巴基斯坦人起來抗議。不過當你禁止女孩接受教育時，人們出聲了。

即便是一直以來對你都很友善的巴基斯坦的媒體，都發出了怒吼。」

來自整個國家的壓力奏效了，法茲魯拉同意鬆綁禁令：十歲以下的女孩可以接受教育——也就是到四年級爲止。雖然我五年級，但我們有些人假裝自己年紀更小。我們又開始去上學，穿著便服，把我們的書本藏在披巾底下。這件事情有風險，但那是我當時唯一的想望。很幸運的是，瑪麗安女士很勇敢，面對外界的壓力依舊繼續工作。她從十歲開始就認識我的父親，兩人彼此之間完全信任對方——以前，當我父親話講得太久時，她都會提醒他該閉嘴了，我父親常這樣！

「祕密學校就是我們沉默的抗議。」她告訴我們。

我沒有在我的日記裡提到這件事。如果他們抓到我們的小辮子，就會對我們施以鞭刑，甚至會像殺死莎芭娜那樣屠殺我們。有些人怕鬼魂、蜘蛛或是毒蛇——在那些日子裡，我們懼怕我們的人類同胞。

在去學校的路上，我偶爾會撞見戴著休閒帽，留著一頭骯髒長髮的塔利班。多數時候，他們會藏起五官。他們模樣可怕，看起來也很難對付。明戈拉的街道非常空曠，因爲三分之一的居民離開了這座河谷。我父親說不能怪百姓們選擇離開這裡，因爲政府毫無作爲。現在有一萬兩千名軍隊士兵駐紮在這個地區——是他們估計的塔利班人數的四倍——還有坦克車、直升機和其他的尖端兵器。然而卻有七成的史瓦特還在塔利班的掌控之下。

約一個星期之後，我們回到學校，在二〇〇九年二月十六日，我們在夜晚被槍砲聲驚醒。以前，依照民族的傳統，我們會在慶生或是婚宴等慶典上，以來福槍對空鳴砲，但在這個情勢緊張的時刻，一切都中止了。因此一開始，我們以爲災難臨頭。但接著我們聽到了消息，那些槍聲的確是慶祝。塔利班與現在由人民國家黨而非毛拉統治的省政府，締結了和平協定。政府同意在史瓦特全區施行伊斯蘭律法，代價是武裝分子要停止攻擊人民。塔利班同意休戰十天，另外，作爲一個和平的象徵，他們釋放了一個中國籍的電話工程師，這是他們六個月以前綁票綁來的。

我們也很開心——我和父親經常希望能締結和平協定——但我們質疑它會如何運作。人們希望塔利班能夠安定下來，回到他們的家鄉，過回平靜的國民生活。他們說服自己，在史瓦特施行的伊斯蘭律法會與在阿富汗施行的方式不同——我們會保有自己的女子學校，也不會出現道德警察干涉我們過日子。史瓦特依舊會是史瓦特，只不過司法系統不一樣而已。我很想相信這樣的話，但我仍然心有疑慮。我認爲，**系統如何運作，與監督它的人有絕大的關係。誰監督？塔利班。**

我很難相信這一切都結束了！超過數千名的百姓和警察被殺害。女性被「婦德」兩字綑綁，學校與橋梁被炸毀，多種商業行爲消失。我們承受過野蠻的群眾法庭和充滿暴力的司法制度，永遠活在恐懼中。現在，這一切都將劃下句點。

吃早餐時，我向弟弟們建議，以後我們應該多聊點和平的事情，不要再去談戰爭了。一如往常，他們忽視我的意見，繼續玩起他們的戰爭遊戲。卡須爾有一臺玩具直升機，阿塔爾有一把紙做的手槍，他們其中之一會大叫「發射！」另一個則是「就位。」我才不管他們。我去看自己的制服，很開心自己馬上就能正大光明地穿著它。我們的女校長通知我們，三月份的第一個星期會有考試。是時候回去跟我的課本們打交道了。

我們的快樂時光很快就結束了。不過區區兩天之後，我在泰姬瑪哈旅館的頂樓接受採訪，訪問我的是一位有名的記者哈米德・米爾，聊的內容主要與和平協定有關。我們忽然接到通知，另一名我們都認識的電視記者被殺了。他的名字叫做慕沙・汗・凱爾，他以前常訪問我父親。那天他去採訪由蘇非・穆罕默德領頭的和平遊行。其實那不全然算是遊行，更像是車隊大會串。在那之後，慕沙・汗的屍體在附近被發現。他身中數槍，喉嚨被切開了一部分。他當時二十八歲。

當我們告訴母親這個消息之後，她非常難過，掛淚入眠。她擔心和平協定才簽完不久，暴力又要再一次侵襲我們的河谷。和平協定只是一場美夢嗎？她不知道。

幾天過去，就在二月二十二日，副局長薩厄德・賈維德在位於明戈拉的史瓦特記者俱樂部，宣布了一份「永久停戰」協議書。他呼籲所有史瓦特人回歸故里。塔利班的發言人穆斯林・汗稍晚確定了這則消息：他們同意無限期停火。總統扎爾達里會在和平協定上簽名，讓它具有法律效力。政府甚至同意針對罹難者家屬發送慰問金。

史瓦特的所有民眾都歡天喜地，但我比大家更開心，因爲這表示學校將會正式重新開張營運。塔利班說，在停戰同意書簽署完成後，女孩子們可以正常上學，條件是要戴面紗並遮蔽好自己的身體。我們說，如果這就是你們要的，那沒問題，只要能讓我們過自己想過的日子就好。

並非每個人都樂見那份協議書。我們的美國盟友氣憤難當。「我認爲巴基斯坦政府，基本上是想要把統治權讓位給塔利班及那些激進分子。」美國國務卿希拉蕊・柯林頓這麼說。美國人擔心這份協議書等同於投降。一份巴基斯坦的報紙《黃昏報》[86]發表了一篇社論，上頭提到這份協

86 原文「Dawn」

議傳遞出「一個悲慘的訊息——跟國家的軍隊開戰吧！你想要什麼它都會滿足你，而且你用不著付出任何代價。」

但開口說話的這些人都不住在這裡。我們渴望和平，誰願意帶給我們和平都沒關係。在我們的例子裡，這個「誰」就是一臉白鬍的武裝分子，他的名字叫做蘇非・穆罕默德。他在迪爾舉辦了「和平營」，並在那裡建立了我們最有名的清眞寺「塔布里・馬可斯」[87]，如同他是我們國土的眞正主人一樣。他擔保塔利班會放下他們的武器，和平將降臨這座河谷。人們帶著敬重的心情來探訪他並親吻他的雙手，因爲他們已經對戰爭與自殺炸彈客感到厭煩。

在三月份時，我停止更新我的部落格，因爲海・卡卡爾認爲已經沒有什麼好贅述的了。但對我們來說，恐怖的事情並未改變。若眞要說有什麼變化，就是塔利班變得比以往更爲野蠻。他們現在是國家認可的恐怖分子了。我們的幻想破滅，滿懷失望。和平協議不過只是海市蜃樓。有一天晚上，塔利班在我們的街道附近舉辦了我們稱之的遊行。他們持槍棍四處巡邏，儼然已如軍隊。

他們依舊會去耆那市集巡邏。有一天我的母親去那兒採買，因爲我的堂姊要結婚了，她想要爲她的婚禮買點東西。一名塔利班跟她們攀談，同時擋住了她們的去路。「如果我再看到妳們頭戴圍巾而不是穿著罩袍，別怪我出手打妳們。」他說。我母親不是那種容易害怕的類型，她語氣沉著。「好，沒有問題。以後我們都會穿罩袍。」她告訴他。我的母親都會遮起她的頭臉，但穿

87 原文「**Tabligh Markaz**」

罩袍不是我們普什圖人習俗的一部分。

我們還聽說塔利班攻擊了一家商店的老闆，因爲一名沒有男伴陪同的女性在他的美容用品店裡要買口紅。「市場上的旗幟上寫得很清楚：店內嚴禁出現沒有男性親戚陪同的女人，看來你沒把我們放在眼裡。」他們說。老闆因此被打得很慘，沒有人出面幫他。

有一天，我看到父親與他的朋友用手機在看一段影片。那是很驚人的一幕。一個穿著黑色罩袍與紅色長褲的青少女面朝下趴在地上，一名戴著黑色頭巾的蓄鬍男子在光天化日之下鞭打她。「請你住手！」在每一鞭即將落下之際，她用普什圖語苦苦哀求，夾雜在尖叫與嗚咽之間，她說：「看在阿拉的份上，我快要死了！」

你能聽到那名塔利班大叫：「把她按住。抓住她的雙手。」鞭刑途中，她的罩袍一度滑脫，他們短暫停手，把罩袍移回原位後繼續鞭打她。他們總共鞭了她三十四下。群眾一旁聚集，但什麼也沒做。其中一名女子的親戚甚至主動幫忙壓住她。

幾天之後，到處都看得到這段影片。一名住在伊斯蘭堡的女電影製作人拿到了這支影片，並在巴基斯坦的電視節目上一次又一次播放，不久後，全世界都看到了這支影片。人們當然十分憤怒，但這樣的反應對我們來說很莫名，因爲這顯示他們根本不知道我們的河谷裡到底發生過多少可怕的事情。我希望他們的憤怒能夠延燒到塔利班禁止女性受教育一事之上。首相尤瑟夫・拉薩・吉拉尼（Yusuf Raza Gilani）召開調查會議，並發出聲明，女孩子不該接受鞭刑，這有違伊斯蘭教義。「伊斯蘭教義告訴我們，對女性要以禮相待。」他說。

有些人甚至宣稱這支影片是僞造的。其他人則說，這個鞭刑事件發生在一月，早在和平協議之前，現在公開這部影片的目的就是為了要破壞和平協議。但穆斯林．汗確立了影片的眞實性。「她離開自己的家，身旁的男人卻不是她的丈夫，因此我們懲罰她，」他說，「有些界線是不能夠被跨越的。」

約略在同一時間，四月初，另一位知名的記者扎希德．胡薩尹來到史瓦特。他去副局長的官邸拜訪，發現他正在主持一場晚宴，貌似在慶祝塔利班成功奪得政權。裡頭有多名資深塔利班指揮官，一旁還有攜槍自衛隊，穆斯林．汗也在現場，就連法克利．穆罕默德（Faqir Mohammad）都到了。他是巴焦爾特區的武裝分子的首領，他和軍隊的那場血戰仍在進行。法克利的人頭值二十萬賞金，然而他卻坐在一名政府官員的家中享用晚餐。我們還聽說，一名軍隊的准將在法茲魯拉的引導下做了禮拜。

「一山不容二虎，」我父親的一位朋友說，「一塊土地上不可能有兩個國王。現在誰當家——政府還是法茲魯拉？」

但我們仍相信和平。每一個人都很期待四月二十日那場盛大的戶外公眾集會，屆時蘇非．穆罕默德會對史瓦特的觀眾致詞。

那天早上我們都留在家裡。我父親和我的弟弟們都站在外面，一隊青少年塔利班走過，他們的手機播放著勝利的曲調。「看看他們，爸爸，」卡須爾說，「如果我有一把突擊步槍，我會把他們殺光。」

那是一個完美的春日。每一個民眾都很興奮，因為他們希望聽到蘇非．穆罕默德宣布和平與勝利的到來，然後要求塔利班們放下他們的武器。我父親沒有參加那場集會。他從沙羅斯學院的屋頂遠眺。這所學校是由他的朋友阿梅德・夏經營的，他和其他行動主義人士常在晚上約在那裡碰頭。這座屋頂能看見整個舞臺，因此有一些媒體也把他們的照相機架在這裡。

現場的群眾很多——在三萬到四萬人之間——戴著頭巾，唱著塔利班和吉哈德[88]的歌曲。我父親說「這根本就是純塔利班式的哼唱」。像他這種崇尚「自由進步」[89]精神的人並不喜歡這種歌唱和吟詠。他們認爲這是一種劇毒，特別是在這樣的時刻。

蘇非・穆罕默德坐在舞臺上，排成一長列的人等著向他致敬。會議以朗誦〈勝利之章〉（Chapter of Victory）——它是《可蘭經》的其中一個章節——揭開序幕。接著是來自我們河谷地區中的五個區域——科西斯坦、馬拉康德、香拉、上迪爾及下迪爾——的不同領導者發表演講。他們都十分熱情，因爲每個人都希望被選爲所在地區的「埃米爾」[90]，如此一來他們就可以負起施行伊斯蘭教義的責任。不久後，這些領導者不是被殺，就是被關進大牢，但當時他們滿腦子只有權力欲望。因此每個人的言詞中均充滿權威，盛大慶祝就如同先知終於征服了麥加時的氣

88 原文「**jihadi**」。在伊斯蘭教中，吉哈德（**Jihad**）的原意是「掙扎」，此部分分為內在的掙扎與外在的掙扎。內在的掙扎指的是信仰者應該盡力去完成他的宗教職責。外在的掙扎則有多種解釋。其一為當穆斯林遭受迫害或抵制時，應起身反抗；其二為穆斯林應起身對抗宗教的敵人。此部分可以分為武力手段與非武力的手段如辯論或書寫。此詞亦有人擴大解釋為「聖戰」，但此種解釋方法並未受到一致性的認可。

89 原文「**Liberal progressive**」。此種左傾的思想起源於十六世紀，中心理念為「以個人的自由為根基，政府的介入乃是為了改善人民的生活。」簡單來說，就是「自由主義」中應包含「社會正義」。

90 原文「**amir**」，領導者之意。

氛一樣，但先知當時的演講是關於原諒，而非殘酷的勝利。

接下來就輪到蘇非・穆罕默德出場了。他算不上是一名好的演說家。他年紀很大，看起來健康狀況又欠佳，結果斷斷續續囉嗦了四十五分鐘。他開口說出的話完全在大家的預料之外，就好像他嘴裡裝上了別人的舌頭一樣。他形容巴基斯坦的法院「很不伊斯蘭教」，並說：「我認為西方的民主政治是異教徒妄加在我們身上的一種體制。伊斯蘭教義不會允許民主或選舉的存在。」

針對教育，蘇非・穆罕默德一句話也沒提。他沒有要求塔利班放下武器，離會所遠一點。相反地，他似乎在要脅整個國家。「等著吧，我們要來伊斯蘭堡啦。」他大喊。

我們都很震驚。這就像是你把水澆到熊熊大火上——火焰忽然熄滅了。人們極度失望，並開始咒罵他。「惡魔說了什麼話？」人們問。「他不要和平，他要更多殺戮。」我母親說得最好。「他有機會當一名歷史英雄，但他不要。」她說。我們返家時的情緒，正好與我們出門要去參加集會時的感受成反比。

那天晚上，我父親在地理頻道上發言時，他告訴卡姆朗・汗說人民原先高度期待，現在則失望透頂。蘇非・穆罕默德沒有做他該做的事情。他應該要簽署和平協議，然後透過演講呼籲彼此和解，同時終結暴力。

對於所發生的事情，民眾提出了各種不同的陰謀論。有些人說蘇非・穆罕默德瘋了。其他人則說他被要求發表這場演說，同時也受到了警告：「如果你不照著做，會有四或五名自殺炸彈客把你跟在場的每一個人都炸成碎片。」民眾說在他上臺說話之前，他看起來心事重重。他們咕噥著那些幕後的黑手和看不見的勢力。「有什麼差別嗎？」我心想，「重點是，我們已經變成了一個塔利班國家。」

我父親的生活又開始忙碌，他四處參加研討會，告訴大家塔利班給我們帶來了什麼問題。如果把它看成單一問題，正如同我們省分的新聞部長說塔利班化是國家的政策所帶來的結果。我們訓練出這些武裝分子，接著把他們送往阿富汗，一開始對抗俄國人，接著對抗美國人。「如果最初，我們沒有在他國勢力的命令下，把槍枝放進這些伊斯蘭學生的手中，我們現在就不用面對這場發生在部落區與史瓦特的大屠殺了。」他說。

很快地，情況逐漸明朗，美國人一開始對這份協定的看法是正確的。塔利班認爲巴基斯坦政府已經投降，因此他們可以爲所欲爲。他們湧入布納（Buner），位於史瓦特東南方的下一個地區，距離伊斯蘭堡不過六十五英哩之遙。布納的居民一向排斥塔利班，但地方當局命令他們不得反抗。當武裝分子持火箭炮和槍枝抵達時，警察棄守了他們的職位，宣稱塔利班有「精良的武器」，人民也跟著逃離。塔利班在所有地區都設置了遵循伊斯蘭教義的法庭，並透過清眞寺的佈道呼籲當地年輕人加入他們的行列。

就像他們在史瓦特的作爲一樣，他們焚燒電視、繪畫、DVD和錄影帶。他們甚至控制了一個蘇菲派[91]的聖人——皮爾・巴巴（Pir Baba）的聖殿，這是一個朝聖的地點。人們會造訪此地來祈求心靈上的引導、治療病痛，或甚至子女婚姻的幸福。但現在這裡被上了鎖，拴上大門。

91 原文「**Sufi**」。蘇菲派（或蘇菲主義）是伊斯蘭教的支流之一。他們崇尚心靈的修行，希望藉由苦行來接觸真主。由於修行方式有別於一般穆斯林，部分反對者認為他們已經脫離了伊斯蘭教的範疇。

住在巴基斯坦下部地區的人民非常驚慌，因爲塔利班已逐步進逼首都。每一個人似乎都看過那支影片，影片中穿著黑色罩袍的女孩不停被鞭打，她問說：「這就是我們想要的巴基斯坦嗎？」武裝分子殺死了班娜姬、炸掉了國家最著名的旅館，利用自殺炸彈客攻擊，殺掉了數以千計的人、到處砍人的頭，以及毀掉了好幾百間的學校。軍隊和政府還要忍受多久才會尋思反擊？

在美國華盛頓，總統歐巴馬所率領的政府才剛剛宣布要增援兩萬一千名士兵進入阿富汗，以扭轉對塔利班戰爭的局勢。但現在，比起阿富汗，他們對巴基斯坦有更多警戒。不是因爲像我這樣的女孩或我們學校的因素，而是因爲我們國家擁有超過兩百顆核子彈頭，而他們很擔心這些彈頭的控制權會落在誰的手上。他們考慮停止數十億美金的金援，改以增派士兵代替。

五月初，我們的軍隊展開了「眞理之路行動」，要驅逐在史瓦特的塔利班。我們聽說他們利用直升機在北邊的山脈空降了數百名的突擊隊隊員。駐紮明戈拉的士兵也增加了。這一次他們要徹底掃蕩這座城鎮。他們用麥克風宣布所有的住民都應暫時離開居住地。

我父親說我們應該留下。但槍砲聲在多數的夜裡都嚇得我們睡不好覺。每個人都陷入持續不斷的焦慮狀態。有一晚，我們被尖叫聲喚醒。我們最近添了一些寵物——三隻白雞和一隻白兔。兔子是卡須爾的朋友送他的，我們任牠在家裡隨處活動。阿塔爾當時只有五歲，他很喜歡那隻兔子，所以牠常常就睡在我父母的床下。但牠也常到處撒尿，因此那天晚上我們把牠放到戶外。大約是午夜左右，一隻貓經過，殺死了牠。我們都聽見了牠悽慘的哀號。阿塔爾不停哭泣。「等太陽出來以後，我明天就要給那隻貓上一堂課，」他說，「我要殺死牠。」這聽起來是個不祥的預兆。

15

離開河谷

離開河谷比任何我之前做過的事情都要難上許多。我還記得我祖父以前常唸誦的一首拓帕：

「普什圖人不會自願離開他的土地／他要不就是因為貧窮，要不就是因為愛。」現在，我們因爲詩人從來沒有想像過的第三個理由被趕走——塔利班。

離開我們的家，讓我覺得心如刀割。我站在屋頂凝望遠山，亞歷山大大帝曾登上被白雪覆蓋的愛隆姆山頂，他在那裡碰觸到了木星。我看著群樹正在發芽。今年，我們家那顆杏桃樹的果實會進入其他人的口中吧。世界悄然靜寂，就連一根針掉在地上都能聽得見。河流和春風都沒有發出丁點聲響；就連百鳥都停止了吱喳。

我想哭，因爲我打從心底感覺到，我可能再也見不到我的家。紀錄片的製作人曾經問我，如果有一天我要離開史瓦特，永遠不再歸來，我會有什麼感覺。當時我認爲那是個笨問題，但現在我發現，所有那些我無法想像會發生的事情都發生了。我以爲我的學校不會關閉，但它關了。我以爲我們永遠不會離開史瓦特，而我們正準備要離開。我以爲有一天史瓦特會脫離塔利班的魔掌，我們可以開心地過日子，但直到現在我才意識到這件事情可能不會發生。我開始流淚。現在的局面，就好像每個人都在等別人帶頭去做點什麼。我堂兄的太太，蜜糖，開始抽泣，然後我們全部都哭了。但我的母親非常沉著而勇敢。

我把所有書籍和筆記本都放進我的書包，然後開始用另一個袋子打包衣物。我的腦子一片混亂。我從一個抽屜裡把長褲都拿出來，然後我從另一個抽屜裡拿出上衣，就這樣我整理出了一袋上下身完全不搭的衣服。我沒有拿任何學校的獎狀、照片或私人用品，因爲我們沿路要搭別人的車，空間很有限。我們沒有任何值錢的物品像是筆記型電腦或首飾珠寶——我們唯一貴重的物品就是電視、冰箱和洗衣機。我們過著很樸實的生活——我們普什圖人喜歡坐在地板而非椅子。我們家的牆上有洞，每一個杯、盤都有裂縫。

直到最後，我父親仍舊抗拒「離開」這件事情。然後有天，我父母的朋友在戰火中失去了親屬，因此他們去到那戶人家慰問、幫忙禱告，但沒有人敢真的走入槍林彈雨中。看見他們哀傷的面容後，我母親決定要離開。她告訴我父親：「你不一定要跟著我，但我要走，我會帶著孩子一起到香拉縣。」她知道他不會任她隻身離去。我母親受夠了槍戰和緊繃的壓力，所以她打電話給亞夫卓醫生，求他勸我父親離開。醫生和他的家人也要離開，因此願意順道載我們。我們家沒有車，幸好我們的鄰居賽費娜跟她的家人也要離開，可以順便開他們的車幫我們載一些人，而其他人就跟著亞夫卓醫生一道離開。

二〇〇九年五月五日，我們成了IDPs，國內難民（Internally displaced persons）。這聽起來很像某種疾病的名稱。

我們人數眾多——不止我們家五個人，還有我的外婆、我的堂兄、他的妻子蜜糖，還有他們的小嬰兒。此外，我的弟弟們還想帶他們的寵物雞——我養的死掉了，因爲我在冬天用冷水幫牠洗澡。縱使我後來把牠放進屋內的鞋盒幫牠保暖，還找了鄰里內的每一個人幫牠禱告，牠最後還是沒活過來。我母親拒絕讓雞跟著我們離開。「如果牠們把車上弄得一團亂該怎麼辦？」她問。阿塔爾居然提議可以幫牠們穿尿布！離開時，我們留了很多水和玉米給牠們。她又說我必須要把書包留下，因爲空間實在是太小了。我很害怕。我走過去，對著書本默唸《可蘭經》裡的經文，試著藉此保護它們。

終於每個人都準備好了。我母親、父親、外婆，我的堂兄與他的太太和寶寶，還有我那兩個弟弟，全部都擠進亞夫卓醫生的廂型車後座，車上還有他的太太與小孩。有些小孩坐在大人的膝上，更小的小小孩則坐在小孩的膝上。我比較幸運——賽費娜的車上人數比較少——但我因爲失去了自己的書包而心力交瘁。只怪我把書本分開打包，現在我只能眼睜睜拋下它們。

我們都從《可蘭經》中挑出一些章節，並做了一個特別的禮拜來保護我們甜蜜的家園與學校。然後賽費娜的父親腳踩上油門，我們就這樣慢慢駛離我們的街道、家園、學校，離開我們的小世界，走進未知。我們不知道未來是否還會再見到我們的故里。從照片上，我們看過軍隊如何在一次對抗巴焦爾的武裝分子行動中，將一切事物輾平，我們認爲，我們所熟悉的一切都將被摧毀殆盡。

街道上擁擠不堪。我從來沒看過大家如此忙碌。汽車和黃包車到處都是，騾車及卡車上也載了人和他們的行李。甚至還有機車上載了一整家人，使得全家都在努力維持機車不致翻倒。數以千計的人更是只把衣物塞在他們的背包裡，揹著就要離開。這看起來很像是整個河谷正在遷徙。

有些人相信普什圖人是一支早已失落的以色列部落的後裔，我父親則說：「情況看起來，就好像我們是要離開埃及的以色列人一樣，但我們缺了摩西領路。」多數人都不知道自己離開以後要去哪裡，他們只知道他們必須離開。這是普什圖人史上最大的一次移民潮。

正常情況下，要離開明戈拉有很多條路可以走，但是塔利班砍倒了好幾棵巨大的蘋果樹，利用它們來擋住部分的去路，因此所有的人都推擠著走同一條道路。現場真的是人山人海。塔利班持槍在道路上巡邏，也站在建築物的屋頂上看著我們。他們命令群眾把車排成一列，他們用來發號施令的不是哨笛，而是武器。「塔利班交警，」我們試著開玩笑，提振自己的精神。維持一定的間隔距離，我們肩並肩穿過了軍隊與塔利班的檢查哨。看起來，軍方又一次沒注意到塔利班就在他們眼前。

「可能他們視力太差，」我們大笑，「差到看不見他們。」

道路因車輛的擁塞而變得繁忙。旅途漫長，我們全身濕黏黏地擠在一塊。通常汽車旅行對我們這些很少出門的孩子來講，應該是場冒險之旅。但這次不同，每個人都很沮喪。

在亞夫卓醫生的汽車上，我父親正在跟媒體朋友通話，來給這場河谷版的「出埃及記」做實況評論。我母親一再要他把音量壓低，擔心塔利班會聽見他的聲音。我父親的嗓門很大，我母親常開玩笑說他根本用不著打電話，用喊的對方就可以聽得到。

總算我們穿越了馬拉坎的山隘，把史瓦特拋在了腦後。我們在天色向晚時抵達馬爾丹，這是一座悶熱而繁忙的城市。

我父親不斷對每個人強調：「過個幾天我們就會回家了。一切都會安然無恙。」但我們知道這是一句謊言。

在馬爾丹，那裡已經出現了好幾個由聯合國難民署（UNHCR）提供的帳篷所構成的巨型營地，就像那些在白沙瓦提供給阿富汗難民住的一樣。我們不打算住進營地，因爲那是一個超爛的主意。我們有將近兩百萬人逃離史瓦特，你不可能把兩百萬人塞進那些營地裡。就算我們眞能找到一頂帳篷，那裡面也太熱了，而且據說各種疾病像是霍亂的疫情正在擴散。我父親說，他聽到傳言，有些塔利班甚至會躲在帳篷裡，藉機騷擾女性。

那些有管道的人會住進當地人的住家裡，或者跟親友共住。令人訝異的是，馬爾丹與鄰近小鎭史瓦比的住民居然有辦法收容四分之三的國內難民。面對這些難民，他們打開了住家、學校及清眞寺的大門。在我們的文化裡，女性被要求不得與跟她們沒有親戚關係的男人攪和在一起。爲了維護女性的婦德，這些款待難民的家庭裡的男人甚至得離開自家，去別的地方住宿。他們成了自願的國內難民。這是一個關於普什圖人到底有多好客的驚人案例。我們確信，如果這次的大舉移民是由政府主導，會有更多的人死於饑荒和疾病。

因爲我們在馬爾丹沒有親戚，我們決定繼續趕路，前往香拉縣，我們的家族很多人都住在那裡。雖然到目前爲止，我們走的是相反方向，但我們必須抓住這唯一的搭便車機會，離開史瓦特。

第一個晚上，我們住在亞夫卓醫生的家。後來我父親離開我們，動身前往白沙瓦，警告人們發生了什麼事。他與我們約定之後於香拉縣再會。我母親盡全力說服他和我們一起行動，但他拒絕了。他想讓白沙瓦與伊斯蘭堡的人知道國內難民過的是怎麼樣的苦日子，同時軍隊依舊無所事事。我們向他道別，非常擔心可能再也見不到他了。

隔天我們搭便車前往阿巴塔巴（Abbottabad），我祖母的家族住在那裡。我們在那兒遇見了我的堂哥卡安吉，他跟我們一樣朝北走。他在史瓦特經營一家青少年旅社，有七或八個男孩要跟著他一起搭長途巴士到科西斯坦。他打算前往貝沙姆（Besham），到了那裡之後我們還要再搭一次順風車才能到香拉縣。

因爲沿途多條道路受堵，我們抵達貝沙姆時已是夜晚時分。我們在一間便宜的骯髒旅館過夜，我的堂哥則試著幫我們找輛廂型車載我們去香拉。一個男人走得太靠近我母親，她脫下自己的鞋子打了他一次又一次，他總算逃走了。當時她打得太用力了，事後她檢查時才發現鞋子壞了。我一直都知道我母親是一名堅強的女人，但我看著她，心裡升起了一股全新的敬意。

要從貝沙姆走到我們的村莊不是件易事，我們得帶著所有的行李徒步二十五公里才到得了。在一個檢查哨，我們被軍方攔下，對方告訴我們不能再往前走了，我們必須掉頭。「我們的家在香拉縣。你要我們回去哪裡？」我們苦苦哀求。我祖母開始哭泣，說她的人生從來沒有落入這麼悲慘的田地過。最後，他們終於讓我們通過。到處都是軍隊與他們的機關槍。因爲宵禁與檢查哨的緣故，路上所有車輛都是軍方的。我們很害怕軍方在不知道我們身分的情況下，就對我們開槍。

當我們抵達村莊時，我們家族的成員看到我們都很訝異。每個人都認爲塔利班會回到香拉縣，所以他們沒辦法理解爲什麼我們不留在馬爾丹。

我們留在我母親長大的村莊卡夏特，與我的舅舅費茲・穆罕默德及他的家人住在一起。我們得跟親戚借衣服穿，因爲我們帶的並不多。我很高興能和表姊姍菠待在一起，她大我一歲。在我們都安頓好之後，我開始和她一起去上學。我之前讀六年級，但我現在跟姍菠一起念七年級。因爲村裡多數的同齡女孩都沒來上學，所以那年級的女孩只有三位。由於學校的教室和員工都不足，沒辦法各別教導三個女孩，因此我們跟男生一起上課。我和其他女孩不同，我不會遮起自己的臉，而且我會跟所有老師談話、問問題。但我試著表現出順從而有禮，我的回答總是：「遵命，先生。」

走路到學校得花上半小時，而我不習慣早起，所以第二天我們就遲到了。當老師用藤條打我的手心以示懲戒時，我感到震驚，但轉念一想，至少這表示他們接受了我，對我一視同仁。我的舅舅甚至給我零用錢，讓我能在學校買點心吃——在明戈拉，學校賣的是糖果和薯片，它們這裡賣的零嘴則是小黃瓜與西瓜。

有一天在學校，那天是家長日，還有頒獎典禮，所有的男孩都被鼓勵發表演說。有些女孩也參加了，但不是在大眾面前。女生們只要在教室裡面對麥克風說話，我們的聲音就會被傳送到大廳去。但我習慣在群眾前演說，所以我走了出去，在所有的男孩面前朗誦了一首**納特**[92]，是一首我用來讚美先知的詩詞。接著我問老師是否可以多唸些詩句。我唸了一首詩，它的主旨是「認眞工作，以達成你心中的渴望。」「一顆鑽石得經過無數次的切割，才能成爲一小顆寶石。」我說。在那之後我提到了跟我同名的「麥萬的馬拉賴」，她的能力和力氣抵得過幾百幾千名英勇的

92 原文「**naat**」

男人，因爲她那寥寥幾行的詩句，足以改變世界，導致英國最後戰敗。

聽眾裡的人群滿臉驚訝，我在想他們要不是覺得我過度賣弄，要不就是他們怎麼也不明白，爲什麼我的臉上沒戴面紗。

我很喜歡和表姊妹們相處，但我還是忘不了我的書本。我不停想起我在家鄉的書包裡有《孤雛淚》和《羅密歐與茱麗葉》等著我去研讀，書架上的「醜女貝蒂」DVD也讓我難以忘懷。但現在，我們正在上演自己的人生戲碼。我們曾經過得那麼快樂，但一個很糟糕的東西入侵了我們的生活，而我們現在還在等快樂的結局。當我抱怨我那些書時，我的弟弟們就會嘀咕起他們的雞。

我們在收音機上聽見消息，軍隊已經開始在明戈拉作戰。他們空降了不少士兵，街上到處可見兩軍徒手搏擊。塔利班把旅館和政府建物當作碉堡使用。經過四天的奮戰後，軍方拿下三座廣場，其中包含塔利班經常用來展示被他們斬首的被害者屍體的綠色廣場。接著他們占領機場。一個星期之內，他們奪回了這座城市。

我們依舊擔心父親的情況。在香拉縣，手機很難有收訊。我們得爬上田野中的一塊巨石，但即便如此，手機的收訊狀況也很難超過一格，我們極少有機會能跟他說到話。但在我們抵達香拉縣約六個星期後，我父親說我們可以到白沙瓦一趟，他在那裡與三個朋友共住一個房間。

能再次見到他，讓人非常激動。在我們又一次成爲一個完整的家庭後，我們往南旅行到伊斯蘭堡，我們在那裡與西莎的家人待在一起，她就是那名從史丹福大學打電話給我們的女士。當我們住在那裡的時候，聽聞美國派駐巴基斯坦及阿富汗的使節——理查・霍布魯克（Richard

Holbrooke）大使，在塞雷娜飯店舉辦了一場會議，聊近日內所發生的衝突事件。我和父親都順利出席。

我們差點遲到，因爲我忘了調好鬧鐘，我父親氣得幾乎不跟我搭話。霍布魯克是一名高大、粗暴、滿臉通紅的男人，但人們說他爲波士尼亞（Bosnia）帶來了和平。我坐在他的隔壁，他問我幾歲。「我十二歲。」我回答他，同時想辦法讓自己看起來越高越好。「尊貴的大使，我請求你，請幫忙讓我們女孩也能受教育。」我請求他。

他大笑。「你們已經有很多麻煩了，而我們也爲你們做了很多，」他回答，「我們已經挹注了幾十億美金作爲金融救援；我們跟你們的政府合作提供電力、瓦斯……但你們的國家面臨了非常多問題。」

我接受了一個名爲「力量99」的電臺訪問。他們很喜歡那集的內容，同時告訴我們，他們在阿巴塔巴有一間招待所，我們想要的話可以過去。我們留在那裡一個星期，令我很開心的是，我聽說莫妮芭也在阿巴塔巴，還有另一位老師和朋友也在這兒。我和莫妮芭從最後那天的吵架之後就沒有說過話，遠在我們成爲國內難民之前。我們約好在公園相見，我帶了百事可樂和餅乾要給她。「那都是妳的錯。」她告訴我。我同意，而且我不介意，我只是還想要她這個朋友。

我們留在招待所的一週很快就結束了，我們轉往哈利普爾，我有一個姑姑住在那裡。這是我們兩個月以來所換的第四座城市。我知道我們過的日子比那些住在難民營裡的人來得好，他們得在大太陽底下排隊好幾個小時，只爲領取食物和飲水，但我想念我的河谷，我在那裡度過了十二歲的生日。沒有人記得，就連我父親都忘了，他成天忙著東奔西跑。我很難過，回想起我十一歲

第三部

三顆子彈，三個女孩

سر د په لوړه تیګه کېږده   پردي وطن دي په کښې نشته بالختونه

Sir de pa lowara tega kegda

Praday watan de paki nishta balakhtona

噢，旅行者！把你的頭枕在鵝卵石上歇一會兒吧，

這裡是外地——不是你的國王統治的城市！

16

悲傷之谷

一切都像是一場惡夢。我們已經離開故鄉的河谷近三個月了。我們往回頭的路駛去，沿途行經邱吉爾的防禦堡壘，行經山丘上的古老遺跡和巨大的佛塔，我們看見了寬廣的史瓦特河後，我父親開始抽泣。史瓦特看似完全受軍方支配。我們搭的車甚至得先經過爆炸物檢查哨，才能往馬拉坎山隘前進。一旦我們到了另一邊，往山谷下方駛去時，到處都有軍方的檢查哨，士兵早已在許多屋頂上架好了他們的機關槍。

當我們開車穿越村落，我們看見許多建築的廢墟和燒毀的車輛。這讓我想起早期的戰爭電影或是我弟弟卡須爾愛玩的電玩遊戲。當我們抵達明戈拉時，我們十分震驚。軍方和塔利班逐街作戰，導致幾乎每一面牆上都是坑坑洞洞、彈痕處處。還有一些塔利班拿來藏身的焦黑建築瓦堆，和成堆的建築殘骸、彎曲的金屬與被砸爛的招牌。那些還沒被劫掠的商店，大多數是因爲有沉重的金屬百葉窗。城市一片靜寂，杳無人煙或車影，就像瘟疫降臨一般。最奇怪的景象是巴士招呼站。正常情況下，這裡應該滿是巴士和黃包車擠得一團亂，但現在則是完全廢棄的狀態。我們甚至看到人行道磚的裂縫中長出了雜草。我們從未見過自己的城市變得如此悽慘。

但至少我們沒有看見塔利班。

那是二〇〇九年的七月二十四日，在我們的總理宣布塔利班已經被消滅殆盡的一個星期之後。他保證瓦斯的供給已經恢復，銀行已重新營運，呼籲民眾回來史瓦特。到最後，多達一千八百萬人口的史瓦特，有一半民眾離開了我們的河谷。就我們所知，多數人都不覺得這裡已經安全。

當我們離家越來越近，我們變得越是沉默不語，就連我最小的弟弟阿塔爾這個長舌公也是。我們家鄰近環形屋，那是軍方的總部，所以我們很擔心家已經在砲火的攻擊下被摧毀。我們也聽說很多房屋都被洗劫一空。當我父親卸下大門的門鎖時，我們都屏息以待。我們看到的第一件事情，就是離開三個月之後，我們的花園現在變成了叢林。

我的弟弟們馬上衝去查看他們的寵物雞。他們回來時滿臉淚痕。兩隻雞留下的只有一堆羽毛和牠們纏繞在一起的小小屍骨，彷彿牠們是相擁而死的。牠們是餓死的。

我爲弟弟們感到很難過，但我有自己的東西要確認。我很開心我的書包和裡面的書本都還在，我感謝上天應允了我的請求讓它們完好無缺。我把書一本一本拿出來，仔細地凝視它們。數學、物理、烏爾都語、英語、普什圖語、化學、生物、**伊斯蘭米亞特**[93]，也就是伊斯蘭宗教研習，是巴基斯坦人的必讀書本。我終於能夠無所畏懼地回去學校了。

然後我走過去坐在床上。我不知所措。

93 原文「**Islamiyat**」

我們很幸運，房子沒有被入侵。這條街上有四或五家房子都被搶了，電視和金銀珠寶都被拿走。隔鄰的賽費娜的母親把金飾存進銀行倉庫保管，他們甚至連這個都拿走了。

我父親急著想確認學校的情況。我跟他一起去。我們發現女子學校對面的建築被飛彈擊中，但學校本身看起來完好無缺。不知道什麼原因，我父親的鑰匙開不了門，所以我們找了一個男孩攀牆而過，從裡面幫我們打開門。我們跑上階梯，目睹了最慘的狀況。

「有人來過這裡。」我們一進入中庭我父親就這麼說。菸屁股和空食品袋散滿地板。椅子都被翻倒，整個空間一團亂。我父親拿下卡須爾學校的招牌，把它先留在中庭裡。它被靠在牆上，當我們把它拿開時我大聲尖叫，底下滿是腐爛的山羊頭。看起來應該是某人的晚餐。

接著我們走進教室。反塔利班的標語胡亂地寫滿了整面牆。有人在白板上用奇異筆寫了「**軍隊萬歲**」。現在我們知道誰之前住在這裡了。有一名士兵甚至在我一位同班同學的日記上寫了一首草包的情詩。彈殼都被棄置在地板上。士兵們在牆上挖了一個洞，透過那個洞可以看見下方的城市。也許他們甚至曾透過那個洞來開槍射人。我為我們珍貴的學校變成了一個戰區而感到惋惜。

當我們四處查看時，我們聽見有人在樓下敲門。「別開門，馬拉拉！」我父親命令我。

在他的辦公室，我父親發現了一封軍方留下來的信件。上頭指責說，就是像我們這樣的市民默許了塔利班掌控史瓦特。「我們失去了許多士兵寶貴的性命，一切皆肇因於你們的忽視。巴基斯坦軍萬歲。」他把信讀了出來。

「這很典型，」他說，「史瓦特的人民先是被塔利班誘惑，然後被他們屠殺，現在我們要因爲他們犯的罪行而被責怪。誘惑、屠殺、責怪。」

從某些角度來說，軍隊和武裝分子沒太大差別。我們有一位鄰居告訴我們，他甚至看到軍隊把塔利班的死屍留在大街上給所有的人觀看。現在他們的直升機成雙在我們的頭上如又大又黑又吵的昆蟲。當我們回家時，我們緊貼著牆壁行走，這樣他們就看不到我們了。

我們聽說數以千計的人被逮捕，包含年紀最小、只有八歲的孩子們被洗腦後接受成為自殺炸彈客的訓練。軍隊把他們送到一個特殊的集中營，這是消除聖戰士激進思想的地方。其中一名被逮捕的人是我們原先的烏爾都語老師，他拒絕幫女孩們上課，反而跑去幫法茲魯拉的手下蒐集並摧毀CD和DVD。

法茲魯拉仍逍遙法外。軍方摧毀了他位於伊滿德里的多座總部，然後宣稱他們已經將他團團圍在皮歐查的山上。後來他們又說他身受重傷，而且還把他的發言人穆斯林．汗給關了起來。稍晚後故事變了，他們回報法茲魯拉已經逃進阿富汗，當時人正在庫納爾（Kunar）省。有些人說法茲魯拉一度被捕，但軍方跟ＩＳＩ在要如何處置他一事上無法達成共識。軍方想要把他關起來，但情報單位最後獲勝，把他帶到巴焦爾特區，讓他可以跨越邊境逃到阿富汗。

穆斯林．汗和另一名叫做梅穆德的指揮官看似是塔利班領導階層中唯一被拘留的——其他人都還是自由之身。只要法茲魯拉還在，我就會擔心塔利班會再重整旗鼓，奪回政權。在夜晚，我偶爾會有夢魘，但至少他的電臺廣播節目消失了。

我父親的朋友阿梅德．夏稱現況是一個「控制下的和平，不牢靠的和平。」但慢慢地人們開始回到河谷，因爲史瓦特很漂亮，我們沒有辦法忍受離開它太久。

我們的校鐘首次復鳴日是八月一日。聽見它的聲響後跑穿大門，像以前一樣傳上樓梯，是多麼令人雀躍的事情。親眼看到所有的老朋友們讓我欣喜若狂。我們有好多關於淪落爲國內難民時的故事可以講。我們多數都與朋友或家人待在一起，但有些人住進了難民營。我們知道自己很幸運。許多孩子必須在帳篷裡上課，因爲塔利班摧毀了他們的學校。而我的一位朋友珊杜絲失去了她的父親：他死於一場爆炸中。

看起來大家都知道我就是BBC上那本日記的作者。有些人認爲是我父親代爲操刀，但瑪麗安女士，我們的校長告訴她們：「不是。馬拉拉不單是一名好演講者，還是一名好作家。」

那個夏天，我們班上的談話都只繞著一個話題打轉。西莎．沙依德，我們在伊斯蘭堡的朋友，她已經完成了在史丹福大學的研究，同時邀請二十七位卡須爾學校的女孩到首都遊玩幾天：看看風景名勝、參加研討會等，藉此幫助我們療癒塔利班帶給我們的心靈創傷。我們班上參加的有我、莫妮芭、瑪麗克．愛奴兒、麗妲、克莉希瑪與珊杜絲，負責陪伴我們的則是我的母親與瑪麗安女士。

我們在八月十四日，獨立紀念日那天前往首都，搭乘的交通工具是巴士，每一個人都滿心歡喜。多數女孩只有在她們成爲國內難民的時候離開過河谷。這次不一樣，非常像是我們在小說裡讀到的假期時光。我們住在招待所，舉辦了很多場研討會來討論應該要如何描述我們的故事，才能讓外界的人知道我們的河谷裡發生了什麼事，從而伸出援手。從第一次集會開始，我認爲西莎就很訝異於我們的心靈有多麼堅韌，聲音有多麼嘹亮。「這間屋裡全都是馬拉拉！」她對我父親這麼說。

我們也從逛公園或聽音樂這種事情中得到不少樂趣。這些事情對很多人來說是稀鬆平常，但在史瓦特卻成爲了政治抗議行動。我們也去欣賞了一些景點。我們去參訪了位於瑪迦拉山丘下的費薩爾清眞寺（Faisal Mosque），這是沙烏地阿拉伯人花了好幾百萬的盧比蓋起來的。它龐大而潔白，看起來像是一座懸掛在尖塔之間的閃亮帳篷。接著我們去享受第一次在戲院看戲的時光，這是一齣英文劇，劇名叫做「湯姆、迪克與哈利」（Tom, Dick and Harry）。還有上美術課。我們在餐廳吃飯，還第一次進入麥當勞。這次旅行有很多的第一次，但中國餐館那次我實在無法參加，因爲我上了一個名叫「首都對談」的電視節目。直到今天我都還沒嚐過烤鴨夾餅！

伊斯蘭堡與史瓦特截然不同。對我們來說就好像伊斯蘭堡與紐約的差距一樣。西莎把我們介紹給女性的律師、醫生與行動主義人士，讓我們見識到女性可以在做大事的同時還保有她們的文化與傳統。我們在大街上看見沒有穿罩袍的女人，她們的臉上全無遮掩。在參加部分集會時，我不再用披巾包住我的頭，感覺自己已經成了一個摩登女孩。後來我才理解到，並不是把自己的頭臉露出來就可以被稱爲「摩登」！

我們在那裡待了一週，正如預料，莫妮芭跟我又吵了起來。她看見我和一個高年級的女孩在閒聊，然後就跟我說：「現在妳和菈珊是好朋友，而我跟麗姐是好朋友。」

西莎想把我們介紹給有影響力的人物。當然，在我們國家這通常意味著對方來自軍方單位。我們有一場會議是安排與少將阿薩爾．阿巴斯見面，他是軍方的主要發言人，同時也是公關部的主任。我們開車到伊斯蘭堡的姊妹市拉瓦爾品第去他的辦公室與他會面。當我們看見軍方的總部時眞是大開眼界：它比這座城市的其他地方都還要整齊清潔，草皮完美而翠綠，鮮花朵朵豔開。就連樹的大小都一模一樣，但我們不知道爲什麼要將樹幹漆上一半的白漆。在總部裡，我們看到很多辦公室裡有一整面的電視，男人們監看著每個頻道，一個警官將一本塞滿簡報的厚資料夾拿給我父親看，只要是當天有哪一份報紙有提到軍方的消息，在裡面都找得到。他覺得很驚奇，軍方似乎比我們的政客更懂得去維護公共關係。

我們被帶進一個大廳等候將軍。牆上掛滿了我們軍方所有領袖的照片、我們國家最有權勢的人，包括獨裁者像穆沙拉夫和嚇人的齊亞。一個戴著白手套的僕人幫我們送上茶、餅乾和會在我們口中融化的迷你鮮肉咖哩餃。當阿巴斯進來時，我們全體起立。

他從史瓦特的軍事行動開始跟我們說起，他以「勝利」兩字來形容它。他說一百二十八名士兵和一千六百位恐怖分子在那次行動中喪命。

當他說完以後，我們可以提問題。我們有被告知要提前準備問題，而我列了一張有七或八個問題的清單。西莎大笑，說他沒辦法回答那麼多問題。我坐在前排，是第一個被叫上前的。我的問題是：「兩到三個月前，你們告訴我們法茲魯拉和他的副手中彈受傷，然後你說他們在史瓦特，有時你們又說他們在阿富汗。他們怎麼去到那裡的？如果你們有那麼多消息來源，爲什麼你們抓不到他們？」

他花了大概十到十五分鐘回答我的問題，而我根本不知道他的答案是什麼！接著我問到重建的問題，「軍方一定要爲河谷的未來做點什麼，而不是集中在軍事行動。」我說。

莫妮芭問了類似的問題。「誰會重建這些建築和學校？」她想知道。

將軍用一貫的軍方回答方式答覆問題，「在行動結束之後，一開始我們得先療傷，接著開始復健，然後是維持並轉而去處理公民事務。」

我們這些女孩都把話說得很清楚，我們希望看到塔利班受到制裁，但我們無法確信這件事會發生。

在那之後阿巴斯將軍給了我們一些人他的名片，並告訴我們如果我們需要任何東西，都可以與他聯絡。

在最後一天，我們所有人都得在伊斯蘭堡俱樂部演講，跟他們分享生活在塔利班統治下的河谷的個人經驗。當莫妮芭說話時，她沒有辦法抑制自己的眼淚。很快地大家都開始啜泣。我們都很享受在伊斯蘭堡一窺不同生活的樂趣。在我的演講中，我告訴觀眾，直到我欣賞過英文話劇，我才知道原來巴基斯坦有這麼多能人異士。「現在我們知道我們不用看印地安電影了。」我開玩笑地說。我們度過了美好的時光，而當我們回到史瓦特，我心裡對未來充滿希望。我於齋月期間在花園裡種下了一顆芒果種子，因爲那是齋戒結束後人們最愛吃的水果。

但我父親遇到了一個大麻煩。在我們淪爲國內難民的那幾個月中，學校關閉了，他收不到任何學費，但老師們仍希望能拿到薪水。算一算，這會超過一百萬盧比。所有的私立學校都遇到了相同問題。有一所學校給了它的老師一個月的薪水，但多數都不知道該怎麼做，因爲校方付不出來。卡須爾學校的老師們要求補償。他們有自己的開銷，而他們的其中一人，赫拉小姐準備要結婚了，她需要這份薪水來支付婚宴的費用。

我父親陷入困境。然後我們忽然想起阿巴斯將軍和他的名片。肇因於軍方驅逐塔利班的行動，我們才會被迫離開，然後發現自己陷入眼前的困境。所以瑪麗安女士和我寫了一封電子郵件給阿巴斯將軍，解釋現在的情況。他很慷慨，寄給我們一百一十萬盧比，我父親因此得以支付每個人三個月的欠薪。教師們都非常開心，很多人從未一次拿到這麼多錢過。赫拉小姐含淚叫住我父親，心裡充滿感激，她的婚禮可以依照原先的計畫舉辦了。

這不表示我們就原諒軍方了。我們對軍方獵捕塔利班高層計畫的失敗非常不悅，我父親和我依舊接受很多訪問。父親的朋友扎西德・汗常常與我們一起受訪，他是史瓦特和平組織（Swat Quami Jirga）的成員之一，同時也是史瓦特旅館協會的主席，所以他特別急於讓生活回歸正軌，這樣旅客們才會回來。如同我的父親，他也非常「有話直說」，因此也遭受過不少威脅。二〇〇九年十一月的一個晚上，他在千鈞一髮之際逃出。當他受到突襲時，是剛從一個在環形屋與軍方將領們的會議中要返家。很幸運地，他的家族裡有很多人都住在同一個區域，他們與入侵者火力交戰，迫使他們撤離。

緊接著在二〇〇九年十二月一日，有一起自殺攻擊事件的目標是當地相當知名的人民國家黨政治家，同時也是開伯爾・普什圖省集會的成員——夏姆舍・阿里・汗醫生。開齋節，他人在自己的集會和朋友以及選民們打招呼，離法茲魯拉在伊滿德里的總部舊址只有一英哩，此時炸彈引爆了。夏姆舍醫生經常直言批判塔利班。他當場死亡，其他九人受傷。人們說炸彈客的年紀約在十八歲左右。警方找到了他的腿和身體的其他部位。

幾個星期過後，我們學校受邀加入「史瓦特地區兒童集會」，此集會是由聯合國兒童基金會（The United Nations Children's Fund，簡稱Unicef）與克帕寇爾（我的故鄉）孤兒基金會聯手創辦。六十名來自史瓦特各地的學生被選爲成員。他們多數是男孩，不過我們學校有十一個女生參加。第一次開會是在一個大廳，裡面有很多政治家和行動主義人士。我們投票選擇發言人，我獲選了！在舞臺上挺直身子，成爲眾人眼中的「發言者女士」好像有點怪，但我們的聲音能被聽見的感覺眞好。集會成員的任期是一年，我們幾乎每個月都會見面。我們通過了九項決議，要求終止童工，並希望大家能幫忙讓行動不便或流落街頭的孩子上學，以及重建所有被塔利班摧毀的學校。一旦決議被採納，它們就會被呈交給官方人士，不過有少部分的人甚至會立刻採取行動。

莫妮芭、阿依莎與我也因爲一個英國組織，叫做「戰爭與和平報導協會」（Institute for War and Peace Reporting）的一項名爲「思想開明的巴基斯坦」（Open Minds Pakistan）的計畫，開始從它那邊學習新聞寫作。學習如何正確報導事件很有趣。在見識了自己的文字能夠帶來多大的影響後，我開始對新聞寫作產生興趣，而這和我看到「醜女貝蒂」的ＤＶＤ裡所描述的美國雜誌界的生態也有關係。但兩者之間有點不同——我們寫的主題是我們心裡在乎的，主題會比較像是極端主義和塔利班，而非衣服與髮型。

時光飛逝，隔年的考試時間又到了。我再一次打敗瑪麗克・愛奴兒成爲第一名，但兩人的分數差距極少。我們的女校長試圖說服她擔任學級會長，但她說她不能做任何會使她分心於學業之外的事情。「妳應該要向馬拉拉看齊，做一些別的事情，」瑪麗安女士說，「這跟妳的教育一樣重要。學業不是一切。」但我不能怪她。她很想讓她的父母開心，尤其是她的母親。

史瓦特與以前不同了——也許它永遠不會如同以往了——但它開始回到常軌。就連一些班惹市場的舞者都開始搬回來了，雖然她們現在多數情況下都只是賣自己的ＤＶＤ，而非現場跳舞。

我們浸淫在音樂與舞蹈中，享受和平的祭典，不用再接受塔利班的控制。我父親籌辦了其中一場位於馬爾格扎的慶典，並邀請了那些住在低部地區、曾收容國內難民的人來參加，以聊表感謝之意。音樂，整夜不停歇。

事件似乎總在我的生日前後發生。當我在二〇一〇年七月十三歲時，雨開始落下。在史瓦特，我們不常有雨季，所以一開始我們很開心，想說雨就代表了良好的收成。但它絲毫不停歇，且雨勢極大，就連有人走到了你面前都會看不見人影。環保人士曾警告，我們山上的樹木被塔利班和盜伐者砍成光禿一片。很快地，土石流從河谷上咆哮而來，席捲了它流經之地的一切。

洪水來臨時，我們人還在學校，但隨即就被送回家。但水流過大，淹沒了濁流上的橋梁，我們只好想辦法找其他的路。當我們走過第二座橋時，橋面也被淹沒了，但水不會太深，所以我們涉水回家。水聞起來很臭，當我們到家時已渾身濕透又骯髒。

第二天，我們聽說學校被淹沒了。洪水好幾天後才消褪，當我們回到學校，可以在牆上看見和胸部等高的洪水印漬。泥巴，泥巴，放眼所及都是爛泥巴。我們的書桌與椅子上也都沾滿了它。教室的味道聞起來很噁心。洪水造成的損害非常大，我父親花了九萬元修復——等同於九十名學生一個月的學費。

同樣的故事發生在巴基斯坦的各地區。自喜馬拉雅山上流淌而下，穿過開伯爾·普什圖省與旁遮普到喀拉蚩和阿拉伯海的偉大印度河，原先是我們的驕傲，卻化爲了洪水猛獸，衝垮了它的河岸。道路、作物、整座村莊都被河水帶走了。約兩千人死亡，一千四百萬人受到衝擊。許多人失去了他們的家園，七千所學校被沖垮。這是任何人記憶中最可怕的洪災。聯合國首長潘基文形容它是「慢動作的海嘯」。我們在媒體上讀到，這場洪水為人民帶來的影響和造成的傷害，比亞洲海嘯、我們在二〇〇五年時發生的地震、卡崔娜颶風與海地大地震全部加起來都還要慘重。

史瓦特是災情最慘重的地方之一。我們的四十二座橋樑中，有三十四座被大水沖走，隔絕了河谷的許多地區。電纜塔被轟成碎片，我們因此沒有電力可用。我們的街道位於一座山丘上，所以比起其他人，面對湍急的水流時，我們算是稍微受到保護，但我們被那聲音嚇壞了，一隻嚎叫、呼吸沉重的巨龍吞噬了它所行經之路上的一切事物。以前位在河岸邊的旅館和餐廳都會吸引遊客去那裡吃鱒魚，順便享受眼前美景，現在沒有一間還存在。遊客時常造訪的區域是史瓦特的嚴重災區。山稜站的旅遊勝地例如馬蘭加巴、梅德昂和巴合拉恩都滿目瘡痍，它們的旅館和市集都成了廢墟。

我們很快地從親戚的口中得知，香拉所遭受的傷害令人無法想像。從香拉縣的首都阿爾普里到我們村莊的主要道路被河水沖掉了，很多村莊整座被淹沒。許多位在卡夏特、夏波及巴卡拿的梯田旁的房屋都被土石流擄走了。我母親的娘家，也就是我的舅舅費茲・穆罕默德住的房子所幸還在，但屋前的道路卻消失了。

人們絕望地試著守護他們擁有的少少資產，把他們的動物搬移到高地，但洪水泡爛了他們採收的玉米，摧毀了果園，淹死了許多的水牛。村民們十分無助。他們沒有電力，他們的臨時水電設施都被砸得支離破碎。充滿殘骸和碎磚的河水變得黃褐混濁，他們缺乏乾淨的水源。河水洶湧而猛烈，就連水泥建築都被擊成瓦礫。沿著主要道路而建的學校、醫院、發電廠全部被夷為平地。

沒有人知道爲什麼會發生這種事情。史瓦特的人們住在河邊已有三千年的歷史了，一直都將它視爲我們的命脈，而不是威脅，我們的河谷應是外界的避風港。現在，我們這裡成了「悲傷之谷」，我的表弟索爾坦·羅姆這麼說。一開始是地震，再來是塔利班，再來是軍事行動，然後現在，我們才正要開始重建，無情的洪水洶湧而至，沖走了我們所有努力。人們無助地擔心塔利班會趁此混亂的局勢，重回我們的河谷。

我父親利用與朋友和史瓦特私校協會募得經費，購買食物及醫療用品後寄送到香拉縣。我們的朋友西莎及部分我們在伊斯蘭堡遇見的行動主義人士來到明戈拉，發送大量的金錢。但正如同地震期間，第一批帶著醫療用品，抵達更偏遠及隔離地區的人，主要還是來自伊斯蘭教團體的志工。許多人說，洪水是眞主對我們最近舉辦慶典時，又唱歌又跳舞所降下的懲罰。這次事件的唯一安慰，就是我們再也沒有電臺能散布訊息了！

當這些痛苦還在延續，當人們失去了他們心愛的人、他們的家與他們的生計時，我們的總統，阿西夫·扎爾達里正在法國一間城堡裡度假。「我很困惑，爸爸，」我告訴父親，「到底是什麼東西阻擋了政治家們去做善事？爲什麼他們不希望我們人民受到保護，擁有食物和電力呢？」

在伊斯蘭教團體之後，主要的幫助來自軍方。不只是我們自己的軍方。美國人也送來了直升機，不過此舉讓部分民眾起了疑心。其中一個理論是巴基斯坦這次面臨的大毀滅，是美國人使用一種叫做HAARP（高頻主動式極光研究計畫，High Frequency Active Auroral Research Program）的技術所製造出來的，它能在海底製造出巨大的波浪，藉此淹沒我們的國土。接著，再以提供救援作爲擋箭牌，他們就可以合情合理地進入巴基斯坦，窺看我們的所有祕密。

即便雨水終於停了，生活依舊非常艱辛。我們沒有乾淨的飲水和電力。在八月，明戈拉發生了霍亂的第一起病例。很快地，醫院外頭就搭起了帳篷，裡面都是患者。因爲我們的補給道路被切斷，那一點點可以果腹的食物就變得異常昂貴。那是桃子和洋蔥的季節，農夫們盡全力搶救他們的作物。他們許多人踏上一段危險的旅程：利用橡皮船穿越不停翻攪的高漲河流，試著把他們的作物運到市場。當我們發現有桃子可以購買時，我們非常開心。

這次的外援比之前的來得更少。西方的有錢國家面臨了經濟危機，而總統扎爾達里的歐洲之行使它們變得更加缺乏同情心。外國的政府指出，巴基斯坦的多數政客都沒有繳所得稅，所以還要他們這些國家捉襟見肘的納稅人幫忙出錢賑災，有點「多此一問」。而在塔利班的發言人要求巴基斯坦政府拒絕接受來自基督徒及猶太人的幫忙之後，外國援助機構開始擔心起他們員工的人身安全。沒有人敢懷疑塔利班他們認眞的程度。前一年的十月，位於伊斯蘭堡的「世界食物計畫」（World Food Program）的辦公室遭到轟炸，五名援助工作者因而死亡。

在史瓦特，我們開始看到更多的徵兆，證實塔利班從未眞正離開。有兩所學校被炸毀，三名來自基督教團體的外籍援助工作者在回到他們位於明戈拉的總部時被綁架，隨後被殺害。我們接收到更多驚人的消息，我父親的朋友穆罕默德·法魯克醫生，也是史瓦特大學的副校長被兩名闖進他辦公室的槍手殺害。法魯克醫生是一名伊斯蘭學者，更是伊斯蘭大會黨的前任成員，也是反塔利班化的最有力人士之一。他甚至還曾簽署一項反對自殺攻擊的伊斯蘭裁決。

我們再次感到灰心而受怕。當我們是國內難民時，我曾想過要成爲一名政治家，現在，我知道這個選擇是正確的。我們國家面臨了太多危機，但沒有一個眞正的領導者有辦法應付它們。

17 祈禱再長高些

我到了十三歲之後就沒再長高了。我總是顯得比實際年齡還要來得成熟些，但突然間，我身邊所有的朋友便各個都比我高了。我是班上三十位同學中，最矮的三個女孩之一。當我與朋友在一起時，我總覺得難爲情。每天晚上我都向眞主阿拉祈禱能再長高些。我用尺和鉛筆在臥室的牆上記錄下自己測量的身高。每天早上我都會靠在牆上檢查自己是否長高了些。但那鉛筆畫下的記號仍是固執地停在五英呎高的地方。我甚至答應眞主，如果我能再長高那麼一點，我就會再多做一百次的raakat nafl[94]，即是原本每日五回的禱告再自願多做個幾回都心甘情願。

我發表過多次演說，但因爲我實在太矮了，很難讓人有什麼權威感。有時我幾乎快看不到講臺的另一端。我雖然不喜歡高跟鞋，但也只好開始穿它了。

那年，我們班上有個女孩在開學時未再回到學校上課。因爲當她一進入青春期就被嫁掉了。雖然她的個頭比同年齡的女孩來得高大些，但其實不過也就十三歲而已。過了不久，我們聽說她

94 除了每日必須要進行的禱告以外，自願額外進行的禱告。

生了兩個孩子。我在化學課堂上一邊背著碳氫化合物的分子式，一邊做起白日夢想著像這樣不上學，變成開始照顧丈夫的日常生活會是個什麼樣的世界。

我們這時已經能開始想除了塔利班以外的其他事情了，但它不太可能被人們完全遺忘。我們的軍隊本來就經營著很多奇怪的副業，像是原本生產玉米片和肥料的工廠，現在開始拍攝起肥皂劇。巴基斯坦各地民眾都迷上了一齣黃金時段播出的影集〈迅雷尖兵〉[95]，戲裡的劇情應該是採用現實生活中發生在史瓦特士兵與武裝分子交戰的情節。

在與武裝分子交戰過程中，有超過一百名士兵死亡，九百人受傷，他們都想成爲英雄。雖然這些人犧牲自己是爲了幫助政府收回權力，我們仍得等待法律的裁決。我下午下課回家時，常常會看到幾個淚眼汪汪的婦人在我們家裡。戰役期間，有數百名男性失蹤，據猜測是被軍隊或是ISI帶走了，但沒有哪個單位願意證實。婦女們無從得知任何消息，她們不知道自己的先生或兒子究竟是生是死。有些人處在非常絕望的處境之中，因爲她們完全沒有自我謀生的能力。我們這裡的婦女唯有丈夫被宣布是死亡而非失蹤時，她們才得以改嫁。

我的母親會泡茶和準備食物給她們吃，但這不是她們來此的原因。她們希望我父親能幫助她們。因爲父親是史瓦特和平組織的發言人，他就像是人民與軍隊間的橋梁。

「我只是想知道我丈夫是不是還活著，」我看到其中一個女人這樣哀求著。「如果他們殺了他，我就能把孩子送到孤兒院了。但現在我的身分既非寡婦，也不是妻子。」另一位女人告訴

95 原文「Beyond the Call of Duty」

我，她的兒子失蹤了。她說這些失蹤的男人沒有跟塔利班合作，可能只是在接到命令時，給了塔利班他們一杯水或是一點麵包。但是當塔利班首領們都脫困了，這些無辜的男人卻被收押。

學校裡有個老師，就住在離我們家走路十分鐘距離的地方。她的一個兄弟被軍隊帶走，給他銬上腳鐐並拷問他，然後把他關在冰箱裡直到他凍死。他與塔利班分子毫無瓜葛，不過是家小店的老闆而已。後來軍隊向她道歉，說他們搞錯名字了，抓錯了人。

不只有貧窮的婦女會來我們家。有天，從波斯灣的馬斯喀特來了個商人。他告訴我父親，他的哥哥和五、六個侄子全都失蹤了，他想知道他們是不是還活著，這樣他才能去找人，或是幫這些人的妻子找新的丈夫改嫁。這些人之中有一位是毛拉那，父親動用了點關係讓他被釋放出來。

這不只發生在史瓦特而已，我們聽說在巴基斯坦全境，共有數千人失蹤。許多人到法院外面抗議，張貼失蹤親人的海報，但仍一無所獲。

這時候我們的法院正在忙著處理別的問題。巴基斯坦有一條法令，叫做《瀆神法》[96]，保護《可蘭經》不受褻瀆。在齊亞將軍推廣伊斯蘭化的時期，這條法令特別嚴格，任何人只要「汙衊先知之名」，就能被叛死刑或無期徒刑。

二〇一〇年十一月的某一天，一則新聞報導說有一名基督教女子名叫愛莎·比比被處以絞刑。她是個可憐的母親，有五個孩子，在旁遮普的一個村子裡摘水果維生。她在一個大熱天去接

96 原文「**Blasphemy Law**」

了水來給同事喝，但有些人拒絕喝她拿來的水，並說因爲她是基督徒，水就「不乾淨」了。他們相信身爲穆斯林，如果和基督徒一起喝水，就會被「玷汙」。這些人之中有一人是她的鄰居，她很生氣地指責愛莎．比比的山羊汙染了她的水源。她們最後吵了起來，當然，就跟在學校裡的鬥嘴一樣，每個人的版本都不同，大家各說各話。其中一個版本是他們試著要說服愛莎．比比改信伊斯蘭教。她回答耶穌因爲基督徒犯下的罪行而被釘上十字架，先知穆罕默德又爲穆斯林做了什麼。她的其中一個同事把這件事報告到當地教長那兒去，教長就報警了。她被關了一年多，案子才被送上法庭，最後她被判了死刑。

因爲穆沙拉夫讓衛星電視合法化，我們的電視現在多了很多頻道。突然間，我們就可以在電視上目睹這些事件的始末。這起事件讓全世界群起撻伐，所有的談話節目都在討論。其中一個幫愛莎．比比說話的人，是旁遮普的督察——薩耳曼．塔席爾。他自己曾是政治囚犯，也是班娜姬的盟友，後來成了很有錢的媒體大亨。他到監獄裡探望愛莎．比比，並表示他認爲扎爾達里總統應該要赦免她。他說《瀆神法》是「黑暗之法」，這個說法被某些想要炒新聞的主播反覆強調。因此在拉瓦爾品第的幾座最大的清眞寺裡的教長，紛紛在週五祈禱會上譴責這位督察。

幾天後，二〇一一年一月四日，薩耳曼．塔席爾在伊斯蘭堡有多家時髦咖啡吧那一帶吃過午餐後，被自己的保鏢開槍打死了。兇手朝他開了二十六槍。兇手後來說他是聽了拉瓦爾品第週五祈禱會的講道後，決定要替神完成這件事。我們實在難以置信有這麼多民眾贊許這個兇手的行爲。甚至當兇手出庭時，律師還在他身上灑玫瑰花瓣。於此同時，這位過世的督察所屬的清眞寺教長，則拒絕在他的喪禮上祝禱，總統也沒有去參加儀式。

我們的國家瘋了。居然開始讚譽殺人兇手了嗎？

在那之後不久，我父親又收到另一則死亡威脅。他在一場演講中，對哈吉巴巴高中的炸彈事件屆滿三週年表示追悼之情。我父親在那場活動上熱情的演講。「法茲魯拉是所有邪惡的統率！」他喊道。「爲什麼他還沒被抓到？」在那之後有人告訴他要多加小心。然後一封給我父親的匿名信就寄來了我們家。信的開頭寫著「願和平降臨在你身上」，但信的內容卻一點和平的影子也看不到。信裡寫道：「你是教士之子，但卻不是個好的穆斯林。不論你在哪裡，穆斯林游擊隊都會把你找出來的。」父親收到信後，看來擔心了好幾個星期，但他拒絕停止出席活動，後來也就讓他轉移注意力到其他事情上去了。

那一陣子大家好像都在討論美國。以前我們會把一切怪罪到過去的敵人——印度身上，現在這對象則變成了美國。每個人都在抱怨無人飛機幾乎每週都攻擊ＦＡＴＡ的事情。我們聽說有許多平民因此慘死。接著又有一名中勤局探員，雷曼．戴維斯，在拉合爾射殺了兩名騎著機車接近他座車的男子，他說他們企圖搶劫他。美國宣稱他不是中勤局人員，只是一名普通的外交人員，但這個說法讓大家非常懷疑。即使是像我們這樣的孩童都知道一般的外交人員不會開著沒掛車牌的車子到處跑，身上還帶著格洛克手槍。

我們的媒體報導說因爲中勤局不信任我們的情報單位，所以派遣大批祕密軍隊到巴基斯坦，而戴維斯便是其中的一員。傳言指他負責監視拉合爾的武裝組織：虔誠軍[97]，這些人曾在大地震

97 原文「**Lashkar-e-Taiba**」

與洪水侵襲後大力幫助我們的人民，但據聞他們也是二〇〇八年可怕的孟買大屠殺背後的主使者。這個組織的目標就是要讓受印度法管理下的喀什米爾穆斯林重獲自由，但他們最近也開始在巴基斯坦活躍。還有人說戴維斯其實是在監視我們的核子武器。

雷曼．戴維斯很快地成爲巴基斯坦最有名的美國人。全國各處都有抗議行動。民眾幻想市集裡到處都是雷曼．戴維斯這樣的人，蒐集情報傳回美國。而戴維斯殺害的兩人中，其中一位的遺孀爲了促使事件能更快獲得正義，呑下老鼠藥自殺了。

華盛頓和伊斯蘭堡之間，或者說是華盛頓和拉瓦爾品第的軍事中心之間，來回溝通了數週，才終於正式結案。他們的作法，有點像是我們傳統的部落會議，美國人「血債血還」付了美金二百三十萬作爲賠償金，戴維斯迅速地被暗中送出巴基斯坦境外。巴基斯坦後來還要求中勤局把許多承包商送回美國，並停止核發簽證。整起事件在各方面都讓人留下很差的觀感，特別是在三月十七日，也就是戴維斯被釋放的隔天，瓦濟里斯坦北部又被無人機轟炸，造成約四十人死亡。這起攻擊事件好像是在告訴我們，中勤局在我們國內可以爲所欲爲。

某個星期一，當我正準備要靠著牆量量身高，看看我有沒有奇蹟地一夜長高時，我聽到隔牆有人在大聲說話的聲音。我父親的朋友們帶來令人難以置信的消息。美國海軍三棲特戰隊前一晚突襲了阿巴塔巴，就是當初我們是國內難民時，曾經住過的地方之一，他們抓到奧薩瑪．賓拉登，並且把他殺了。原來他一直住在距離我們的軍校附近不到一英哩的地方，一座圍牆高築的社區裡。我們無法相信軍方居然一直對賓拉登的下落一無所知。報紙寫道軍校生甚至還沿著賓拉登的住家旁進行過訓練。社區的圍牆有十二英呎高，上面還加裝了帶刺的鐵絲網。賓拉登與他最年輕的太太住在頂樓，她是葉門人，叫做阿默。另外兩個太太和他的十一名子女住在樓下。一名美國參議員說，賓拉登的藏匿處只差沒裝個招牌而已。

事實上，帕什圖人因為深閨制度和隱私的緣故，大多住在有高牆的社區裡，所以賓拉登的屋子並沒有哪裡不一樣。奇怪的是住在屋裡的人足不出戶，而屋子裡既沒有電話也沒有網路。他們需要的食物是由同樣與太太住在那裡的兩個兄弟負責採買。他們就像是賓拉登的使者。而他的其中一個太太居然還是史瓦特人！

特戰隊員開槍射中賓拉登的頭部，並將他的遺體用直升機帶走了。聽起來他不像有做什麼反抗。他的兩個兄弟和一個已成年的兒子也被殺了，但賓拉登的太太和其他孩子則被囚綁留在現場，後來被巴基斯坦收押。美國人把賓拉登的屍體丟進海裡。美國總統歐巴馬很高興，我們在電視上看到白宮外面舉辦了很大的慶祝活動。

一開始我們以為我們的政府知道此事，並且參與美國這項行動。但後來我們發現這是美國自己採取的行動。我們的人民對此難以接受。我們兩國本應是同盟，在他們這場與恐怖分子的戰爭中，我們犧牲的士兵比他們還要多。他們在夜裡以特殊的直升機安靜地低飛進入我們的國家，用電子干擾器隔絕了我們的雷達探測。他們只在任務結束後，向陸軍參謀長卡亞尼將軍和扎爾達里總統宣布這項任務。大多數軍隊領導人都是從電視上得知這個消息。

美國說他們別無選擇，之所以採取這樣的作法，是因為沒有人知道ＩＳＩ到底是站在哪一邊，而且之前發生過有人在他們行動前向賓拉登通風報信的經驗。中勤局指揮官說巴基斯坦「若非涉及其中，就是能力不足。而兩者皆不是好狀況。」

我父親說這是恥辱的一天。「一個這麼惡名昭彰的恐怖分子，爲什麼能夠在巴基斯坦躲了這麼多年，卻沒有人知道？」他問道。其他人也有一樣的疑問。

若有人覺得我們的情報單位根本就知道賓拉登的藏匿地點，也是很合理的。ＩＳＩ是個很龐大的機構，到處都有探員在行動。他是如何能住在離首都這麼近——僅距離六英哩——的地方呢？還住了這麼久！也許最顯著的地方就是最安全的地方吧，他從二〇〇五年大地震之後就一直住在那裡了。他的兩個孩子甚至還在阿巴塔巴醫院出生。他住在巴基斯坦超過九年的時間。搬到阿巴塔巴來之前，他住在哈利普爾，在這之前，則是躲在我們的史瓦特河谷，他就是在那裡認識了９１１事件的幕後主使者——哈立德．謝赫．穆罕默德。

賓拉登被找到的過程，就像我弟弟卡須爾喜歡的間諜電影的劇情一樣。爲了避免被追蹤，他找人來幫他做事，不用電話或電子郵件。但美國發現了他的其中一個手下，並追蹤到此人的車牌號碼，從白沙瓦跟蹤車子到阿巴塔巴。接著他們用備有Ｘ光透視設備的無人機監視賓拉登的家，看到一個長得很高的蓄鬍男子，在社區內來回走動。他們稱他爲「步行者」。

民眾很熱切關注每天傳出的新細節，但比起世界最可惡的恐怖分子居然住在我們國內，他們似乎對於美國的入侵感到更加憤怒。有些報紙報導說美國人其實幾年前就已經殺死賓拉登了，只是一直把他的遺體冷凍起來。報導寫道他們故意把屍體放在阿巴塔巴，然後演出這場突襲，只爲了讓巴基斯坦難堪。

我們開始收到要我們上街遊行表達對軍隊支持的簡訊。「西元一九四八年、一九六五年和一九七一年，我們都與你們同在，」其中一封簡訊這樣寫道，指的是我們與印度的三場戰爭。「現在我們被從背後刺了一刀，請與我們同在。」但同時也有一些嘲弄軍方的簡訊。有人開始問爲什麼我們一年花六千萬美金在軍隊上（是我們教育經費的七倍之多），而四臺美國直升機居然可以就這樣躲過雷達的探測？如果他們可以做到如此，那我們又要如何阻止鄰國印度的入侵？「請不要按喇叭，因爲軍隊在睡覺。」其中一封簡訊內容這樣寫。「二手巴基斯坦雷達求售，不能偵測美國直升機，但可以偵測第四臺訊號。」另一封簡訊這樣寫。

卡亞尼將軍和ＩＳＩ局長巴夏將軍被議會找去質詢，這是之前從沒發生過的事。我們的國家飽受羞辱，我們想要知道原因。

我們也得知美國政局對於賓拉登一直都住在我們身邊，而非他們以爲的躲在洞穴這一件事感到非常憤怒。他們抱怨說在過去八年的合作期間，美國給了我們兩億美金，然而我們到底站在哪一邊實在令人質疑。有的時候感覺這一切好像都只與金錢有關而已。大部分的資金都流入軍方手中，平民百姓什麼都沒有得到。

那件事的數個月後，西元二〇一一年十月，我父親告訴我他收到一封電子郵件通知他，在阿姆斯特丹的一個兒童維權團體——**兒童權利協會**[98]提名五位國際和平獎候選人，我是其中之一。南非的德斯蒙德．杜圖大主教提交了我的名字。他力反種族隔離制度，是我父親心中的大英雄。我落選時父親很失望，但我告訴他，我只不過是開口說說話而已，我們不像這些獲獎者們一樣成

98 **Kids Rights**

立了組織並具體採取行動。

在那之後不久，我收到旁遮普總理大臣沙赫巴茲．謝里夫的邀請，要我到拉合爾的一場教育盛會上演講。他正在建立一個新的學校網絡，稱爲達尼斯學校[99]，還送學生免費的筆記型電腦，不過一開機就會看到桌面是他的照片就是了。爲了刺激各省的學生勤學，他提供現金獎賞給考試表現很好的男女學生。我因爲推廣女孩受教育的權利，收到一張寫著五十萬盧比的支票，大約是美金四千五百元。

我穿了一身粉紅色去參加那場活動，並且第一次公開提到我們是如何無視塔利班的命令，偷偷地繼續去上學。「我知道教育的重要，因爲我的筆和書是從我手上被強迫奪走的，」我說道，「但史瓦特的女孩們誰都不怕。我們還是繼續接受教育。」

有一天在學校，班上同學跟我說：「妳贏了大獎耶，有五十萬盧比的獎金！」我父親告訴我，政府把第一屆國家和平獎頒給了我。我簡直不敢置信。那天來了好多記者，把整個學校都變成新聞臺了。

頒獎典禮在二〇一一年十二月二十日舉行，地點在總理的官邸。總理官邸座落在山丘上，是憲章大道底的其中一棟全白的別墅。我曾經在往伊斯蘭堡的路上看過那棟房子。到這時候，我已經習慣與政治人物見面了。雖然父親一直跟我說吉拉尼總理是出身聖人家庭，企圖擾亂我的心情，我還是一點也不緊張。總理頒了獎和給我支票後，我給他一大串的請求清單。我向他說我們

99 Daanish School

想重建學校，史瓦特還需要一所女子大學。我知道他不會把我的請求當眞，所以我沒有逼得太緊。我心想：**有天我會成為政治人物，然後親自做到這些事。**

政府決定這個獎項每年都頒發一次，對象是給十八歲以下的孩子，並將這個獎項命名爲「馬拉拉獎」，以茲贊許我的作爲。我發現父親對此沒有很高興。他和大多數帕什圖人一樣，有點迷信。在巴基斯坦，我們並不習慣在對方還在世的時候，就用其名字命名事物，作爲感念。我們只會對過世的人這麼做，所以他覺得這件事很觸霉頭。

我知道母親不喜歡這個獎，因爲她怕我會因爲出名而成爲被攻擊的目標。她自己從不在公開場合露面，甚至連拍照都不願意。她是一個很傳統的女性，而這樣的行爲是我們流傳幾個世紀的傳統。如果她打破傳統，那麼大家都會指責她，特別是家族裡的成員更是如此。她從未對我和父親在進行的事務表示反對意見，但當我得獎的時候，她說：「我不要什麼獎，我只要我女兒。就算拿全世界來換我女兒的一根眼睫毛，我也不會答應的。」

我父親辯解道，他其實只是想要開辦一所學校，讓孩子們來學習而已。我們會介入政治和推動教育都是不得已的。「我唯一的野心，」他說道，「就是在我的能力範圍中，教育我的孩子與我的國家。但是當國家領導人裡有一半都在說謊，剩下的一半都在與塔利班合作時，就沒有人可以合作這些事了，你得自己發聲才行。」

等我回家時，我被告知有一大堆記者等著在學校採訪我，我得穿著體面才行。我起先是想穿一件很漂亮的裙子，但後來我決定穿一套謙虛一點的服裝接受採訪，因爲我想讓大家能夠專注在我想傳達的訊息上，而不是我的服裝。當我到學校時，我看見大家都精心打扮過了。「驚喜！」

我走進學校時他們對我大喊。原來他們籌了一筆錢，爲我舉辦了一場派對，派對上有個很大的白色蛋糕，上面用巧克力糖霜寫著「永遠成功」。我的朋友們都想和我一起分享成功的喜悅，這眞的是一件很棒的事。我知道班上的每個女孩如果有她們父母的支持，也都能達成我所做到的事。

「妳們現在可以回去上課了，」派對結束時，瑪麗安女士說道。「三月舉行考試。」

但那年卻有個令人難過的結尾。在我獲獎後五天，寶苞阿姨，也就是我母親的姊姊突然過世了，她還不到五十歲。她是糖尿病患者，有天在電視上看到一則廣告說在拉合爾有個醫生有秘方可醫治糖尿病，便說服我姨丈帶她去看那位醫生。我們不知道醫生給她注射了什麼，但她突然休克然後便過世了。我父親說那位醫生是江湖郎中，這也就是爲什麼我們必須繼續與無知奮鬥。

到了年底，我存了不少錢——總理、旁遮普總理大臣、我們這一省開伯爾．普什圖省的總理大臣、還有信德省政府分別給了我五十萬盧比。地方軍隊領將，陸軍少將古拉姆．卡瑪也捐了十萬盧比給學校興建化學實驗室和圖書館。但我的仗還沒打完。我在歷史課上學到，軍隊在打勝戰時，會享受他們的戰利品或是獎賞。我開始瞭解我得的獎具有那樣的意思。這些獎只是一些小東西，沒有太大意義。我需要專注在打贏戰爭這件事上。

我父親用這筆錢幫我買了張新床和一個新的衣櫃，然後付錢讓母親去植牙，並在香拉縣買了一塊地。我們決定把剩下的錢花在有需要的人身上。我想成立一個教育基金會。從我看到在垃圾山撿垃圾維生的孩子們那天起，這個想法就一直在我心裡揮之不去。我忘不了在垃圾山看到的黑色大老鼠，還有蓬頭垢面的女孩依序把垃圾分類的畫面。我們找了二十一名女孩開了一場會議，重點在推行讓史瓦特每個女孩都能上學，並把首要對象鎖定在流落街頭的孩子和那些童工身上。

我們穿越馬拉坎山隘的時候，我看到一個年輕的女孩在賣柳橙。因爲不識字，她用一支鉛筆在紙上畫記號，記錄自己賣掉多少柳橙。我把她拍了下來，並在心裡發誓：我一定要盡其所能的幫助像這樣的女孩。這是一場我準備要開打的戰爭。

18 女人與海

那瑪姑姑眼眶滿是淚水，她此生從沒看過海。我們一家人坐在大石頭上，眺望著一望無際的海面，呼吸著阿拉伯海鹹鹹的空氣。這海如此廣闊，一定沒人知道它延伸到哪裡去。我的心情非常愉悅。「我希望有天能跨越這片海洋。」我這麼說道。

「她在說什麼啊？」我的姑姑問道，好像我說了什麼不可能的事一樣。我還在想辦法理解她已經在喀拉蚩這個臨海城市住了三十年，卻從沒親眼看過海的這件事。她的丈夫不會帶她去海邊，即便她有辦法溜出屋外，她也沒辦法跟著路標走到海邊，因爲她不識字。

我坐在石頭上，想著大海另一邊的女人生活能有多自由。巴基斯坦有女總理，我在伊斯蘭堡也見過令人佩服的女性工作者，但事實上國內絕大多數女性是完全仰賴男性才能維生。我的班導師瑪麗安是個很堅強、也受過教育的女性，但在我們的社會裡，她不被允許獨居，也不能獨自去工作。她必須要與丈夫、兄弟或是父母住在一起才行。

在巴基斯坦，如果我們女人表達了想要獨立，別人會以爲妳是不想服從父親、兄弟或丈夫。但並非如此。我們想要獨立，是說我們想要自己做決定。我們想要能夠自由地去上學或去工作。

《可蘭經》裡沒有任何一句話寫到女人得要依賴男人生活。天堂沒有告訴我們女人一定要聽男人的話。

「親愛的，妳的心思飄得好遠，」父親打斷了我的思緒。「妳在想什麼呢？」

「在想跨海的事，爸爸。」我回答。

「快別想了！」弟弟阿塔爾大叫。「我們在海邊耶，現在我想去騎駱駝！」

當時是二〇一二年一月，在信德省政府宣布要將教會路上的一所女子中學用我的名字重新命名，以表對我的贊許之後，我們獲地理電視臺的邀約來到喀拉蚩。我的弟弟卡須爾在阿巴塔巴上學，所以只有我和我父母，還有阿塔爾一同前去。我們搭飛機到喀拉蚩，我們每個人都是第一次搭飛機。旅途只花了兩小時，我覺得非常不可思議。如果搭公車，得花上兩天時間才能到達目的地。在飛機上我們發現有些人因為看不懂字母和數字，所以找不到自己的座位。我的座位靠窗，可以看見腳下的沙漠和高山。隨著我們越往南方去，土地看來就越焦枯。我已經開始想念史瓦特綠油油的模樣了。我也能理解為什麼當我們的人民到喀拉蚩工作，卻仍總是想念埋藏在我們河谷的涼爽之原因了。

從機場一路開到旅館，沿途道路上的人、房子和車子的數量之多，令我瞠目結舌。喀拉蚩是世界上最大的城市之一。想到巴基斯坦剛建國時只有三十萬人口就覺得很奇妙。真納活著的時候住在這裡，並將此地列為我們的第一個首都，很快地數百萬穆斯林難民就從印度來到這裡，人稱哈吉爾人[100]，也就是「移民者」的意思，他們說的是烏爾都語。現今這裡大約有兩千萬人口，是世界最大的帕什圖城市，雖然距離我們的家園很遠，卻有大約五百到七百萬帕什圖人在這裡工作。

可惜喀拉蚩也是一個很暴力的城市，莫哈吉爾人和帕什圖人之間常常爆發衝突。我們看到的莫哈吉爾地區全都非常有條理又整潔，而帕什圖人的地區則是骯髒又混亂。莫哈吉爾人幾乎全部都支持一個叫做MQM統一民族運動黨的黨派，由阿塔爾夫．胡珊領導，他被流放後住在倫敦，平時透過Skype與他的黨員聯繫。MQM是個很有組織的團體，而莫哈吉爾社群則很團結。相反的，我們帕什圖人是非常分裂的。有些人追隨伊木朗．汗，因爲他是帕什圖人、是可汗，又是優秀的板球選手；有些人追隨毛拉那．法斯勒．拉赫曼，因爲他的黨派JUI是伊斯蘭教黨派；有些人追隨非宗教的ANP艾瓦尼國家黨，因爲ANP是帕什圖的愛國政黨；有些人追隨班娜姬．布托的PPP巴基斯坦人民黨，還有些人則是支持納瓦茲．謝里夫的PML（N）巴基斯坦穆斯林聯盟黨。

我們去了信德省的議會，裡面所有成員全都對我鼓掌。然後我們去拜訪了幾間學校，包含那所要以我的名字命名的學校。我發表了一場講述教育重要性的演講，並談到班娜姬．布托，因爲這裡也是她的家鄉。「我們一定要爲了女性的權利一起努力。」我說。孩子們表演歌唱給我聽，還送了一幅畫給我，畫裡的我仰望著天空。看到學校掛著我的名字，就像巴基斯坦的許多學校都

100 原文「mohajirs」

叫做馬拉賴·麥萬那樣，這感覺又奇怪又美好。在下次學校放假的時候，父親與我打算到史瓦特山上偏遠地方，去找那裡的孩子和他們的父母，跟他們談談學習讀寫的重要性。「我們就像是教育的傳教士一樣。」我說。

那天稍晚我們去拜訪了姑姑和姑丈。他們住在一間非常小的房子裡，我父親終於明白，當初他要上大學時，他們爲什麼要拒絕讓他寄宿了。路上經過阿西寬·拉索爾廣場的時候，我們很震驚地看見殺了督察薩耳曼·塔席爾的兇手照片被用花圈和玫瑰花瓣裝飾，好像他是個聖人一般。父親對此很憤怒：「一個兩千萬人的城市，居然沒有任何人想去把那張照片拿下來嗎？」

除了到海邊玩，還有母親買了很多衣服的市集以外，另一處我們這趟喀拉蚩之旅一定要去的重要地方，就是要去我們的國父、一個偉大的領袖——穆罕默德·阿里·眞納的陵墓。眞納的陵墓用白色大理石建造而成，在車水馬龍又人聲鼎沸的城市裡，此處給人一種平靜的感覺。這裡對我們來說，散發著神聖的氛圍。當初班娜姬的公車，就是在此她要前往陵墓進行她返回巴基斯坦第一次演講的路上被炸毀的。

警衛向我們解說在主間的大吊燈下的棺木裡，並沒有安置眞納的遺體。眞正的棺木在地底下，他的身旁埋著比他晚很多年才辭世的妹妹，法提瑪。另一邊則是我們的首任總理利雅庫·阿里·汗，他是被暗殺的。

稍後我們去了陵墓後方的一個小博物館，裡面展示有眞納從巴黎特別訂購的白色領結、他在倫敦訂製的三件式西裝、他的高爾夫球具，還有他特殊的旅行箱，箱內能安放十二雙鞋，包含他最喜歡的雙色雕花皮鞋。館內的牆上掛滿了照片。在巴基斯坦早期的照片裡，你可以從他凹陷的臉頰和如紙薄的皮膚看出他已不久人世。但當時這還是個祕密。眞納一天要抽五十支煙。當英國在印度的最後一任督察，蒙巴頓勳爵同意印度應該要被一分爲二的獨立治國時，眞納的身體已經被肺結核和肺癌侵蝕得很嚴重了。後來督察曾說，如果當時他知道眞納已快去世，他一定會延後宣布這個消息，那麼巴基斯坦就不會存在了。而事實正是如此，眞納在獨立消息宣布的一年後，也就是西元一九四八年九月便辭世。之後不到三年的時間，我們的第一任總理被殺。從一開始我們就是個極不幸的國家。

這裡展示了許多眞納知名的演講稿。有講述在新建立的巴基斯坦，人們都可以自由信奉各種信仰的演說。還有一場他述說女性角色十分重要的演說。我想看看這些在他生命裡出現過的女人的照片。但他的妻子很早就過世了，她是帕西人，他們的獨生女黛娜則留在印度，最後嫁給了帕西人，這件事在這個新的穆斯林國家並不廣爲人們所接受。現在她居住在紐約。所以我看到的，大都是她的妹妹法提瑪的照片。

拜訪陵墓還有看過那些演講稿之後，很難不去想像眞納一定會對現在的巴基斯坦感到很失望。他大概會說這不是他原本想要的國家。他希望我們能獨立、能夠包容、能善待彼此。他希望不論是信仰什麼宗教，每個人都能得到自由。

「如果我們沒有獨立，而是一直屬於印度的一部分，情況會不會比較好？」我問父親。在我看來，在巴基斯坦建國之前，印度教徒和穆斯林之間的衝突不斷。然而在我們有了自己的國家之後，衝突仍沒有平息，只是變成了莫哈吉爾和帕什圖之間、還有遜尼派和什葉派之間的鬥爭。我們的四個省分不但沒有一起慶祝獨立，反而難以和平共處。信德省常常提出與其他省分分歧的意見，而俾路支省雖然一直在打仗，但因爲實在太偏遠了，沒什麼人在乎。這些鬥爭是否代表我們應該要再次把國家切割分裂呢？

我們離開博物館時，外面有些年輕男子舉著旗子在抗議。他們告訴我們，他們是從旁遮普南方來的，他們的語言是賽拉基語，他們想要擁有自己的省分。

可以爭吵的事情好像有很多。但如果像那些人說的，基督徒、印度教徒和猶太人都是我們的敵人，那我們穆斯林之間爲什麼還要內鬥？我們的族人被誤導了。他們覺得重點是要保護伊斯蘭教，卻被塔利班那類想曲解《可蘭經》的人害得誤入歧途。我們應該要把焦點放在實際的事物上才對：我們國內有這麼多人是文盲，許多女性完全沒有受過教育；在我們的國家裡，學校會被炸毀；我們沒有穩定的電力；每一天都有巴基斯坦人被殺害。

有一天一個名叫夏拉・安亞的女人來到我們的旅館。她是住在阿拉斯加的巴基斯坦裔記者，在《紐約時報》的網站上看到我們的紀錄報導之後，她就很想來見見我們。她和我聊了一下，然後也與父親談話。我發現她的眼眶濕濕的。她問我父親：「你知道嗎，齊奧汀，塔利班已經威脅要傷害這個無辜的女孩了。」我們不知道她在說什麼，所以她打開網頁，給我們看塔利班那天對兩個女性發出的威脅——迪爾的活動分子，莎・貝干，而另一個就是我，馬拉拉。「這兩人在散布政教分離的觀念，罪該萬死。」上面這麼寫道。我沒把這當一回事，畢竟網路上什麼消息都有，如果這是眞的，那我們就會從別的地方聽到這個消息。

那天晚上，我父親接到一通電話，是在過去十八個月以來都與我們住在一起的一家人打來的。這家人之前住的屋子是泥土砌的屋頂，逢雨必漏。因爲我們家還有兩間空房，便讓他們來和我們同住。他們會象徵性的繳一點房租，孩子則去我們學校免費上學。他們有三個小孩，我們很高興他們搬進來，因爲孩子們都會在屋頂上玩官兵抓強盜。他們打電話告訴父親說警察來到家裡，質問我們有沒有收到任何威脅。父親聽到這個消息後，撥了電話給副局長，副局長也問他一樣的問題。父親問道：「爲什麼這麼說？有什麼消息嗎？」副局長則請父親回到史瓦特時去與他碰個面。

在那之後，父親便顯得坐立難安，無法好好享受在喀拉蚩的時光。我看得出來父親和母親都很不開心。我知道母親還在悼念阿姨，他們對於我獲頒這麼多獎項也覺得很不安，但情況看來好像不僅僅如此而已。「你們怎麼了？」我問道，「你們很擔心，卻不告訴我們在擔心什麼。」

然後他們告訴我，那通從家裡打來電話的事，他們現在覺得威脅變得很嚴重。我不知道是什麼原因，但聽到自己成爲攻擊目標時，我並沒有特別擔心。對我來說，每個人都知道自己總有一天會死。我覺得沒有人能夠永生不死，至於是塔利班造成的，還是癌症造成的，好像不那麼重要。既然如此，那麼我應該要繼續完成我想要做的事。

「親愛的，也許我們該停止這些宣傳了，先低調一陣子。」父親說。

「怎麼可以？」我回答，「是你告訴我，如果我們相信有些事比我們的生命更重要，那就算我們死了，我們發出的聲音只會更強大。我們不能放棄！」

有人要我在活動上演講，我怎能因爲安全的問題就拒絕呢？這不是我們會做的事，特別是驕傲的帕什圖人更是如此。父親總說帕什圖人的血液裡流著英雄的基因。

但當我們回到史瓦特時，心情仍是非常沉重。父親去了一趟警局，警方給他看了我的檔案。他們說我在國內外的知名程度，吸引了多方注意，也讓我成爲塔利班威脅的對象，他們說我需要被保護。他們表示會提供我們警備人員，但父親對此持保留態度。史瓦特有很多長輩身邊都有警衛，但仍然被殺害了，而旁遮普的督察則是被自己的保鏢殺死的。他也認爲武裝警衛人員會讓學校的家長緊張，他不想讓其他人也身陷危險當中。以前他被威脅的時候，他總是說：「讓他們殺我沒關係，但要殺就殺我一人。」

他建議把我送去阿巴塔巴念寄宿學校，像卡須爾一樣，但我不想去。他還與陸軍上校見面，上校說去阿巴塔巴念書並不會比較安全，只要我在史瓦特能低調一點應該就沒事了。所以當KPK黨提出要任命我爲和平大使時，父親說還是拒絕比較妥當。

我開始會到了晚上就把家門上鎖。「她感受到威脅了。」母親這樣向父親說。他對此很不開心。他一直要我在晚上時將房裡的窗簾拉上，但我不願意這麼做。

「爸爸，現在眞的很奇怪，」我跟他說，「當初還在塔利班化的時候，我們很安全，但現在沒有塔利班了，我們卻身陷危險。」

「是的，馬拉拉，」他回答，「現在的塔利班化是特別針對我們來的，針對像我們這種敢站出來說話的人。史瓦特的其他地方都沒事。黃包車司機、店家老闆都沒有危險。這次的塔利班

19
祕密的塔利班組織

「我們來假裝自己身在《暮光之城》的電影裡，我們是一群森林裡的吸血鬼。」我對莫妮芭這麼說。我們這次校外教學的目的地是馬爾格扎，一座美麗的綠色山谷。那裡的空氣很涼爽，還有一座高山和一條清澈見底的小溪，我們就是打算在那兒野餐。那附近有一棟「白宮飯店」，是舊時娃利的避暑宮殿。

當時是二〇一二年的四月，上個月才剛結束大考，所以我們心裡都覺得很放鬆。我們這群女孩約有七十人。隨行的還有我們的老師與我的父母。我父親租了三臺簡便巴士，但我們沒辦法都擠上車，因此我們五個人——我、莫妮芭，還有三個女孩——坐上了豐田迪娜，也就是我們校車。它坐起來不怎麼舒適，尤其是車內地板上更隨處堆疊了稍晚要做為野餐餐點用的、裡面裝了雞肉和米飯的許多大鍋子，但幸好車程也不過三十分鐘。我們玩得很開心，一路歡唱。莫妮芭看起來非常漂亮，她的肌膚泛著陶瓷般的白皙。「妳現在都擦哪種護膚霜？」我問她。

「跟妳用的一樣。」她回答。

我知道她說謊。「哪有可能。妳看看我皮膚多暗沉，然後妳再看看妳自己的！」

我們參觀了白宮飯店，見識到了皇后的寢宮，也欣賞了繁花似錦的花園。很可惜我們沒辦法看到娃利的房間，因為它遭到洪水的破壞，尚未修復。

我們在綠林裡奔跑了一陣，拍了些照片，然後涉足河中，互相把水潑灑到彼此的身上。飛濺的水珠在陽光的照射下閃閃發亮。山崖下有座瀑布。我們在大石頭上坐了一會兒，聆聽它的話語。後來莫妮芭又開始把水潑到我身上。

「不要啦！我不想弄濕我的衣服！」我求饒了。我跟著另外兩個她不喜歡的女孩子離開。其他女孩們開始搬弄是非，我們都稱這是「幫現況加料」。因為這道「好菜」，莫妮芭跟我又吵了一架。這件事讓我心情很差，但當我們登上山崖頂峰準備吃中餐時，我又開心起來了。我們的司機烏西曼．巴海．貞跟往常一樣又逗得我們歡笑連連。瑪麗安女士帶著她還是嬰兒的兒子，和她的兩歲女兒漢娜：她長得像一尊漂亮的娃娃，但非常喜歡惡作劇。

中餐是一場災難。當校務助理把平底鍋放到火上，試著加熱雞肉咖哩時，忽然憂心起他們帶來的食物可能不夠讓這麼多女孩吃飽，所以又從溪中撈了些水倒進去。我們說這是「史上最糟糕的一頓午餐」。這咖哩煮得太稀了，有一個女孩就說：「我可以在湯咖哩上看到天空的倒影！」

就像我們每次的旅行一樣，在我們準備動身離去之前，我父親讓我們都站在一顆大石頭上，要我們分享這一整天的行程所帶來的感想。這次，每個人的話題都是食物有多難以下嚥。我父親覺得很不好意思，一句話都說不出口。

隔天早上，一名學校的員工拿了牛奶、麵包和雞蛋到我家，那是我們的早餐。因為女性被規定不應拋頭露面，所以總是由我父親去應門。那個男人告訴他，商店的老闆有一封影印的信件要給他。

當我父親讀過之後，他的臉色變得蒼白。「天啊，這是一份指控我們學校的可怕文宣！」他這麼告訴我母親，並將內容大聲唸出。

親愛的穆斯林弟兄：

有一所學校，卡須爾學校，是由一個非政府組織（NGO）所經營的（在我們國家，NGO在信眾之間的名聲非常糟糕，因此這種說法很容易激起民眾的怒火），它更充滿了各種低劣與猥瑣。在神聖先知的《聖訓》中有提到，如果你看見任何不堪或邪惡的事情，你應該要用自己的雙手去阻止它。如果你沒有辦法這麼做，那麼你就應該告訴其他人這件事情；就算你沒有辦法這麼做，你也應該在心裡衡量它究竟有多不堪。我跟這間學校的經營者沒有任何個人恩怨，但我要告訴你們伊斯蘭教義跟我們說了些什麼。這間學校裡充斥著各種低劣與猥瑣，他們帶著女孩們到各個不同的度假勝地去野餐。如果你不設法阻止它，在末日來臨之時，你就要親自接受真主的訊問。去吧，去問白宮飯店的經理，他會告訴你這些女孩做了些什麼好事……

他把那張紙放下。「上頭沒有任何署名。是一封匿名信。」

我們坐下，呆若木雞。

「他們知道沒有人會眞的去問經理，」我父親說，「人們只會在腦海裡想像揣測發生過什麼可怕的事情。」

「我們知道當時的情況。女孩們沒做任何壞事。」我母親再三向他保證。

我父親打了一通電話，請我的表哥卡安吉去調查，看看這些信件目前散布的範圍有多廣。他回報了壞消息——這些信到處都是，不過多數店面的老闆都視而不見，並將這些紙張丟掉。還有一些上頭寫著同樣控訴的巨型海報被貼在清眞寺的正前方。

在學校，我的同學們都嚇壞了。「先生，他們用了很多很難聽的壞話來批評我們的學校，」她們對我的父親說，「我們的父母聽到以後不知會做何感想？」

我父親把所有的女孩都集中到中庭。「妳們在怕什麼？」他問，「妳們有做出任何違反伊斯蘭教義的行爲嗎？妳們做了任何違反道德的事情嗎？沒有。妳們只是玩水和拍照，所以不用害怕。這些文宣是毛拉那・法茲魯拉的信奉者編造出來的。擊敗它們！妳們有權享受綠野和瀑布與美景，就像男孩們可以享有的一樣。」

我父親說話的氣勢如同獅王，但我知道他心中仍舊擔心、受怕。只有一個人來學校將他的姊妹帶走，但我們知道事情不會就此結束。事發後不久，有人告訴我們，一名剛自德拉伊斯梅爾汗縣（Dera Ismail Khan）完成和平行腳（peace walk）的男子將經過明戈拉，我們想要歡迎他的蒞臨。在我和父母前往去會見他的路途上，有一個發狂似的、同時講著兩支手機的矮小男子主動來和我們攀談。「別走那條路，」他勸阻我們，「那裡有一個自殺炸彈客！」我們已經答應好要去見這名行者，所以我們改走另一條路，在行者的脖子上掛了一個花圈後，我們快速返家。

在那年的春夏之際，怪事接二連三發生。陌生人來我家問一些和我的家人有關的問題。我父親說那些人都是幫情治單位做事的。而在我父親與史瓦特和平組織在我們學校舉行了一場反對軍方干預明戈拉住民與我們社區的自禦委員會組織夜間巡守隊的聚會之後，這些陌生人來得更勤了。「軍方說這裡很祥和，」我父親說，「為什麼我們還需要巡邏小組與夜間巡守呢？」

在那之後，由我父親一位經營與女權有關的非政府組織的朋友贊助，我們學校為明戈拉的孩子們舉辦了一場繪畫比賽。參賽作品應該要能展現出性別平等，或能凸顯出女性遭受歧視的事態。那天早上，兩個來自情報單位的男人來到我們學校見我父親。「你們學校在搞什麼鬼？」他們質問。

「這是一所學校，」他回答，「我們舉辦了一場繪畫比賽，就像我們會舉辦辯論比賽、烹飪比賽和作文比賽一樣。」這些男人變得非常憤怒，我父親也是。「每個人都知道我的為人處事！」他說，「你們為什麼不去做點正事，找到法茲魯拉，和那些雙手因沾滿史瓦特人鮮血而腥紅的兇手們？」

那次的齋月，我父親一位住在喀拉蚩的朋友，名叫瓦基爾・汗，他準備了一些衣物要送給窮苦人，他希望我們能幫忙發放。我們在大廳發送這些衣物。但在我們活動還沒開始前，情報人員就來了，並問：「你們在做什麼？誰把這些衣服拿來的？」

七月十二日那天，我滿十四歲，在伊斯蘭教義裡表示我已經是名成年人。伴隨著我的生日，新聞上報導塔利班殺死了史瓦特歐陸酒店的老闆，他是一個和平委員會的成員之一。他當時剛離開家，準備前往他位於明戈拉市集的酒店。塔利班在一個空曠處突襲他。

再一次，人們開始擔憂塔利班已悄然潛回。但是回顧在二〇〇八到二〇〇九年時，各式各樣的人都收到了許多威脅，這次卻只有那些公然反對武裝分子或軍方實施高壓手段的人受到生命的威脅。

「塔利班並非如我們所想的是一個有組織的勢力，」當他們在談論這件事情時，我父親的朋友希達亞圖拉這麼說，「它是一種心態，而這種心態在巴基斯坦隨處可見。無論這個人是反對美國、反對巴基斯坦當局、反對英國法治，他都已經深受塔利班的影響了。」

當我父親接到一通來自「地理」電視臺的記者梅布博打來的警告電話時，已是八月三日的深夜。他是我父親的朋友扎西德．汗的姪子，他所經營的旅館在二〇〇九年遭受恐怖攻擊。人們以前都說扎西德．汗與我父親皆被標註在塔利班的雷達儀上，早晚會被奪走性命；他們唯一猜不到的是誰會先喪命。梅布博告訴我們，他的伯父那天要去家附近大街上的清眞寺參加夜禱，那是一天當中最後的禱告時，被人開槍擊中他的臉部。

當他聽到這起消息時，我父親說他頓感大地從他的腳邊消失。「那感覺好像我才是那個中槍的人，」他說，「我很清楚，下一次就輪到我了。」

我們哀求父親不要去醫院探望，時間太晚了，而且襲擊扎西德．汗的人很可能就在那等候他的大駕光臨。但他說不去的話就與懦夫沒什麼兩樣。有幾個積極參與政治活動的朋友主動表示願意陪他前往，但他認爲，如果還要等這些人來再前往，時間會拖得更晚。所以他打電話請我的表哥載他過去。我母親開始禱告。

當他抵達醫院時，只有另一名史瓦特和平組織的成員在那裡。扎西德・汗血流如注，就連他的白鬍子都像浸泡在鮮紅中。但他很幸運。一個男人用手槍近距離朝他開了三槍，但扎西德・汗想辦法抓住了對方的手，因此只有第一發子彈命中他。這顆子彈很奇妙地射穿他的喉嚨，然後從他的鼻腔出來。稍晚，他說他記得一個身形矮小、臉上剃得乾乾淨淨的、沒有戴任何面具的男子就站在那兒掛著笑容，然後黑暗占據了他，猶如跌入黑洞一般。諷刺的是，扎西德・汗直到最近又開始步行去清眞寺，因爲他認爲情勢已趨向穩定。

我父親在爲他的朋友禱告之後，對媒體說話。「我們不能理解的是，爲什麼他會在他們宣稱和平已臨的情況下被攻擊，」他說，「此事對軍方和執政當局來說會是一個大問題。」

人們對我父親提出警告，建議他離開醫院。「齊奧汀，已經午夜了，你人居然還待在這裡！別犯傻了！」他們說，「你和他一樣身體是肉做的，也和他一樣被人視爲眼中釘。不要再讓自己涉入更深的險境啦！」

到最後，扎西德・汗被轉送至白沙瓦動手術，我父親也回家了。我還沒就寢，因爲我很擔心他的安危。在這件事情之後，我每晚都會再三確認家裡的門是否都已上了鎖。

我們家的電話開始響個不停，成天都有人打電話來警告我父親他可能就是塔利班的下一個目標。希達亞圖拉是最先打來的人之一。「看在眞主的份上小心點，」他警告，「這件事的受害者很有可能是你。他們正在逐一狙殺和平組織的成員。身爲發言人的你，他們怎麼可能容許你繼續活著？」

我父親深信塔利班會追擊並殺害他，但他再一次婉拒警方所提供的隨行防護。「如果你走到哪，身邊都帶著一大群維安人員，塔利班就會採用突擊步槍或自殺炸彈客來攻擊，這只會造成更多人死亡而已。」他說，「至少，我會是在隻身一人的情況下被殺害。」他也拒絕離開史瓦特。「我還能去哪裡？」他問我母親，「我不能離開這個地區。我是環球和平議會的會長、長老議會的發言人、史瓦特私校聯盟的會長、我自己學校的理事長，更是這個家的大家長。」

他唯一採取的預防措施，就是讓他的行程變得不固定。這一天他可能是先去小學部，另一天他去女子學校部，又一天他來到男子學校部。我注意到無論他走到哪裡，他都會先四下張望街道四或五次後才會前行。

除了這些風險之外，我父親和他的朋友們仍舊十分活躍，不停舉辦示威抗議活動與記者招待會。「如果局勢真的已經和平，爲什麼扎西德·汗會遭受攻擊？誰攻擊他的？」他們提出質疑，「自從我們脫離國內難民的身分之後，我們就沒有看到軍警人員受到任何攻擊。現在唯一會遭受攻擊的，只有努力重建和平的人，與一般的老百姓。」

當地的軍方領導人不開心了。「我告訴你們，明戈拉不存在任何恐怖分子，」他堅持此說，「我們的報告上就是這麼說的。」他宣稱扎西德·汗是因爲與別人有了金錢上的紛爭，才會被人開槍的。

扎西德·汗在醫院住了十二天，動了一個重建鼻子的整容手術，術後在家休養了一整個月。即便如此，他仍堅持發聲。若說他在經過這次的事件後有任何改變，那就是他變得更直言不諱，特別是在抨擊情治單位一事上，因爲他相信他們正是塔利班的幕後主使者。他在報上發表言論，指出在史瓦特所發生的衝突事件都是人爲操弄的。「我知道誰看我不順眼。而我們需要知道的是誰命令這些武裝分子來襲擊我們。」他這麼寫。他要求最高法院的院長設置一個司法委員會，調查究竟是誰將這些塔利班帶進我們的河谷。

他畫了一張兇手的素描像，並說人們應該要在這名男子射傷其他人之前阻止他。但警方毫無進行搜查的打算。

在針對我的威嚇出現之後，我母親就不希望我四處遊走，並堅持我搭黃包車上學，下課就搭巴士回家，徹底忽視我走路回家不過只需五分鐘的事實。巴士會將我送到通往我們街道的階梯前方，然後放我下車。我們鄰里中有一群男孩常在那附近閒晃。有時候一個名叫哈魯恩的男孩會跟他們玩在一塊，他大我一歲，以前也住在我們那條街上。我們小時候會一起遊戲，然後有一天，他告訴我他愛上我了。但後來，一個漂亮的表妹搬過來與我們的鄰居賽費娜同住，他便轉而愛上了她。當她告訴他，她對他沒興趣後，哈魯恩又把注意力移回了我身上。在這件事發生之後，他們就搬到了另一條街上，我們則住進了他們的房子。然後哈魯恩離家，去軍校念書。

但他因假期而返鄉，有一天當我從學校回家時，發現他在街道上晃蕩。他跟蹤我回家，並將一張紙條放進我家大門，讓我能一眼就看見。我請一個小個子的女孩幫我拿。他在上面寫著：「現在妳已成了名人，我依舊愛妳，也知道妳愛我。這是我的號碼，打給我。」

我把那張紙條拿給父親，他很生氣並打給哈魯恩，告訴他，他將會把這件事情跟他的父親說。那是我最後一次見到哈魯恩。在這件事後，男孩們不再現身於我們居住的街道上，但有一個與阿塔爾玩在一塊兒的小男孩每次只要一看到我經過，都會暗示性地呼喊：「妳覺得哈魯恩怎麼樣？」我受夠了。有一天我要阿塔爾把那個男孩帶進來。我生氣地對他大聲說話，至此之後他便停止再這麼說了。

在我和莫妮芭又和好了之後，我把這件事情告訴她。她與男孩子們的互動總是十分謹愼，因爲她的兄弟隨時都在監視她的一舉一動。「有時候啊，我眞的覺得當個暮光之城裡的吸血鬼比當個史瓦特女孩簡單多了。」我嘆著氣說。但說眞的，如果被男孩子騷擾是我人生中最大的困擾的話，我會很樂於接受。

20

誰是馬拉拉？

在一個夏季尾聲的清晨，當我父親正準備出門去學校時，他注意到那張由喀拉蚩的一間學校送給我們的、上面畫著我注視天空的一幅畫像，在夜裡不知怎的變了形。他很喜愛那幅畫，所以把畫掛在我的床頭。看見它在自己的眼中扭曲，讓他心生不祥的念頭。「請幫我把它攤平掛好。」他請我母親幫忙，聲音帶著異常的尖銳語調。

同樣在那星期，我們的數學老師夏息雅小姐在一種歇斯底里的狀況下來到學校。她告訴我父親她做了一個噩夢，在夢中，我到學校時腿部嚴重灼傷，而她盡力想避免此事發生。她懇求他把一些煮熟的大米分給窮人，因爲我們相信如果你送別人白米，就連螞蟻或小鳥都能吃到掉在地上的碎屑，因此就會幫我們祈禱。我父親用金錢取代白米，她見狀心緒更加煩亂，並說這兩種做法的意涵根本不同。

對夏息雅小姐口口聲聲說的「預兆」，我們大笑以對，但就連我也開始做噩夢。我沒有和父母親提過這些夢，但每當我要出門，我就會擔心持槍的塔利班會忽然躍現在我的面前，或朝我臉上潑灑酸液，他們對阿富汗的女性就是這麼做的。我特別害怕那通往我們大街的那些階梯，就是那些男孩們過去常流連的地方。有時候我覺得自己聽到了身後響起的腳步聲，或想像自己看見人影潛進附近的陰影中。

跟我父親不同，我嚴加防備。在晚上，我會先等到每一個人都睡著——我母親、我父親、我的兩個弟弟、住在我家裡的其他家族成員，以及留宿我家的故人訪客——然後我就會起身，檢查每一扇門窗是否緊鎖。我會走出家門，確定前頭的柵門已上鎖，接著開始逐一檢查每一間房間。我的房間位在屋子的前半部，房裡有很多扇窗戶，我會把窗簾都拉開。我想要隨時都能夠掌握周遭的所有動靜，但我父親勸我不要這麼做。「如果他們眞想殺我，他們在二〇〇九年時就會下手了。」我說。但我擔心有人會在屋子的外圍架梯，爬過牆頭後，打破窗戶闖進我的房中。

然後我會禱告。在夜裡我經常禱告。塔利班認爲我們不是穆斯林，但我們的信仰是確確實實的。我們比他們更相信眞主的存在，而我們也相信祂會保護我們。我以前都會誦唸〈**阿雅特．歐．古爾西**〉[101]，是摘自《可蘭經》第二部分〈牝牛之章〉的〈寶座之詩詞〉。這些詩句非常特別，我們相信，如果你在夜裡唸誦三次，「**夏亞丁**」[102]，也就是惡魔便沒有辦法入侵你的家。如果唸誦五次，你所居住的街道就能平安；如果唸誦七次，整個區域都能得到神的庇佑。所以我會唸誦七次或甚至更多次。接著我會對眞主祈禱：「請保佑我們。保佑我們的父親及家人，保佑我們的街道，保佑我們的鄰里，保佑整個史瓦特。」然後我會說：「不，請保佑所有穆斯林。」然

101 原文「**Ayat al-Kursi**」
102 原文「**shayatin**」

後是：「不，不只是穆斯林；請保佑所有的人類。」

在一年當中，我最常在考試期間禱告。那是我和我的朋友們唯一會做完整五次禱告的時候，就像我母親以前常要我做的那樣。我發現在下午時的禱告，困難度最高，因爲我不想被迫放棄正在看的電視節目。在考試期間，我會向阿拉祈求高分，但我們老師常會警告我們：「如果妳們不用功，眞主不會賜給妳們高分。眞主會降福在我們身上，但祂也是剛正不阿的。」

所以我還是會努力念書。通常我喜歡把考試視爲一個機會，用來證明我的能耐有多少。但在二〇一二年的十月，這些「機會」造就了我的壓力。我不想像三月份的考試一樣，輸給瑪麗克・愛奴兒，落居第二。然而不同於以往，她不只贏我一或兩分，而是贏了我五分！在那之前，我請經營男子學校部的阿姆傑德先生幫我額外上課。在考試的前一天，我熬夜讀到凌晨三點，更把整本教科書全部重讀了一遍。

第一張考卷發下來的時間，是十月八日星期一，科目是物理。我鍾愛物理，因爲它關乎眞理，一個由原則與定律所掌管的世界——既沒有胡搞，也不像政治那樣會扭曲、變形，就像那些發生在我們國家的事情一樣。在我們等待考試開始之前，我對自己吟詠了神聖的詩句。我把考卷寫完了，但我知道我在塡空題答錯了一題。我很氣自己，氣到差點落淚。那道題目只不過占一分，但它讓我覺得某種更具破壞性的事情將要發生。

那天下午回到家時，我很睏，但隔天考的是「巴基斯坦研究」，這份考卷對我來說難度相當高。我很擔心自己會拿到更低的成績，所以我幫自己泡了一杯咖啡牛奶來驅走睡魔。當我母親來看我時，她嚐了一口我的飲料，她覺得很好喝，一口氣就把剩下的都喝光了。我沒有辦法對她開口說：「嫂嫂，請住手，那杯咖啡是我的。」而櫥櫃裡的咖啡已經沒了。這天我照樣讀到很晚，背誦關乎我們獨立史的教科書內容。

一早，我父母和往常一樣進我的房間叫我起床。在我的記憶裡，從沒有一天是我自己想辦法早起去上學的。我母親爲我們準備了與平常相同的早餐：加了糖的茶、薄餅與荷包蛋。我們大家一起吃早餐——我、我母親、我父親、卡須爾和阿塔爾。那天是我母親的大日子，當天下午，她要開始去上我幼稚園老師烏爾法小姐的課，學習讀、寫我們的語言。

我父親開始嘲笑阿塔爾，他當時八歲，臉皮比以前更厚了。「等著看，阿塔爾，等哪一天馬拉拉成爲首相時，你只配當她的祕書。」他說。

阿塔爾聽了很生氣。「我不要，不要，不要！」他說，「我才不會輸給馬拉拉。我要成爲首相，讓她來當我的祕書。」所有這些嘻笑怒罵耗掉了我太多的時間，讓我最後只能吃掉半顆蛋，也沒時間整理儀容便要去學校了。

「巴基斯坦研究」的考卷比我原先想像的還簡單。裡面有些問題問到真納怎麼把我們國家建立成穆斯林的第一個家鄉，也問到了因孟加拉的獨立建國而造就的國家悲劇。畢竟兩國之間有著千哩的距離，孟加拉曾是巴基斯坦國土的一部分的事實，讓我相當難以想像。我寫出了所有問題的答案，也對自己的答案很有自信。當宣布考試結束時，我很開心，還跟我的朋友們閒聊，等著學校的一名助理雪爾．穆罕默德．巴巴來通知我們巴士來了。

那輛巴士每天都會來回兩趟，這天我們搭的是第二趟。我們喜歡留在學校，而且莫妮芭說：「考試讓人筋疲力竭，在回家前大家留下來聊天吧！」因爲巴基斯坦研究的考試我應答的還不錯，所以我同意了她的提議。這天我無煩無憂。我當時肚子餓了，但因爲我們已經十五歲，所以再也不能走上街道，於是我找了一個小女孩幫我買了支玉米芯。我只吃了一些，然後就送給另一個女孩把它吃完。

十二點鐘，爸爸用廣播叫我們過去。我們都跑著下樓。其他女孩在出校門前都先把臉部遮好，然後才爬進了巴士的後座。我用圍巾把自己的頭包起來，但我從不掩蓋自己的面容。

在等候另外兩個老師上車前，我要烏西曼．巴海．貞講笑話給我們聽。他的腦子就是一部超級搞笑的故事大全。那天他沒講故事，倒是變了一個讓小卵石消失的魔術。「你怎麼辦到的？跟我們說！」我們都吵吵嚷嚷，但他堅持不肯洩漏。

當每個人都準備好以後，他讓茹比小姐與其他幾個年紀比較小的孩子，一塊在他前頭的駕駛區就坐。另一個小女孩哭說她也要跟他們坐在一起。烏西曼說不行，因爲前面已經沒有空間了，她得與我們一起留在後座。但我覺得她很可憐，因此說服了烏西曼讓她也坐前排。

我母親叮嚀阿塔爾要和我一起搭巴士，所以他從國小部走了過來。他喜歡把車輛的後檔板鬆開，這舉動讓烏西曼很生氣，因爲這樣做很危險。那天烏西曼覺得他受夠了，要阿塔爾不准那麼做。「坐進去，阿塔爾．汗，否則我就不讓你上車！」他說。阿塔爾發了頓脾氣，拒絕上車，氣得選擇和他幾個朋友們一起走路回家。

烏西曼發動了車子的引擎，然後駛離校區。我一路與莫妮芭，我那聰明又善良的朋友談天。有一些女孩在唱歌，我的手指在座位上敲著節拍。

莫妮芭和我喜歡坐在靠近車後方的開口處，這樣我們就可以看外頭的景色。在一天當中的那個時刻，哈吉巴巴路上總是擠滿了各種顏色的黃包車、行人與機車騎士，大家都企圖超車並猛按喇叭。一輛上頭彩繪著紅色與白色核子彈頭的紅色三輪車，載著一個賣冰淇淋的男孩，他追在我們的後頭，朝著我們不停揮手，直到一名老師把他噓了開。一個男人正在斬雞頭，雞血滴落大街。我的手指仍在打著節拍。斬、斬、斬，滴、滴、滴。說來有趣，當我還小的時候，我們常說史瓦特人愛好和平，你很難找到一個男人願意幫你殺雞。

空氣中，滿溢著柴油、麵包及烤肉串混雜了河流的臭味。無視我父親一次又一次的當眾呼籲，人們依舊用他們的垃圾汙染河川，也不打算停手。但我們習慣了。此外，冬天很快就要到了，大雪將落，它將使一切變得潔淨、安寧。

在軍隊檢查哨處，巴士右轉，遠離了幹道。在一個涼亭上張貼了一張海報，上頭是一群蓄鬍、戴帽或頭巾，眼神瘋狂的男人，上方則用大大的字母寫著「通緝恐怖分子」。最上面那張照片裡，頭巾和鬍鬚均黑的男人正是法茲魯拉。從軍方開始將塔利班驅趕出史瓦特的行動至今，已超過三年了。我們對軍方心存感激，但仍無法理解爲什麼軍人仍隨處可見：他們在屋頂上設立機槍塔，或置身於檢查哨之中。人們甚至需要官方的許可，才能進入我們的河谷。

開上小丘的道路通常是繁忙擁塞的，因爲那是條捷徑，但那天卻異常安靜。「人們都到哪兒去了？」我問莫妮芭。所有的女孩都在唱歌、聊天，我們的聲音在巴士中不停地迴響著。

在那個時間點，我母親大概剛穿過大門，這是自從她六歲離開學校後，再度進入我們學校上她的第一堂課。

我沒有看見那兩名站上馬路的男子，他們促使巴士緊急停下。我沒有機會回答他們的問題：

「誰是馬拉拉？」因此我沒有機會跟他們解釋為什麼他們應該讓我們這些女孩，以及他們自己的姊妹與女兒去學校接受教育。

我記得，當時我腦海中所想到的最後一件事，是我隔天應該如何調整自己的行程。我腦海中響起的聲音不是那三顆子彈帶來的**咔**、**咔**、**咔**，而是那斬雞頭的男人所發出的斬、斬、斬，滴、滴、滴。那些雞頭墜落在骯髒的街道，一顆，接著一顆。

第四部

生死交關

ښېرې به ولې درته نه کړم　توره ټوپکه ورانه وې ودان کورونه

Khairey ba waley darta na kram
Toora topaka woranawey wadan korona

黑暗之槍！為什麼我不詛咒你？
你把充滿愛的家庭變得支離破碎。

21

「主啊，我將她託付給祢」

烏西曼一發現事態不對，就開著校車一路飛衝，往史瓦特中央醫院飆去。其他女孩都在尖叫和大哭。我趴在莫妮芭大腿上，血從我的頭和左耳流了出來。我們才開了一小段路，就被警察攔下來問話，浪費寶貴的時間。其中一個女孩摸了我的脖子找脈搏。「她還活著！」她大喊。「我們要快點帶她去醫院。別再攔著我們了，快去把兇手抓起來！」

明戈拉雖然感覺上好像是個很大的城鎮，但其實這裡只是個小地方，消息很快就傳了開來。我父親當時在史瓦特媒體俱樂部與私立學校協會開會。他剛踏上講臺準備開始演講，電話就響了。他看顯示號碼是卡須爾學校打來的，便把電話交給他的朋友阿梅德·夏幫他接。「你們的校車被人開槍攻擊了。」他急迫地壓低聲量向我父親說道。

父親臉色鐵青。他馬上想到：**馬拉拉可能就在車上！**然後他試著安慰自己，可能只是哪個吃醋的年輕人，拿著手槍跑來對空鳴槍，想讓他的女朋友難堪而已。他當時正在參加一場很重要的集會，大約有四百個來自史瓦特各地的校長，抗議政府要成立中央管理局的一事。身爲組織的領導人，他覺得自己不能讓大家失望，所以他照原定計畫完成了演講。但他的額頭不斷冒出斗大的汗珠，這次他不需要別人來提醒他加快速度。

演講一結束，父親沒有等觀眾提問，馬上就與阿梅德·夏和另一個有車的朋友麗雅茲一起趕到醫院。到醫院只有五分鐘的路程。他們抵達時，發現醫院外面擠滿了人潮和攝影師，還有電視臺的人，他就知道我肯定是在這臺車上了。父親心情一沉，他推開人群，在閃光燈此起彼落中衝進醫院裡。我躺在擔架上，頭上包著繃帶，披頭散髮，雙眼緊閉。

「我的女兒啊，我勇敢的女兒，我漂亮的女兒。」他重複了一遍又一遍，一邊說一邊親吻我的額頭、臉頰和鼻子。他不知道自己爲什麼要用英文跟我說話。雖然我的眼睛是閉著的，我覺得我一定知道他就在身邊。父親後來說：「我無法解釋，但我覺得她有回應我。」有人說我微笑了。但我父親知道那不是個微笑，那是一個很美好的瞬間，在那瞬間他知道他沒有永遠失去我。看到我當時的狀況，對他來說無非是最大的打擊。每個孩子對父母來說都是特別的，但對我父親而言，我就是他的全世界。一直以來我都是他的戰友，最開始我是祕密的高爾·瑪凱，後來就公開以馬拉拉示人。他一直認爲，如果塔利班要針對任何人，那個人會是他，而不是我。他說當時他覺得自己好像被雷劈了一樣。「他們想要一石二鳥，只要殺了馬拉拉，我就會永遠噤聲了。」

父親非常害怕，但他沒有哭。醫院裡到處都是人。集會上的校長們全都趕來醫院，還有成群的媒體和活動分子；似乎整個鎮上的人都聚集在此了。「替馬拉拉祈禱吧。」他告訴大家。醫生們安慰他，說他們已經幫我做過電腦斷層掃描，確定子彈沒有傷到我的大腦。他們已經把傷口清理並包紮了。

「噢，齊奧汀！他們做了什麼？」瑪麗安老師衝進門。那天她接到她姊夫的電話，問她是否安然無恙時，她人正在家中照顧她的寶寶，不在學校裡。她心裡一驚，連忙打開電視，發現所有頻道都在報導卡須爾校車遇襲的消息。一得知我中槍的消息，她馬上就打給了她的丈夫。他騎著機車載她來到醫院，這是有教養的帕什圖婦女少見的舉動。「馬拉拉，馬拉拉，妳有聽到我在叫妳嗎？」她喊道。

我發出了一聲悶哼。

瑪麗安老師想弄清楚到底發生了什麼事。她認識的一位醫生告訴她，子彈穿過我的額頭，沒有打中大腦，我沒有生命危險。她也去看了另外兩個中槍的女學生。夏息雅中了兩槍，分別打中她左邊的鎖骨和手掌，她也和我一起被送到醫院來。卡內一開始沒發現自己受傷，所以她就回家了。到家後她發現自己的右上臂被子彈擦傷，所以她的家人又送她來醫院。

父親知道他應該要去看看另外兩個學生，但他一刻都不想離開我的身邊。他的手機響個不停。KPK的黨主席是第一個打電話來的人。「別擔心，我們會處理的。」他說。「白沙瓦的瑞丁夫人醫院已經準備好等你們了。」但是來接管一切的是軍方人員。下午三點時，當地指揮官來到醫院，宣布他們要派一架軍用直升機把父親和我送到白沙瓦。因為沒有時間回去接我母親，所以瑪麗安老師堅持要和我們一起去，以免我需要女性的協助。瑪麗安的家人對此不太高興，因為她還有個剛開完刀沒多久的小寶寶要照顧。但她就像我的第二個母親一樣。

我上了救護車後，父親很害怕塔利班會再次攻擊我們。他覺得所有人一定都知道車裡載著誰。直升機場就在一英哩遠之處，開車只要五分鐘，但他一路上都非常害怕。我們抵達時，直升機還沒來，我們就在救護車裡等著，等待的時間對他來說就像是過了好幾個小時般的漫長。直升機終於來了，和我一起搭上直升機的有父親、我的表哥卡安吉、阿梅德．夏和瑪麗安。他們沒有人搭過直升機。我們起飛後，經過一場軍方辦的盛會，活動現場的音響播放著振奮人心的愛國樂曲。聽見他們唱出對國家的愛，讓父親的心情五味雜陳。平常他都會跟著一起哼幾句，但現在有一名十五歲的少女頭部中槍，這女孩還是他瀕死的女兒，愛國歌曲的旋律，感覺出現的很不是時候。

在我們下方，母親站在屋頂上眺望著。當她聽說我受傷的消息時，她正在跟烏爾法老師學認字，努力辨認像是「書」和「蘋果」這類單字。一開始傳回來的消息非常混亂，她起初以為我在意外中受傷了，並且傷到的是我的腳。她跑回家告訴當時暫住在我們家的外婆，請求我外婆馬上幫我祈禱。我們相信阿拉對長者的祈禱會比較用心聆聽。然後我母親注意到我早餐吃剩的荷包蛋還放在桌上。到處都有我受獎時所拍的照片，她不喜歡這些照片。她看著這些照片嗚咽啜泣，到處都是馬拉拉。很快地家裡就聚集了許多婦女。在我們的文化裡，如果有人去世了，婦女就會來到亡者的家中，而男性則會前往會所——不只是家人和朋友，而是整個鄰近地區的人都會這麼做。

這麼多人來到家裡，母親都看傻了眼。她坐在祈禱的毯子上，複誦著《可蘭經》。她告訴其他婦女：「別哭，快祈禱！」放學走路回到家的阿塔爾衝進家門，他打開電視看著我中槍的消息，然後他打給卡須爾，兩人和其他人一起哭了起來。電話響個不停。其他人安慰我母親說雖然是朝著我的頭部開槍，但子彈只有擦傷額頭而已。母親被各方傳來的消息弄得很困惑。一開始是聽說我的腳受傷了，然後又說我的頭部中槍。她心想，我一定會覺得她沒來看我很奇怪，但其他人要她別去，因爲我若沒死，就是要準備被轉院了。我父親的一個朋友打電話告訴她我被直升機帶去白沙瓦了，要她搭車過去會合。最讓她難以承受的是有人在現場撿到我的家門鑰匙並拿來給她。「我不要什麼鑰匙，我要我女兒！」母親哭喊道。「沒了馬拉拉，要鑰匙幹嘛？」然後他們聽見了直升機的聲音。

直升機停機坪離家只有一英哩遠，所有在場的婦女都衝上了屋頂。「一定是馬拉拉！」她們說。當看見直升機在上空盤旋時，我母親把頭巾解下，這對一個帕什圖女人來說是很罕見的行爲。她雙手把頭巾高舉到空中，好像是要獻給什麼人那樣。「主啊，我將她託付給祢。」她向天堂說。「我們沒有警衛，祢就是我們的守護者。她在祢的看顧之下，祢要把她帶回來。」

在直升機內的我口吐鮮血。我父親嚇壞了，以爲我內出血。他的希望開始慢慢破滅。但接著瑪麗安發現我試著要用頭巾擦嘴。「你看，她還有意識！」她說。「這是最好的徵兆。」

當我們抵達白沙瓦時，他們都以爲我們要去瑞丁夫人醫院，那裡有其他人推薦的腦神經外科醫生馬塔茲醫生，但我們卻被帶到CMH，也就是軍事綜合醫院。CMH是一座巨大的磚造醫院，從英領時期就存在了，裡頭有六百張病床。醫院四周還在進行很多建造工程，要蓋新的大樓。白沙瓦是FATA的入口，自從二〇〇四年軍方開始進入FATA地區後，醫院就一直忙於治療傷兵和市區裡外頻繁發生的自殺炸彈案件的受害者。就和我們國內許多地方一樣，CMH四周有許多水泥碉堡和檢查哨，以保護醫院不受自殺炸彈客的攻擊。

我被緊急送往獨立在另一棟建築裡的加護病房。護理站牆上掛的時鐘顯示時間剛過下午五點。我被推進玻璃帷幕的隔離病房，護士幫我打上點滴。隔壁房裡躺著一個士兵，他在某次的攻擊中被嚴重燒傷，還被炸斷了一條腿。一個年輕男子自我介紹說他是朱奈德上校，是一位腦神經外科醫生。我父親的心情更混亂了。他不覺得這個男子看起來有醫生的樣子，他似乎太年輕了。「她是妳的女兒嗎？」上校問道。瑪麗安假裝稱是，這樣她才得以一起進到病房。

朱奈德上校幫我做了檢查。我有意識，而且很驚慌，但我無法說話，對任何事物也沒有反應，我的眼睛不停轉來轉去。朱奈德上校把我左邊眉毛上方的槍傷縫合，但他很驚訝掃描的時候沒看到子彈。「有子彈進入的傷口，就一定會有子彈射出的傷口。」他說。接著他觸診檢查我的脊椎，發現子彈卡在左肩胛骨旁邊。「她一定是彎下身子了，所以中槍時她的脖子是彎著的。」他說。

他們又幫我做了一次斷層掃描。然後上校把父親帶到他的辦公室，掃描結果掛在辦公室的牆上。他說史瓦特的醫生只做了單一角度的掃描，這次掃描顯示受傷的程度很嚴重。「齊奧汀，」他說。「斷層掃描顯示子彈經過的地方離大腦很近。」他說骨頭的細微碎片傷到了腦膜。「現在我們只能祈禱，等著看看狀況如何，」他說，「現階段我們不會進行手術。」

我父親變得更焦慮了。史瓦特的醫生跟他說情況很簡單，現在又好像變得非常嚴重。如果情況危急，他們爲什麼不幫我動手術？身在軍事醫院裡讓他感到很不自在。在我們國內，因爲軍政府多次掌權，讓人民對於軍方都抱著警覺心；特別是史瓦特的人民更是如此，因爲軍方過了很久才對史瓦特的塔利班分子採取行動。我父親的一個朋友打電話告訴他說：「把她轉出那家醫院吧。我們可不想讓她成爲第二個國家烈士，就像利雅庫・阿里・汗那樣。」父親不知道該怎麼做才好。

「我不明白，」他對朱奈德上校說，「爲什麼我們會在這裡？我以爲我們要去一般醫院。」接著他問道：「拜託你，可以請馬塔茲醫生來嗎？」

「這怎麼行？」不出意料之外，朱奈德上校回答時，好像被冒犯了的樣子。

後來我們才知道，雖然他看起來很年輕，其實已經當了十三年的腦神經外科醫生了，還是巴基斯坦軍方最有經驗、也獲動最多的腦神經外科醫生。他爲了要能使用更好的醫療器材而加入軍事醫療機構，追隨了同是軍方腦神經外科醫生的叔叔的腳步。白沙瓦CMH醫院位於軍方與塔利班交火的前線，朱奈德每天都要面對槍傷和爆炸事件。「我已經治療過數千個馬拉拉了。」他後來說道。

但我父親當時並不知道這些，所以他感到非常沮喪。「就聽你的吧，」他說，「你是醫生。」

接下來的幾個小時是觀察期，護士監視我的心跳和生命指數。我偶而會發出低吟，動動手或是轉動眼睛，瑪麗安就會呼喚我：「馬拉拉，馬拉拉。」其中有次我完全張開眼睛。「我之前從沒發現她的眼睛如此美麗。」瑪麗安說。我則是一直躁動不安，企圖把手指上的監視器弄掉。「不要這樣。」瑪麗安說。

「老師，不要阻止我。」我輕聲說道，就像我們還在學校裡那樣。瑪麗安老師是個很嚴格的導師。

那天晚上，母親跟弟弟阿塔爾來了。他們搭了四小時的車，是父親的朋友穆罕默德·法魯克開的車。她來之前，瑪麗安就先打電話提醒她：「見到馬拉拉的時候，不要哭也不要大叫。雖然妳覺得她聽不見，但她其實是可以聽見的。」父親也打給她，要她做好最壞的準備。他想要保護她。

母親抵達時，他們忍著淚水，緊緊相擁。「阿塔爾來了，」母親對我說。「他來看妳了。」阿塔爾打擊很大，哭個不停。「媽媽，」他哭道，「馬拉拉傷得好嚴重。」

我母親當時處於震驚之中，不能理解爲什麼醫生不開刀把子彈拿出來。「我勇敢的女兒啊，我美麗的女兒啊。」她喊道。後來因爲阿塔爾實在太吵鬧了，醫護人員就把他們帶到醫院的軍方宿舍安置。

我父親被醫院外面聚集的人潮給弄糊塗了——有政治人物、政府高層、省級部長——他們都來表達同情。甚至連督察都來了。他給了父親十萬盧比，作爲我的醫療費使用。我們社會裡，如果家裡有人去世了，有高官來到你家是一件很光榮的事。但他現在出面只使人煩躁。我父親覺得這些人之前完全沒有保護我，現在也只是在等我死去而已。

後來他們吃飯時，阿塔爾打開了電視，我父親立刻又把電視關掉。他沒辦法再看見我被攻擊的新聞消息了。等他離開飯廳，瑪麗安再次把電視打開。每個頻道都是我的畫面配上祈禱和感人的詩句，好像我已經死了一樣。「我的馬拉拉，我的馬拉拉啊！」母親大哭了起來，瑪麗安也淚流滿面。

到了大約午夜時，朱奈德上校把父親找來加護病房外面。「齊奧汀，馬拉拉的腦部腫起來了。」父親不明白這是什麼意思。醫生告訴父親，我的情況惡化了；我的意識開始模糊，也再次開始吐血。朱奈德上校送我去做了第三次斷層掃描。掃描結果顯示我的大腦腫脹的程度很危險。

「但子彈不是沒有射中大腦嗎？」父親問。

朱奈德上校解釋給他聽：我的頭骨裂開，碎片跑進大腦裡，震盪到我的大腦，導致大腦開始腫脹。他必須移除部分頭骨，給腫脹的大腦一點空間，不然我會腦壓過高。「我們得現在進行手術，她才能有存活的機會。」他說，「如果我們不動手術，她可能就活不下去了。我不希望有天你回想此刻，會後悔自己沒有採取行動。」

切除頭骨在父親耳裡聽起來十分極端。「她能撐過去嗎？」他絕望的問道，但當下他能得到的安慰十分有限。

朱奈德上校的這個決定非常勇敢，但他的主管不贊同，有人告訴他的主管我應該要被轉到國外治療。這個決定能夠救我的命。父親同意開刀，朱奈德上校表示他會找馬塔茲醫生來協助。簽下手術同意書的時候，父親的手顫抖不已。同意書上白紙黑字的寫著：**病患有死亡的風險**。

凌晨一點半左右，手術開始了。我母親和父親坐在手術房外面。「噢，主啊，請祢讓馬拉拉康復吧。」父親祈禱。他向眞主提出交換條件。「就算我得去住在薩哈拉沙漠也沒關係，我需要她張開眼睛；沒有她我活不下去。噢，主啊，把我剩下的生命都讓給她吧，我已經活得夠久了。受傷沒關係的，讓她活下去吧。」

最後他被母親打斷了。「眞主沒那麼小氣，」她說，「祂會把我的女兒完好如初的還給我。」她拿著《可蘭經》面向牆壁站著，連續數個小時，她不斷地誦唸經文。

「我從沒看過有誰像她這樣禱告。」瑪麗安說，「這樣的禱告，眞主肯定會回應的。」

我父親只希望自己能夠不要回想過去，不要懷疑自己是不是不該讓我公開演說和參加活動。

手術室裡，朱奈德上校用鋸子從我的頭顱左上方移除了八公分乘十公分面積的頭蓋骨，讓我腫脹的大腦有空間不受擠壓。然後他在我的腹部左側皮下組織處切開一個洞，把鋸下來的頭蓋骨暫時先保存在這裡面。接著因爲擔心腫脹會影響我的呼吸，他又幫我做了氣切。還把腦部的血栓移除，再將肩胛骨上的子彈取出。在這一切過程結束後，他們幫我接上呼吸器。整個手術耗時將近五小時。

儘管我母親不斷禱告，我父親認爲醫院外有九成以上的人都在等著聽到我過世的消息。當然這些人之中有他的朋友，還有一些懷抱同情心的人，他們都感到很難過，但我父親覺得剩下的其他人只是嫉妒我們的知名度，這些人認爲我們被攻擊是自找的。

當我父親離開手術室外的緊張氛圍，站在外頭稍做休息時，一位護士走向他問：「你是馬拉拉的父親嗎？」父親的心再次往下一沉。護士帶他來到一個房間裡。

他以爲她要告訴他說：「我很遺憾，我們失去她了。」但到了房間裡，對方卻告訴他：「我們需要有人去血庫帶血漿過來。」他鬆了一口氣，但感到很困惑。「難道只有我可以去嗎？」他心想。後來是他的一個朋友代替他去了。

大概在早上五點半的時候手術結束了。他們告訴父親已經把我一塊頭骨切下並暫時安置在我的腹部，以及其他手術方面的狀況。在我們的文化裡，醫生不會向病患或家屬解釋太多，但我父親很客氣地問道：「如果你不介意的話，我有個很愚蠢的問題想請教。她撐得過去嗎？你們的看法如何？」

「在醫學的世界裡，一加一並不一定就等於二。」朱奈德上校答道，「我們盡力了，我們移除了一塊頭骨，現在我們只能等待了。」

「我還有另一個愚蠢的問題，」父親說，「那這塊骨頭呢？你們要怎麼處置？」

「三個月後我們會把它放回去。」馬塔茲醫生回答，「這很簡單，就像這樣。」他雙手一拍。

隔天早上他們聽到了好消息。我移動了手臂。然後省裡的三位頂尖醫生來為我做檢查。他們說朱奈德上校和馬塔茲醫生做得很好，手術非常成功，但我現在應該要進入誘導昏迷狀態，因為恢復意識會讓我的腦部受到壓迫。

在我與死神搏鬥的同時，塔利班發出聲明表示他們是攻擊事件背後的主使者，但否認是因為我力倡教育的緣故。「這次攻擊是我們的行動，如果有人膽敢再忤逆我們，我們還是會再做相同的事。」塔利班組織發言人伊赫桑說，「馬拉拉成為攻擊目標是因為她一直在主導提倡政教分離……她雖然年紀小，但她不斷在帕什圖地區鼓吹西方文化。她親西，反抗塔利班，還稱美國總統歐巴馬是她的偶像。」

我父親知道他指的是什麼事。在我獲頒國家和平獎的前一年，我接受許多電視採訪，其中有一次我被問到誰是我最喜歡的政治人物。我選了阿卜杜勒·伽法爾汗、班娜姬·布托和歐巴馬總統。我讀過一些與歐巴馬有關的文章，很欣賞他，因為他雖然是一個出身於貧困家庭的年輕非裔男子，他仍實現了他的野心和夢想。但美國在巴基斯坦的形象就是無人機轟炸事件、祕密入侵我國領土的行動，還有雷曼．戴維斯事件。

一位塔利班發言人說，法茲魯拉在兩個月前的會議上就下令攻擊了。「任何選擇支持政府而忤逆我們的人，都會被我們剷除。」他說，「你們等著看吧，其他重要人士也會接著成爲受害者。」他還說他們找了兩個史瓦特人蒐集我的情報和我上學的路線。他們故意選擇在軍方檢查哨附近進行攻擊，證明他們在哪裡都能行動。

手術結束後幾個鐘頭的第一個早晨來臨，醫院裡突然一陣忙亂。每個人都把制服和容貌打點整齊。然後軍方首領卡亞尼將軍來了。「全國的禱告都與你和你的女兒同在。」卡亞尼將軍告訴父親。在二〇〇九年底反塔利班活動之後，我在史瓦特的一場盛大活動上曾經與卡亞尼將軍見過面。

「我很高興你順利完成了任務。」我當時在活動上這麼說，「現在你只需要抓到法茲魯拉就可以了。」全場掌聲雷動，卡亞尼將軍走上前來，像個父親一樣地把手放在我頭上。

朱奈德上校向將軍簡報手術過程並提出醫療計畫。卡亞尼將軍要他把斷層掃描結果寄到國外，聽聽更專業的專家的鑑定和建議。他離開之後，爲了避免感染，所有人都不能接近我的病床。但還是不斷有人來看我：前板球選手，現任政治人物伊木朗．汗、新聞部長伊夫帝哈爾．胡森，還有省席部長海德．霍迪，我曾與他一起上過談話節目。但他們都沒有獲准進入病房。

「休息能讓馬拉拉活下去。」霍迪告訴其他人，「她還有很多事要做。」

大約下午三點左右時，兩位英國醫生搭著直升機從拉瓦爾品第來了。亞維德．卡亞尼醫生和費歐娜・雷諾德醫生是從伯明罕來的，事發當時他們剛好在巴基斯坦教導軍方如何進行國內首次肝臟移植手術。我的國家有各種嚇人的數據，不只是教育方面而已。其中包含每七個孩子之中，就有一人患有肝炎，主因就是針頭汙染的問題，而許多人因肝炎死亡。卡亞尼將軍決心要改善這個狀況，軍方因此再次介入人民無法解決的事務中。他在回程起飛之前，要求這兩名醫生向他簡報，那時剛好是我中槍後的隔天早上。醫生去見他時，他的辦公室裡開著兩臺電視，一臺是講烏爾都語的本地電視臺，另一臺是英文發音的Sky News[103]，兩臺都在報導我的槍擊事件。

這位陸軍參謀長和醫生除了同姓以外，彼此並無血緣關係，但兩人是熟識。所以將軍告訴亞維德醫生，這些互相矛盾的報導讓他很憂心，並請亞維德醫生在回英國之前，先來幫我做個評估。伊莉莎白女王醫院的緊急醫療顧問亞維德醫生答應了將軍的要求，但他要求讓費歐娜醫生一同前往，因爲她是伯明罕兒童醫院的醫生，專長就是兒童重症照護。費歐娜醫生本來對於要前往白沙瓦感到很緊張，因爲當時白沙瓦已經是禁止外國人進入的地區了。但當她聽說我是推廣女孩教育權的活動分子時，她很樂於協助，因爲能受教育並成爲醫生的她覺得自己是很幸運的人。

朱奈德上校和院長並不太高興他們的來訪。他們起了點爭執，直到亞維德醫生表明了是誰請他們來的爲止。兩位英國醫生對於他們所見的狀況並不滿意。一開始先是在他們要洗手時，發現沒有水。然後費歐娜醫生檢查了儀器和數值之後，向亞維德醫生低聲說了幾句話。她問其他人我上一次量血壓是什麼時候。「兩小時前。」有人答道。她說他們應該要密切監控血壓，並問護士

103 英國第一個二十四小時傳送國內及國際新聞的衛星電視臺，也是歐洲第一個全天二十四小時播送國際新聞的電視臺。

爲什麼沒有動脈導管，還指出我的血液中二氧化碳的濃度過低。

我父親很高興他當時沒有聽見費歐娜醫生跟亞維德醫生說的話。她說我是「尚可救」的狀態——我在對的時間動了對的手術，但是我康復的機會卻因爲術後照護的不足而打了折扣。在動了腦神經外科手術之後，監控呼吸和換氣是很重要的，我體內的二氧化碳濃度應該要維持在正常數值才行。這就是那些管子和儀器的工作。亞維德醫生說：「就像是在開飛機一樣，一定要用對方法才做得到。」而即便醫院有這些器材，他們也沒有正確使用。最後因爲入夜後還留在白沙瓦太危險了，他們便搭乘直升機離開了白沙瓦。

在所有前來探視卻不得進入的人們之中，包含內政部長李曼．馬力克。他帶了一本護照給我。我父親向他致謝，但心情卻非常低落。當天晚上回到軍方宿舍時，他從口袋裡拿出護照交給母親。「這是馬拉拉的護照，但我不知道這本護照會帶她出國還是上天堂。」他說。然後他們兩人都哭了。當他們兩人在醫院這個封閉的世界時，他們不知道的是，我的遭遇已經傳遍了全世界。很多人提出要求，希望能把我送出國接受治療。

我的情況不斷惡化，父親現在也很少接電話了。他只接少數來電，其中之一就是阿爾法．卡里姆的父母的來電，她是旁遮普的電腦神童，我曾在活動中與她說過話。她在九歲時就因爲過人的程式編寫能力，成爲全球年紀最小的微軟認證工程師，她還曾應邀到矽谷與比爾蓋茲會面。但她在一月時因爲癲癇引發的心臟病去世了。去世的時候她才十六歲，只大我一歲而已。當她的父親來電時，我父親哭了。「告訴我，失去女兒以後要怎麼活下去？」他啜泣道。

22 踏上未知的旅程

我是在星期二中午被槍擊的。到了星期四早上，我父親幾乎已經確定我活不下來了，所以他告訴我舅舅費茲．穆罕默德可以開始在村裡幫我準備後事了。我處於引導昏迷的狀態中，生命跡象不斷惡化，我的臉和身體都腫了起來，腎臟和肺臟都逐漸衰竭中。父親後來告訴我，看到我在那間小小的玻璃隔間裡，身上插滿管子，是最可怕的事。他認爲我在醫學立場來看已經死了。他陷入絕望之中，「這太早了，她不過才十五歲，」他心想著，「難道她的生命就這麼如此短暫嗎？」

我的母親還是持續祈禱著——她幾乎沒闔眼。費茲．穆罕默德告訴她，她應該要誦唸〈麥加朝聖篇〉[104]，也就是《可蘭經》裡講述朝聖的篇章。母親把十二段禱詞（58－70）一次又一次地複誦，禱詞裡講的是眞主的全能。她告訴父親她覺得我會活下來，但父親難以贊同。

當朱奈德上校來檢查我的狀況時，父親又問了一次：「她能活下來嗎？」

104 《可蘭經》的篇章，「Surah of the Haj」

「你信眞主嗎？」醫生問他。

「我相信。」父親回答。朱奈德上校看來是個很有靈性的人。他建議父親向眞主懇求，眞主會回應我們的禱告。

星期三晚上很晚的時候，兩名專長急症救治的軍事醫生從伊斯蘭堡驅車來到了醫院。他們是卡亞尼將軍派來的。之前來看過我的兩名英國醫生向卡亞尼將軍回報狀態時說到，如果我繼續留在白沙瓦，以這裡的照護系統的水準，還有高感染風險，可能會對我的腦部造成損害，甚至導致死亡。他們想讓我轉院，但建議先找頂尖醫生去看看狀況。只可惜爲時已晚。

醫療人員完全沒有按照費歐娜醫生的建議做任何改善。星期四早上，其中一位專家，阿斯蘭准將打給了費歐娜醫生。「馬拉拉現在狀況很嚴重。」他告訴她。我身上出現了一種叫做「散播性血管內凝血」[105]的症狀，也就是我的血液不會凝結。我的血壓非常低，血液裡的酸度也提高了。我不再排尿，這使我的腎臟開始衰竭，乳酸值攀升。看起來所有可能惡化的情形都發生了。費歐娜醫生當時人在機場準備飛回伯明罕——她的行李都送到機場了——但得知這個消息後，她決定過來幫忙，兩個與她一同從伯明罕來的護士也留了下來。

星期四中午她就回到了白沙瓦。她告訴父親我會搭飛機轉到拉瓦爾品第的軍事醫院，那裡有最好的急症救治系統。父親不明白一個病得這麼重的孩子要怎麼搭飛機，但是費歐娜醫生安慰他說她常常這麼做，所以不需要擔心。他問費歐娜醫生我還有沒有希望能活下來。「如果沒有希

105 原文 disseminated intravascular coagulation，簡稱 DIC。

望，我就不會在這裡了。」她答道。父親說當下他眼淚無法抑制地掉了下來。

那天後來護士來幫我點眼藥水。「你看，卡失塔[106]，」我母親說，「費歐娜醫生是對的，因爲護士來幫馬拉拉點眼藥水了。如果她沒希望了，他們就不會來幫她點眼藥水了。」其中一個中槍的女孩夏息雅也被轉來這間醫院，費歐娜醫生替她做了檢查，她告訴父親，夏息雅沒事。夏息雅還拜託費歐娜醫生：「請照顧馬拉拉！」

好幾臺重機車閃著藍光當前導，護送我們前往停機坪。直升機飛了一小時又十五分鐘。費歐娜醫生幾乎都沒坐下。她全程都在忙著弄那些大大小小的儀器，我父親覺得她像是在跟那些儀器打仗一樣。她在做的正是這些年來她一直在做的事。她在英國時，有一半的工作就是轉移重症病童，另一半工作內容是在重症病房裡醫治這些孩子。但她從沒身處過類似的情況中。不單只是因爲白沙瓦對西方人來說是個很危險的地方，加上她上網搜尋過我的資料後，發現這不是個單純的案子。「如果馬拉拉有個三長兩短，全部的責任都會落在這個白人女醫生身上。」她後來這麼說。「如果她死了，我就等於是殺了巴基斯坦的德蕾莎修女。」

我們一降落在拉瓦爾品第，就在軍方的保護下搭著救護車來到一間叫做軍事心臟專科研究機構的地方。我父親內心緊張了起來，這裡的人會知道要如何醫治頭部槍傷嗎？但費歐娜醫生向他保證這裡是全巴基斯坦最完善的重症醫療中心，有最先進的儀器和在英國受訓過的醫生。跟她一

106 原文「**khaista**」，帥哥的意思。

起從伯明罕來的兩個護士已經在這裡等候了，也已經向心臟科的護士解釋了處理頭部槍傷必要的流程。她們花了三小時在我身邊，更換我的抗生素和動靜脈管，因爲我看來對輸血產生很嚴重的排斥反應。最後他們終於宣布我的狀況穩定下來了。

整間醫院都被封鎖，醫院外還有一整個軍營的士兵守著，屋頂上甚至還有狙擊手。所有人都不准進入醫院，醫生得穿上制服，並且只有親屬才可以來探訪病患，所有進出的人員都要經過嚴格的安檢。他們指派了一位陸軍將領亦步亦趨的跟著我的父母。

我父親很害怕，我舅舅則一直說：「要非常小心，這些人之中可能有人是特務。」他們提供三間軍方宿舍來安置我的家人。所有人的手機都被沒收了，他們說這是爲了安全起見，但也有可能是爲了要阻止父親與媒體聯繫。每次他們想從宿舍走到醫院，這短短的一小段路，他們都得先透過對講機取得批准，此舉就至少要花上半小時的時間。甚至在他們要穿越宿舍草皮去餐廳用餐時，也有警衛跟在身邊。所有訪客一律禁止進入，連總理想來看我都無法進入。這裡的安檢似乎無懈可擊，但是在過去三年裡，塔利班曾成功滲入並攻擊受到最高階保衛的軍事機構：邁赫蘭的海軍基地、卡瑪拉的空軍基地，還有同在這條路上的陸軍總部。

我們都有被塔利班攻擊的危險。有人告訴我父親，我的兩個弟弟也不能倖免於難。他很擔心，雖然後來卡須爾被帶到拉瓦爾品第和他們會和，但當時他人還在明戈拉。宿舍沒有電腦或網路，只有一個很親切的廚師，亞欣．馬瑪他會幫我父母帶來報紙或其他所需用品給他們。亞欣告訴他們，能爲我的家人準備膳食讓他感到很榮幸。我的家人對此很感動，向他說了不少我們的故事。他想要把我的家人餵飽，用美食減輕他們承受的痛苦。因爲他們都沒有胃口，所以亞欣會努力煮出美味至極的餐點、蛋糕和甜點來吸引他們。某天吃飯的時候，卡須爾說餐桌上只有四個人，感覺好空虛。少了我讓他們覺得不再完整。

我父親讀著亞欣帶來的報紙，這是他第一次發現國際對這次槍擊案的反應居然如此之大。全世界好像都憤怒極了。聯合國祕書長潘基文說這是「非常惡劣且懦弱的行爲」。歐巴馬總統表示這起攻擊事件「應受譴責、令人反感且是一場悲劇」。但巴基斯坦內部有些意見就沒這麼正面了。有些報導說我是「和平的代表」，但有些報導一如往常地說這是一場陰謀，甚至有些部落客還質疑我中槍的眞實性。被捏造出來的假消息很多，特別是烏爾都媒體報導的內容，比如他們說我批評蓄鬍習俗。在反對我的聲浪中，其中一位是宗教黨派——伊斯蘭大會黨的女議員羅喜拉·夸茲醫生。她說我是美國的傀儡，還拿出一張我與李察·霍布魯克大使的合照，證明我「跟美國軍事高層過從甚密」！

費歐娜醫生則是我們的定心丸。我母親只會說帕什圖語，所以聽不懂她說的話。但費歐娜醫生走出我的病房時，會豎起大拇指，說聲「很好！」對我父母來說，她不再只是位醫生，她還負責傳達消息。她會耐心地坐下來，請我父親仔細解釋所有細節給我母親聽。父親對此簡直不敢置信，他感到非常高興。在我們的國家裡，沒幾個醫生會願意大費周章跟一個文盲婦女解釋任何事。他們得知世界各地的消息不斷湧進來，表示願意提供治療，包含美國的約翰·霍普金斯醫院也表示願意免費爲我治療。還有一些美國人表示願意協助，包含很有錢、也來過巴基斯坦很多次的美國國務卿約翰·克里，在亞利桑納州參加會議時，於購物中心遭頭部槍擊的眾議員蓋比兒·吉福茲，另外德國、新加坡、阿拉伯聯合大公國和英國也紛紛傳來願意協助的消息。

沒有人跟我父母討論我之後的狀況。一切都是由軍方決定。卡亞尼將軍問亞維德醫生該不該送我出國接受治療。這位陸軍參謀長花了很驚人時間在這件事上，亞維德醫生說他們居然討論了六個小時！也許他比其他政治人物都更明白，若我死了，對政局影響會有多大。他希望能在政治上建立共識，支持他發動對塔利班的全面攻擊。而他身邊的人也說他是個很有同理心的人。卡亞尼將軍的父親只是個一般士兵，很年輕時就過世了，留下他——當時只有八歲的長子——擔任起撫養整個家庭的責任。當卡亞尼將軍接任陸軍參謀長時所做的第一件事，就是改善一般士兵——非軍官——的住家條件、食物配給問題和教育狀況。

費歐娜醫生說我很有可能會有語言障礙和右臂右腿無力的狀況，所以我會需要很完整的復健設備，但這是巴基斯坦所沒有的。「如果你是認真的希望能有最好的結果，就把她送出國吧。」她提出建議。

有鑑於美巴兩國間的關係在雷曼．戴維斯事件、賓拉登刺殺事件和美軍直升機在國境邊緣造成數名巴基斯坦士兵死亡事件之後，卡亞尼將軍堅信這件事還是不要讓美國插手比較好。亞維德醫生提議把我送到倫敦的大奧蒙德街醫院，或是愛丁堡和格拉斯哥的專門醫院。「為什麼不送到你們服務的醫院呢？」卡亞尼將軍問道。

亞維德醫生對此已有預期。在伯明罕的伊莉莎白女王醫院以治療從阿富汗和伊拉克回來的英軍傷兵而知名。醫院座落在市區外圍，提供了隱密性。他打電話給他的主管凱文．博格，他是醫院的營運長，他很快就同意這是正確的決定，雖然他後來說：「當時沒人知道這件事會對醫院造成這麼大的影響。」把我這樣一個外國籍未成年病患轉院到伊莉莎白女王醫院可不是件簡單的事。博格很快就發現自己深陷英國與巴國之間的官僚體系中動彈不得。而我們的時間所剩不多了。雖然我的狀況已經穩定下來，我仍然需要在四十八小時內轉院，最多不能超過七十二小時。

最後獲得批准，緊接著醫生們面臨的問題是要如何進行轉院，以及誰要負責這筆支出。亞維德醫生建議我們接受英國皇家空軍的協助，畢竟他們也很常從阿富汗送傷兵回國。但卡亞尼將軍拒絕了。他在半夜把亞維德醫生找到他家去開會——將軍習慣熬夜——跟平常一樣，一邊抽煙，一邊解釋給醫生聽，表示他不希望外國軍方介入此事。這次槍擊事件已經傳出太多陰謀論了，外面到處流傳我是美國中勤局探員這類的消息，總司令不想在這時候火上加油。這讓亞維德醫生陷入兩難的局面。英國政府同意提供協助，前提是要巴基斯坦政府正式提出請求。但我的國家因爲不想丟臉所以不願開口。所幸這時候，統治阿拉伯的家族出面了，他們願意出借私人噴射機，這架飛機上自備了小型醫療系統。十月十五日一大早，我已經準備要進行人生第一次飛離巴基斯坦的旅程了。

雖然我的父母知道其他人在討論要不要把我送出國，但他們對這一連串的協商完全不知情。他們理所當然的認爲，不論我要被送到哪裡，他們都可以與我一起前往。而我的母親和弟弟們都沒有護照或身分證明。星期日下午我父親接到上校的通知，說我明天一早就要出發去英國了，只有他可以隨行，我的母親和弟弟們都不能同行。上校說因爲在處理他們的護照時出了點問題，所以爲了安全起見，我父親必須對家人保密他要去英國的事。

我父親向來與母親分享大小事，他絕對不可能在這種事情上保密。他心情沉重地告訴了她這個消息。母親與舅舅費茲．穆罕默德坐在一起，舅舅又生氣又擔心她和我兩個弟弟的安全。「把她獨自和兩個兒子留在明戈拉，他們可能會遭遇危險的！」

父親打電話給上校。「我已經跟我家人說了，他們很不高興。我不能離開他們。」麻煩來了，因爲我未成年，不能獨自前往英國，許多人，包含朱奈德上校、亞維德醫生和費歐娜醫生都來說服我父親跟我一起去。我父親從來不向壓力低頭，所以他態度十分堅定，即便他知道繼續堅持下去會對這件事造成極大的破壞。他告訴亞維德醫生：「我已經把女兒託付給對的人了，她會被帶往安全的國家。我不能把我的妻小留在這裡，他們也身處險境。發生在我女兒身上的事情已經不能挽回，現在我把她託付給眞主。我是個父親，我的兒子跟我的女兒對我來說一樣重要。」

亞維德醫生要求與父親單獨談談。「你確定這是你不願意一起來的唯一原因嗎？」他問道，他想確保父親沒有被施壓。

「我妻子告訴我：『你不能離開我們。』」我父親說。醫生把手放在父親肩上向他保證他們會好好照顧我，要我父親相信他。「馬拉拉中槍的時候你們剛好都在這裡，這就是個奇蹟了。」父親說。

「我對主的信仰讓我先想到解決的方法，才想到可能有的問題。」亞維德醫生說。於是我父親簽下了「委任監護人同意書」，讓費歐娜醫生在往英國的旅途中成爲我的監護人。父親把我的護照交給她時淚流滿面，他握住她的手。

「費歐娜，我信任妳。請妳好好照顧我的女兒。」

然後我的父母來到床邊跟我道別。這時大約是晚上十一點，這是他們最後一次在巴基斯坦見到我。我無法說話，雙眼緊閉，只有我的呼吸聲能讓他們知道我還活著。我的母親哭了，父親則努力安慰她，告訴她他覺得我現在已經脫離險境了。醫院從一開始說的期限：二十四小時的危險期、四十八小時的決定期、七十二小時的關鍵期都已經一一安然度過了。腫脹的狀況已經消退，我的血壓也改善了。我的家人相信費歐娜醫生和亞維德醫生會給我最好的照顧。

我的家人回到房裡的時候輾轉難眠。差不多過了午夜，有人敲了他們的房門。門外是一開始試著要說服我父親把母親留在巴基斯坦，跟我一起去英國的上校之一。他告訴我父親一定得要跟著我一同前去，否則我可能完全沒辦法入境。

「我昨晚就告訴你這中間的難處在哪裡了。」我父親答道，「你爲什麼還把我叫醒？我是不會離開我的家人的。」

另一位官員也被叫來說服父親。「你一定得去。你是她的家長，你若沒有一起去，英國的醫院可能不會接收她。」

「我已經決定了。」我父親堅持，「我是不會改變心意的。過幾天文件下來後，我們會一起過去。」

於是上校說：「跟我們去一趟醫院吧，你還得簽幾份文件。」

父親感到很懷疑，已經半夜了，他覺得很害怕。他不想獨自跟著軍官走，所以他堅持要母親與他一起前往。我父親實在是太擔心了，在去醫院的路上他全程不斷地複誦《可蘭經》的經文。這段經文是先知尤納斯在鯨魚肚子裡的時候唸過的經文。經文告訴我們，只要有信仰，便一定能解決最糟的困境。

當他們到達醫院時，上校告訴他要讓我獨自飛往英國，他還得再多簽幾份文件。就這麼簡單。之所以父親會這麼不自在、這麼害怕，是整件事的安排過程的神祕感、這些穿著軍服的人，還有我們家人的脆弱，這些事情讓他慌了手腳，把小事放大了。其實這一切不過就只是個笨拙的官僚手續而已。

當我父母親終於回到宿舍後，心情仍然很沉重。我父親不想隻身前往陌生的國度，但他也很擔心我會有多迷惑。我最後的記憶就是在校車上。想到我可能會覺得被他們拋棄，這讓他心如刀割。

十月十五日，星期一早上五點，我在軍方的保護下被送走了。往機場的道路被封閉，沿路上，每棟建築的屋頂上都安排了狙擊手。阿拉伯聯合大公國的飛機已經準備好了。其他人告訴我，這架飛機奢華無比，上面有舒適的雙人床，十六個頭等艙座位，在飛機後方還有迷你醫院，配有歐洲籍的護士和一名德國醫生隨行。我眞遺憾自己沒有辦法意識清醒地享受那一切。飛機先飛到阿布達比加油，然後就往伯明罕直飛。我們傍晚時分就抵達了伯明罕。

我的父母在宿舍裡等待著。他們以爲他們的護照和簽證都已經在處理中，應該過不了幾天就可以來跟我會和。但他們什麼消息都沒接到。他們沒有電話也沒有網路可以查詢我的狀況。等待的時間似乎永遠不會結束。

第五部

第二條命

وطن زما زه د وطن یم ـ که د وطن د پاره مرم خوشحاله یمه

Watan zama za da watan yam

Ka da watan da para mram khushala yama!

我是一名愛國主義者，我熱愛我的國家。

正因如此，我願意奉上我的一切！

23

「頭部中槍的女孩，伯明罕」

我在十月十六日醒來，槍擊事件發生在一星期之前。我離家千哩之遙，脖子上插了一條管子讓我能呼吸，但也讓我沒辦法說話。在又一次斷層掃描之後，我準備回到加護病房。在我完全甦醒之前，我將會在清醒與昏迷的狀態之間不停徘徊。

第一件浮現我腦海中的事情，就是「**感謝真主，我還活著**」。但我完全不知道自己身在何方。我知道自己人不在家鄉。護士與醫生嘴裡說的都是英語，但他們似乎都來自不同的國家。我試圖跟他們說話，但因爲脖子上那條管子的關係，他們聽不見我的聲音。一開始，我的左眼看任何東西都是模模糊糊，每個人都有兩個鼻子和四只眼睛。我清醒的大腦裡充斥著各種問題：**這是哪裡？誰帶我來的？我的父母在哪？我父親還活著嗎？**我很害怕。

我剛被送進醫院時，亞維德醫生人就在那兒，他說他永遠也忘不了我臉上的表情所呈現出的恐懼與困惑。他用烏爾都語跟我說話。我唯一知道的事情，就是阿拉賦予了我一條新的生命。一個戴著頭巾的親切女士握住我的手，跟我說：「阿莎拉穆・阿拉伊科姆。」[107]這是我們穆斯林的傳統問候。接著她開始用烏爾都語唸誦禱詞，並吟詠起《可蘭經》中的詞句。她告訴我她叫蕾哈娜，她是一名穆斯林牧師。她的語調輕柔，她的言語療癒，我在那聲音中漂浮並沉睡。

我夢見自己人在他方，而非醫院。

當我隔天再次甦醒時，我注意到自己身在一個奇怪的綠色房間，房內沒有窗戶，光線卻非常明亮。這裡是伊莉莎白醫院的重症醫療區。裡頭的每件事物都相當乾淨而光潔，完全不像明戈拉的醫院。

一名護士給了我一支筆和一本便條紙。我沒辦法好好寫字。我寫出來的字都歪七扭八。我想要寫下我父親的電話號碼，但字母全都黏在一起。亞維德醫生拿了一份字母板給我，讓我可以用手指出字母。我最開始拼出來的字母是「父親」和「國家」。護士告訴我，我現在人在伯明罕，但我不知道那在世上的哪裡。我不知道發生了什麼事。護士什麼都不告訴我。就連我叫什麼名字也不說。我還是馬拉拉嗎？

我頭痛欲裂，甚至連他們幫我打了針都無法舒緩這種疼痛。我的左耳不停出血，我感覺自己的左手怪怪的。護士和醫生不停地來來去去。護士們問我很多問題，她們要我用眨眼兩次的方式表達「是」的意思。沒有人告訴我發生了什麼事，或是誰把我送到醫院。我想可能連他們自己也不知道答案。我可以感覺到自己左半部的臉無法正常運作。如果我注視護士或醫生太久，我的左

107 原文「**Asalaamu alaikum**」

眼就會流出淚水。我的左耳聽不見，我無法順利地移動我的下顎。我示意人們站在我的右側。

之後來了一位親切的女士費歐娜醫生，她送了我一隻白色的泰迪熊。她說我可以叫它茱奈德，過陣子她會跟我說明緣由。我不知道誰是茱奈德，因此我叫它莉莉。她還帶了一本粉紅色的筆記本，讓我可以在上頭寫字。我用筆寫下的頭兩個問題是：「為什麼我父親不在這裡？」和「我父親沒有錢。誰要支付我的醫療費用？」

「妳的父親很安全，」她回答，「他人在巴基斯坦。關於醫療費用的部分，妳也不用操心。」

我用同樣的問題詢問每一個進房的人，他們的答案都一樣。但他們說服不了我。我完全弄不清楚自己身上究竟發生了些什麼事，我不相信任何人。如果我父親安然無恙，為什麼他不在我身旁？我認為我父母不知道我身在何處，他們可能還在明戈拉各處的廣場或市集裡尋找我的下落。我不相信我的父母都平安無事。住在那裡的頭幾天，我的神智總在夢境世界與現實間飄來盪去。我不停回到同一個場景：我躺在床上，數不清的男人包圍著我，我問他們：「我的父親在哪裡？」我想自己遭受了槍擊，但沒辦法確定——這些畫面到底是幻夢，或是回憶？

我也很擔心這將需要花費多少錢。我們得獎賺來的錢都花在校務上，還另外在我們位於香拉的村子裡買了塊地。每次當我看到醫生在跟別人說話，我就會覺得他們是在說：「馬拉拉沒有錢。馬拉拉付不起她的醫藥費。」有一名醫生是波蘭人，他的神情總是充滿哀傷。我猜想他是醫院的老闆，因為我付不出錢而讓他鬱鬱寡歡。所以我比了手勢請護士幫我拿了張紙，然後寫：「你在難過什麼呢？」他回答：「沒有，我沒有在難過。」「誰會付錢？」我寫，「我們家沒有錢。」「別擔心，你們政府會負擔。」他說。在那次之後，他每次看到我都會面帶微笑。

我習慣思索出問題的答案，所以我在想也許我可以沿著路走到醫院的接待大廳，尋找到電話，好打給我母親和父親。但我的大腦告訴我：**妳沒有錢可以付電話費，妳也不知道這國家的國碼是多少**。然後我想：**我需要走到外面開始工作賺錢，如此我才能買個電話，打給我父親，然後我們便能再團聚在一塊兒了**。

我腦海裡的所有東西都攪成了一團。我以爲費歐娜醫生給我的泰迪熊本來是綠色的，有人偷把它換成了白色的。「綠色的泰迪熊跑哪去了？」縱使他們不厭其煩地一次次告訴我綠色的泰迪熊不存在，我還是會用同樣的問題詢問他們。那綠色可能是來自加護病房的牆壁所發出的微光，但我仍深信我曾擁有一隻綠色的泰迪熊。

我不斷地忘記英文單字。我寫給護士的紙條裡，有一張上頭寫著：「一條能讓我清潔牙齒的鐵絲。」聽起來像是有東西卡在我的齒縫中，而我需要一條牙線。事實上我的舌頭是麻痺的，幸好我的牙齒都很正常。蕾哈娜的造訪是我唯一的撫慰。她吟誦治療用的禱文，而我的嘴唇也開始能隨之開合，並在結束時說出無聲的「**阿敏**」[108]（這是穆斯林的「阿門」）。電視機總是關著，只有一次他們讓我看「**廚神當道**」[109]，我以前在明戈拉時都會定時觀賞，也爲之著迷，但我眼中所看到的一切仍舊迷濛。一段時間以後，我才知道是醫生不准任何人帶報紙進來給我，或告訴我任何事情，他們擔心我會因此而精神受創。

108 原文「**Amin**」
109 原文「**Masterchef**」

我很擔心父親是不是死了。於是費歐娜帶了份一星期前的巴斯基坦報紙給我，上面有一張我父親正在與卡亞尼將軍說話的照片，在他們的身後，有一個戴著披肩的人與我的弟弟坐在一起。我只能看到她的雙腳。「那是我母親！」我這麼寫。

那天稍晚，亞維德醫生帶著他的手機進到病房。「我們要打電話給妳的父母，」他說。我的雙眼難掩興奮。「妳不可以大哭，妳不可以啜泣。」這是他給我的建議。他很嚴肅但也非常仁慈，彷彿他已經認識我一輩子了一樣。「我會把手機拿給妳，但妳要堅強。」我點頭。他撥了號碼，說了幾句話，然後把電話交到我手中。

那是我父親的聲音。因爲脖子上還插著氧氣管，我無法言語。但我很高興能聽見他說話。因爲臉部受創的關係，我沒有辦法笑，但我能感覺心裡正在微笑。「我很快就會過去，」他答應我，「去休息吧，兩天以後我們就會到妳那裡。」後來父親告訴我，亞維德醫生也告誡他不可以哭，否則我們兩人會因此而更難過。醫生希望我們能爲彼此堅強。那通電話沒有講很久，因爲我父母不希望我過度疲累。我母親則在電話那頭幫我祈禱。

我仍然假定，我的家人當時沒辦法陪在我身旁，是因爲我父親沒錢支付我的醫療費用。這就解釋了爲什麼他人還在巴基斯坦，他說不定正在賣我們家村裡的那塊土地，連帶把我們的學校也脫手了。但我們那塊地那麼小，我們學校的建築與我們家又都是租來的，他怎麼賣？說不定他正在想辦法向有錢人借貸。

就算通過了電話，我的父母還是無法完全放心。他們並沒有實際聽到我的聲音，而且他們依舊與外界隔絕。去拜訪他們的人總會帶來前後矛盾的消息。其中一名來訪者是少將古拉姆・卡瑪，他是史瓦特軍事行動的領袖。「英國那邊傳來了好消息，」他告訴我父親，「我們都很高興聽到我們的女兒活了下來。」他用「我們的」，因爲我現在被視爲「一國之女」。

這名少將告訴我父親，他們正在史瓦特境內挨家挨戶查訪，同時也隨時監測邊境。他說，他們確知對我下手的那些人，是來自一個由二十二個人組成的塔利班，而他們與在兩個月前槍擊我父親的朋友扎西德・汗的是同一夥人。

我父親什麼話都沒說，但他氣壞了。長久以來，軍方總是對外宣稱明戈拉沒有塔利班的蹤影，他們已經把塔利班都掃蕩光了。現在，這名少將卻跟他說我們鎮裡有二十二名塔利班，而且存在時間至少有兩個月之久。而且之前軍方還說扎西德・汗是因爲牽涉到家族間的糾紛才會被開槍，堅持不是塔利班下的手。到了現在，他們才又說我跟他一樣，被同一批塔利班視爲攻擊目標。我父親很想回他：「你們知道塔利班藏身在我們河谷中的消息已經兩個月了。你們知道他們想殺了我女兒，而你們竟然沒有阻止他們？」但他知道，這麼說並不會對現況有任何幫助。

少將的話還沒說完。他告訴我父親，我恢復知覺的確是好消息，但是我的視力出了狀況。我父親被弄糊塗了。爲什麼軍方會得知他不知道的消息？他很擔心我會因此而失明。他想像他親愛的女兒，臉上明光熠熠，終身行於黑暗中，然後問他：「爸爸，這裡是哪裡？」這個消息太可怕了，他沒辦法告訴我母親。儘管他通常守不住祕密，特別是對她。相反地，他告訴眞主：「我沒辦法接受這件事情。我願意分一只眼睛給她。」但他又轉而開始操心，他已經四十三歲了，他自己的眼力多半也沒多好。那晚，他輾轉難眠。隔天早上，他詢問負責保衛我們家的少校能不能借他的手機致電朱奈德上校。「我聽說馬拉拉瞎了。」我父親絕望地告訴他。

「胡扯一通，」他回答，「如果她能讀寫，她怎麼可能看不見？費歐娜醫生定時會跟我回報她的病況，而馬拉拉最初寫的其中一張紙條上，問的就是你的近況。」

於遠在天邊的伯明罕，我不但視力無礙，更要求他們給我一面鏡子。「鏡子，」我在粉紅日記裡這麼寫——我想看看自己的臉和頭髮。護士們帶給我一面白色的小鏡子，我現在仍把它帶在身旁。當我看見自己的長相時，我難過的無法自己。我的長髮，我過去花上數不清的時間打點的長髮，沒了，而我頭部的左半邊更是光禿一片。「我現在是短髮了。」我在本子裡這樣寫。我原先以爲是塔利班下的手，事實上幫我剃頭的卻是巴基斯坦那些不留情面的醫生。我的臉部扭曲變形，就像有人從一邊將它往下拉扯一樣，而在我的左眼側邊，則留下了一條疤痕。

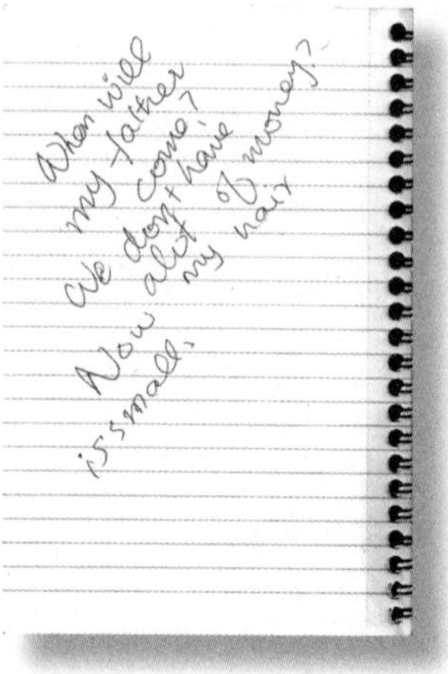

「怎麼這樣對我？」我這麼寫，拼字依舊紊亂。我想知道是誰做的。「我發生了什麼事？」

我還寫了「停止光線」，因爲那些刺眼的光線會讓我頭疼。

「妳遇到了一些事情。」費歐娜醫生說。

「我中彈了嗎？我父親中彈了嗎？」我寫。

她告訴我，我在校車上被槍擊。她說巴士上我的兩位朋友也中了槍，但我認不得她們的名字。她解釋子彈從我左眼傷疤處那裡射入後，往下移動了十八英吋，停在我的左肩。它很有可能射穿我的眼珠或射進我的腦袋。我還能活著是奇蹟。

我沒有任何反應，頂多就是些微鬆了口氣。「所以他們還是下手了。」我唯一的遺憾是我沒有機會在他們對我開槍之前，跟他們說上幾句話。現在他們永遠也聽不到我當時想說的話了。我完全不想報仇，我對那名朝我開槍的人也沒有丁點負面的想法——我只想回史瓦特。我想回家。

在這件事之後，我的腦中開始出現泅泳的影像，但我無法分清楚那究竟是夢，還是現實。關於槍擊案，我記得的劇情與實際上發生的情況相當不同：我跟父親、其他朋友，還有一名叫做高爾的女孩在另外一輛校車上。當時我們正準備回家，路上卻忽然出現兩名穿著黑衣的塔利班。其中一名拿槍對準了我的頭，一小顆子彈從中射出，射進了我的體內。在那個夢境中，那個人也射傷了我的父親。然後一切歸於黑暗，我躺在一床擔架上，那裡到處都是男人，很多很多的男人，而我的雙眼四處尋找我的父親。後來我總算看到他了，也試著要跟他說話，但我卻講不出話來。在其他夢境中，我身處許多地方：在伊斯蘭堡的吉納市場、在耆那市集，然後中彈。我甚至夢到那些醫生們也都是塔利班。

隨著我變得越來越機警，我希望知道更多的細節。進來病房的人都不准攜帶他們的手機，但費歐娜醫生隨身都會帶著她的iPhone，因爲她是急診醫生。當她把電話放一邊時，我拿過來在Google上搜尋自己的名字。這個任務很艱難，因爲我的複視症狀，導致我一直輸入錯誤的字母。我還想檢查我的電子信箱，但我怎麼也記不起密碼。

就在甦醒後的第五天，我能說話了，但我的聲音聽起來像是別人的。當蕾哈娜來了以後，我們開始從伊斯蘭教的觀點來討論這個槍擊事件。「他們朝我開槍。」我告訴她。

「對，沒有錯，」她回答，「很多生活在穆斯林生活圈的人都無法相信一名穆斯林居然會做出這種事，」她說，「舉例來說，像我母親就會說他們一定不是穆斯林。有些人會稱他們自己爲穆斯林，但他們的行爲卻不遵守伊斯蘭教義。」我們聊到許多事情因各種不同的理由而促使它們發生，這樣的情況就發生在我身上，以及受教權不只男性擁有，女性也應當擁有，這才符合伊斯蘭教義所賦予的權利。我爲我自己的權利發聲，穆斯林女性理當擁有接受教育的權利。

我一發現自己能再說話後，我就用亞維德醫生的手機跟我父母通話。我擔心自己的聲音聽起來很奇怪。「我的聲音聽起來會怪怪的嗎？」我問父親。

「不會，」他說，「妳的聲音聽起來跟以前一樣，而且會越來越好聽。妳那邊都還好嗎？」他問。

「還好，」我回答，「但我頭痛得很厲害，我幾乎無法忍受。」

我父親眞的很擔心。我猜到頭來，他的頭會痛得比我還嚴重。在那通電話之後，每當我們又講電話，他就會問：「妳的頭疼有比較好了嗎？還是變得更嚴重了？」

每次他問，我就會跟他說：「我沒問題的。」我不想要他擔心，也沒再多跟他抱怨什麼，就連院方幫我的頭部拆線和往我的脖子打了一管超大的針都沒說。「你們什麼時候會過來？」我不停地問他們。

彼時，他們已經被困在一家位於拉瓦爾品第的醫院裡的軍旅宿舍中一個星期，沒有任何消息通知他們何時能啓程前往伯明罕。我母親非常絕望，她告訴我父親：「如果到了明天還沒有任何消息，我就絕食抗議。」那天稍晚，我父親去見了負責他們安危的少校，跟他說明了目前的情況。少校看來有點不安。十分鐘以內，就有人來告訴我父親他們已經做好了安排，晚點就會送他們去伊斯蘭堡了。在那裡，他們當然可以把一切都安排得妥妥當當，不是嗎？

當我父親回到我母親身邊後，他告訴她：「妳是一個偉大的女人。一直以來，我都以爲馬拉拉和我才是訴願的專家，但其實妳才是那個眞的懂得如何抗爭的人！」

他們被送遷至伊斯蘭堡的喀什米爾之家，那是間專供議員使用的招待所。保安依舊十分嚴密，當我父親要求一名理髮師來幫他刮鬍時，一名警員全程陪坐一旁，以免那男人趁隙切了我父親的喉嚨。

至少他們現在拿回了自己的手機，我們之間的溝通因而方便許多。每一次都是先由亞維德醫生事先聯絡我的父親，告訴我父親他什麼時候會來跟我說話，讓我父親能夠先把那段時間空下來。但當醫生撥號之後，電話線卻又總是忙碌。我父親竟然隨時都在講電話！我很快背出了母親共十一碼的電話號碼，亞維德醫生的表情看起來很訝異。他馬上就知道，我的記憶並沒有受損。但我父母仍陷於五里霧中，他們不清楚為什麼還不能飛過來看我。亞維德醫生也很困惑，為什麼他們還不趕快過來。當他們告訴他也同樣不知道原因時，亞維德醫生打了一通電話，很快確認到問題並非出在軍方，而是出在國民政府。

等過一段時間之後，他們就會發現，與其讓我的父母在最短的時間內搭上第一班前往伯明罕的飛機去跟他們生病的女兒會合，內政部長李曼・馬力克更希望能跟他們搭上同一班飛機，這樣他們就能在醫院一起舉行聯合新聞發表會，而要把這些細節安排妥貼需要一些時間。他同時希望能夠確保他們不會在抵達英國之後要求政治庇護，因為這麼做會使他任職的政府蒙羞。到最後，他直接詢問我的父母是否有此計畫。這件事說起來很有趣，因為我母親根本不懂什麼叫做「庇護」，而我父親壓根沒想過這件事——他腦裡正在思考其他的事情。

當我的父母親搬進喀什米爾之家後，索妮雅・沙依德有來拜訪他們。她是那位幫忙安排全體卡須爾學校的女孩們到伊斯蘭堡旅遊行程的友人——西莎的母親。先前，她以為我父母已經跟我一起去到英國，當她知道他們還留在巴基斯坦時，她嚇壞了。我父母說，別人告訴他們到伯明罕的機票都已經賣光了。因爲我父母把衣服都留在史瓦特，因此索妮雅就幫他們帶了些衣服過來，同時把總統扎爾達里的辦公室號碼給了我父親。他打了過去，留下一封訊息。當晚，總統直接跟他通話，並承諾會把所有事情都安排好。「我瞭解被迫與孩子分離是什麼感受。」他說，並提到了他坐牢那幾年的日子。

當我聽到他們兩天內就會來到伯明罕時，我提出了一個請求。「幫我把書包帶過來，」我對父親懇求，「如果你沒有辦法回史瓦特拿，沒關係，幫我買一些新書，因爲三月份我就要參加學級考試了。」當然囉，我想要當班上的第一名。我特別想要我的物理課本，因爲物理對我來說很不容易；而我也得練習算數，我的數學不太好，解題對我來說很困難。

我以爲我十一月就會回家了。

結果這趟旅程花了我父母十天。少了他們陪伴的那十天住院，對我來說漫長如百日。那些日子很無聊，我睡得也不好。我常緊盯著房裡的時鐘瞧。時間的變化讓我覺得心安，知道自己還活著，而那也是我人生當中第一次看到自己能夠早起。每天早上，我都期待七點鐘的來臨，屆時護士們就會進來我的病房。護士們和費歐娜醫生都會來陪我玩遊戲。我最喜愛的遊戲之一是「四子棋」。我總是與費歐娜醫生平手，但除了她之外沒有人能贏得了我。護士及醫院內的員工都可憐我人在遙遠的異地，又缺乏家人陪伴，因此都對我很好，特別是心歡臉笑的營運總監伊瑪·巧杜麗，與護士長茱莉·崔西，她會坐在我的身旁，同時握住我的手。

我身邊僅有的一件巴基斯坦物品，是一件米色的披肩，那是朱奈德上校交給費歐娜醫生當作禮物送給我的，所以他們就上街去爲我採買衣物。他們完全不知道我的個性有多保守，也不知道史瓦特河谷的青少女通常穿些什麼。他們跑了服飾店Next與英國居家用品商店，爲我帶回了好幾大包的T恤、睡衣、襪子甚至胸罩。伊瑪問我想不想要傳統服飾沙瓦爾．卡米茲（shalwar kamiz），我點點頭。「妳最喜歡什麼顏色？」她問。我回答當然是粉紅色的。

他們擔心我都不吃飯，但我不喜歡院內的供餐，而我也擔心這些食物不符合伊斯蘭教的律法。在那裡，我唯一入口的東西是營養奶昔。護士茱莉發現我喜歡吃起司玉米棒，常會準備一些給我吃。「妳喜歡吃什麼？」他們問我。「炸雞。」我回答。伊瑪在小希思（Small Heath）發現了一家遵循伊斯蘭教律法處理食物的肯德基，因此會在每天下午到那裡幫我買炸雞和薯片。有一天她甚至爲我烹煮了咖哩。

爲了讓我有事可以忙，他們幫我買了一臺DVD播放器。在他們幫我準備的第一批電影裡，有一部叫做「我愛貝克漢」，他們認爲一個錫克教的女孩挑戰她的文化規範，並跑去踢足球的故事能夠逗我開心。但當我看見一群女孩脫掉了她們的襯衫、僅穿運動內衣打球時，我大吃一驚，便請護士幫我關掉。在那之後，他們帶來了一些卡通和迪士尼電影。我把「史瑞克」三部曲全部看了一遍，還看了「鯊魚黑幫」。我的左眼依舊視物不清，所以當我看電影時，會先把它遮蓋起來，而我的左耳會不時流血，因此我得不停地把棉花球塞進去。有一天我問護士：「爲什麼我這裡腫了一塊？」然後把她的手放在我的肚子上。我的胃部又大又硬，我不知道爲什麼。

「那是妳的頭蓋骨。」她回答我。我非常震驚。

在我能說話之後，我也開始再次嘗試走路。躺在病床上時，除了我的左手因爲子彈射進了我的肩膀而使它變得較僵硬之外，我並不覺得其他的手或腳有任何異樣，所以我沒有意識到自己沒有辦法正常走路。我的頭幾步走得很吃力，就好像我才剛跑完一百公里一樣。醫生告訴我我會痊癒；我只是需要大量的物理治療，好讓我的肌肉再次管用。

有一天，另一個也叫費歐娜的人出現了，她的全名是費歐娜·亞力山德，她告訴我她是醫院新聞處的主管。我覺得這件事聽起來很有趣。我沒有辦法想像史瓦特中央醫院也有一間新聞處。直到她出現爲止，我完全不知道自己引起了外界多大的注意。當我從巴基斯坦被載來英國時，這則消息理應是該被封鎖住的，但有些我離開巴基斯坦的照片流落了出去，並提到我將被送至英國，而報章媒體很快就發現我的目的地是伯明罕。一臺隸屬「天空新聞臺」的直升機很快就在上頭盤旋，同時有多達二百五十名記者來到醫院，他們最遠來自澳洲及日本。費歐娜·亞力山德當過十二年的記者，也當過《伯明罕郵報》的編輯，所以她完全知道要用怎麼樣的素材來餵養媒體，以防止他們企圖闖入。院方開始針對我的病況提供每日簡報。

人們開始想來探望我——政府首長、外交官、政治家，甚至坎特伯雷大主教都派了使者來致意。他們大多都帶著花束，有些花束非常精緻而美麗。有一天，費歐娜·亞力山德帶了一只裝滿卡片、玩具和照片的袋子來給我。當時適逢宰牲節，也就是「大爾德」（Big Eid），我們宗教的主要節日，所以我以爲可能是一些穆斯林送給我的。然後我看到了郵戳日期，從十月十日、十月十一日，甚至在這之前的都有，隨即我意識到這與宰牲節無關。這些禮物來自世界各地，要祝福我早日康復，許多寄件者都是學童。看見我一臉驚訝，費歐娜笑了。「妳看到的不過是冰山一角而已呢！」她告訴我外頭還有一袋又一袋，總數約有八千張卡片，很多上面都只註明「馬拉拉，伯明罕醫院」。其中一封上頭甚至只寫了「頭部中槍的女孩，伯明罕」，不過它還是順利寄達了。有些人表示他們願意收養我，好像我在這世上沒有任何親族一樣，甚至還有人向我求婚。

蕾哈娜告訴我，世界上有好幾千萬名的大人和小孩都支持我的行為，也都在為我禱告。當下我意識到，原來是這些人救了我一命。我存活下來是有理由的。人們還送了我其他的禮物。一箱又一箱的巧克力，與各種造型、大小的泰迪熊。而當中最貴重的，也許要算是班娜姬·布托的小孩畢拉瓦爾與巴克塔瓦爾寄來的包裹吧。裡面裝了兩條披巾，是他們的亡母生前所使用的。我把鼻頭埋進去，試圖聞出她的香水味。後來我在其中一條披巾裡找到了一絲黑色長髮，我的禮物因此而更顯珍貴。

我明白了塔利班對我的所作所為，反而促使我的抗爭變得舉世皆知。當我還躺在病床上，等著向這個新世界跨出第一步時，高登·布朗，這位聯合國的特別教育大使，同時也是英國的前首相發起了一份請願書，上頭的口號為「我是馬拉拉」，並要求遲至二〇一五年，世界上的所有孩子都能夠上學讀書。國家領導人、首相，以及電影明星都給我捎來了信息，其中一則信息來自先前統治我們省分的最後一名英國總督歐拉夫·卡羅（Olaf Caroe）爵士的孫女。她說，她為自己無法閱讀或寫出普什圖語感到羞愧，沒辦法像她的祖父那樣說寫流利。碧昂絲寫了一張卡片給我，還把它貼在臉書上。賽琳娜·戈梅茲（Selena Gomez）在推特上發了一則有提到我的推文，而瑪丹娜則為我獻唱了一首歌。其中一則信息，甚至來自我最喜歡的演員和社運人士安潔莉娜・裘莉——我真等不及要告訴莫妮芭！

但我並不知道，我回不了家了。

24

「他們奪走了她的笑容」

我父母終抵伯明罕的那天，我搬離了加護病房，住進一般病房的519室的第四床。房裡有窗戶，這是我第一次能夠看到英國的景色。「怎麼都看不見山呢？」我問。外頭霧雨濛濛，我以爲山因而被遮掩起來。我當時並不知道這裡少有晴日。我眼中能看到的只有房子和街道。房屋都是由紅磚砌成，每一間都看來都相同。每一件事物看起來安靜平和、井然有序，而我很不習慣看見人們竟能夠過著平凡無浪的普通日子。

亞維德醫生說我的父母快到了，所以幫我把床調高，這樣他們抵達時，我就可以坐著跟他們打招呼。我很興奮。從我跑離位於明戈拉的家門，大喊著「再見」的那天早晨至今，已經過了十六天，中間我換了四家醫院，更遠赴千哩之外。對我來說，這十六天宛如十六年。門打開了，熟悉的聲音喚出了「親愛的」和「貓咪」，他們就在我的眼前，親吻著我的雙手，好似他們不敢直接觸摸我一樣。

我無法控制自己，盡己所能地大哭。這段住院的時間我都沒有哭，就連他們朝我的脖子打針或拔除我頭上的鋼釘也沒有。但現在我哭個不停。我的父親與母親也哭了。這種感覺，就好像原先壓在我心上的重量，全被一股腦兒拋掉了一樣。現在，我覺得一切都沒問題了。我就連看見弟弟卡須爾都很開心，我就缺個能吵架的伴。「我們都很想妳，馬拉拉。」我的弟弟們說，但他們很快就把注意力轉移到那些泰迪熊和禮物上了。而當卡須爾拿走我的筆記型電腦去玩遊戲時，我跟他很快又開始吵了起來。

我被父母現在的外貌嚇了一跳。他們從巴基斯坦長途飛行到這裡，疲累全寫在臉上，但不止如此——他們看起來老了許多，而且我注意到他們都滿頭灰髮。他們試圖遮掩，但我看得出來他們也被我現在的外貌弄得心神不寧。在他們進門之前，亞維德醫生就曾警告過他們：「你們將會面的女孩，她的身體復原狀況只有一成；我們還有九成的路要走。」但他們不知道，我只有半張臉會動，我也無法微笑。我的左眼凸腫，我的頭髮不見了一半，而我的嘴歪斜一邊，就好像有人把它往下拉一樣，所以當我試著微笑時，我看起來更像是在做鬼臉。這情況就好像我的大腦忘記了我還有左半部的臉。我有一邊的耳朵仍然聽不見，而我講出口的句子，簡單得就像我是一名還在學習如何說話的幼兒一般。

我的父母被安置在大學裡的宿舍，與其他學生們住在一塊兒。醫院的管理階層認爲對他們來說，住在醫院會比較辛苦，因爲記者很容易就會把他們團團圍住，院方也希望在我現階段的復原關鍵期，盡其可能地保護我們。他們的行李極少，只有身上穿的衣服和西莎的母親索妮雅送給他們的，因爲當他們在十月九日離開史瓦特時，他們並不知道此後將回不了家。當他們回到宿舍的房間後，他們如孩子般地痛哭。過去，我一直都是個快樂的孩子。我父親會跟人們吹噓我那「天使般的笑靨和天使般的笑聲」。當下他對著我母親悲嘆，「那張美麗、勻稱的臉，那張明亮、閃耀的臉，沒了；她也失去了她的笑靨和笑聲。塔利班多麼殘忍——他們奪走了她的笑容，」他補充道，「你可以捐給別人雙眼或肺臟，但救不回他們的笑容。」

這問題出在一條顏面神經。當時醫生不確定它究竟只是受損，會自行回復；還是已經被切斷。我安慰母親，就算我的臉左右不對稱，對我來說也沒有什麼差別。我，一直以來都很在意自己的外觀、在意自己髮型的我！但當你親眼見識過死亡，世界在你眼中就不同了。「就算我沒有辦法正常微笑或眨眼都沒關係，」我告訴她，「我依舊是我，馬拉拉。最重要的是，眞主已賦予了我新的生命。」但每次只要他們來醫院，而我大笑或試圖微笑時，我母親的臉龐仍會如同被暗影侵襲般陰暗了下去。這就像是一面相反鏡——當我臉上出現笑容時，我母親的臉上就會出現悲痛。

我父親會直視著我母親的臉龐，她眼裡卻有著一個不解的大惑：*為什麼馬拉拉會變成這樣？*這個由她帶進這個世界的女孩，這個曾笑了十五年的女孩。有一天，我父親問她：「貝凱，妳老實跟我說。發生了這種事情，妳怎麼想——是我的錯嗎？」

「不，*帥哥*，」她回答，「你沒有要馬拉拉去外面行竊或殘殺或犯罪。她是爲了追求更崇高的理念。」

即便如此，我父親依舊擔心，在未來，每當我一微笑，它就會反過來提醒我們槍擊案的存在。這不是唯一一件他們覺得我「變了」的事情。過去在史瓦特的日子裡，我是個非常脆弱而敏感的孩子，哪怕是最細微的事情都可能惹來一陣哭泣。但在位於伯明罕的醫院裡，我就連經歷極端的痛苦時，都不會出口抱怨。

院方拒絕了其他訪客的探望。縱使訪視請求如洪水般大舉襲來，他們仍希望我能在不被干擾的情況下，把精神都集中在恢復健康。在我父母抵達醫院四天之後，一群來自三個曾出手幫助我的國家的政治家現身了——李曼．馬力克，巴基斯坦的內政部長；威廉．赫格（William Hague），英國外交部長；以及謝卡．阿布杜拉．賓．扎伊德（Sheikh Abdullah bin Zayed），阿拉伯聯合大公國（UAE）的外交部長。院方拒絕了他們探望的請求，改由醫生向他們簡單報告我的現況，同時也會見了我的父親。部長們的來訪讓他的心往下一沉，因為李曼．馬力克跟他說：「告訴馬拉拉，她應該對全國人民微笑致意。」他並不知道，在所有事情裡面，那是我唯一做不到的。

李曼．馬力克揭穿了襲擊我的男人的眞面目。他是一名塔利班，名叫阿陶拉．汗，他曾在二〇〇九年於軍方執行任務時被逮捕，但三個月後就被釋放。根據媒體報導，他擁有在傑漢席大學的物理學學位。馬力克宣稱，狙殺我的計畫是在阿富汗被策劃出來的。他說，他懸賞一百萬元給任何能帶來阿陶拉頭顱的人，並承諾他們一定會找到他。我們心存質疑，因為截至目前為止仍沒有任何人被逮捕——無論是殺了班娜姬．布托的人、暗中密謀以飛機失事的手段殺死齊亞將軍的人，或是殺死我們第一屆首相利雅庫．阿里．汗的人，都還逍遙法外。

在我的槍擊事件發生後，只有兩個人被逮捕——我們貧窮可親的司機烏西曼．巴海．貞與學校的會計，後者也不過就接了烏西曼打來告訴他發生了什麼事的電話。會計幾天後就被釋放了，但烏西曼仍在軍方的監控之下，軍方說他們需要他來指認臉孔。對此我們感到非常難過。為什麼他們逮捕了烏西曼．巴海．貞而不是阿陶拉？

聯合國宣布，他們要在十一月十日，距離槍擊案件後的一個月又一天，宣布我的生日為「馬拉拉日」。我沒有特別留意這則消息，因為我正在為隔天院方為了要修復我的神經而預計動的大手術進行準備。醫生已透過電子脈衝進行測試，神經沒有反應，因此他們研判神經應已被截斷，他們必須盡快動手術，否則我的臉部就會終身麻痺。院方照常向記者彙報目前的情況，但沒有把手術的事情公開，他們不希望引起公眾的注意。

我在十一月十一日那天被送進手術室，為我動手術的外科醫生名為理查・厄文。他跟我解釋這根神經能控制我半邊的臉部，它的功用是讓我的左眼開闔、移動我的鼻子、拉高我的左眉，以及讓我微笑。要修復這條神經的手術非常精細，得耗上八個半小時。首先，外科醫生幫我清理了我耳道中的疤痕組織及骨骼碎片，隨即發現我左耳的鼓膜有損傷。接下來，他沿著從顱骨開始進入頭骨的面部神經，一直到它離開該區域為止，一路上幫我清出更多的骨骼碎片，它們在這段期間內限制了我下顎的行動。他發現我的神經在要從頭骨繞出去的地方，有兩公分的長度完全消失了，因此他將正常情況下應該從耳後繞道的路徑改道至耳前，藉此來補足那段神經的空隙。

手術很成功，但足足到了三個月之後，我的左半臉才一點一點地開始能夠正常使用。我每天都得利用我的小鏡子來做一些臉部運動。厄文醫生告訴我，六個月之後神經才會開始正常運作，但我永遠也沒有辦法恢復得像從前一樣。可是我很高興自己很快又能微笑、皺眼。隨著一個又一個星期過去，我父母在我臉上看到了越來越多的表情。雖然這張臉是我的，但其實對它能夠回復正常功能感到最開心的，還是我的父母。在那之後，厄文醫生說，這是他二十年來動過的面部神經手術裡，復原結果最成功的，約有八成六的功能都回復了。

另一項很棒的結果是，我的頭痛終於消失了，而我也再一次開始讀書。我從《綠野仙蹤》開始讀起，這是高登・布朗送給我的那疊書裡的其中一本。我喜歡閱讀桃樂絲助人的章節，雖然她一心想回家，但她還是停下腳步，對那些需要幫助的人伸出援手，例如膽小獅和生鏽的錫人。她必須跨越很多障礙才能繼續前進，我認爲，如果你想要達成一個目標，沿途你一定會遭遇很多困難，但你仍必須勇往直前。閱讀這本書讓我覺得很興奮，所以我很快就把它看完，然後把內容全部都與我父親分享。他聽我這麼說很開心，因爲他認爲如果我能夠記下內容，並重複講述書中的細節段落，那就表示我的記憶力已經沒有任何問題了。

我知道我父母很擔心我的記憶力，因爲我告訴他們我不記得任何與槍擊有關的事情，同時也不停忘記朋友們的姓名。而這些名字並不難記。有一天，我父親要求說：「馬拉拉，你可以唱首普什圖的**拓帕**給我們聽嗎？」我唱了首我們都喜歡的詩句：「當你將蛇的尾巴視爲你旅行的起點時／你的終點就會是蛇頭口中的毒液之洋。」對我們來說，這詩詞所講的正是巴基斯坦的政府官員，他們原想利用武裝分子，而現在卻陷在他們自找的一團混亂之中。接著我說：「其實我想改寫一首拓帕。」

我父親滿臉好奇。拓帕是流傳於我們社會數百年的群體智慧；一般人不會去修改它們的內容。「哪一首？」他問我。

「這首。」我說。

که د زلمو نه پوره نه شوه
ګرانه وطنه جینکی به دې ګټی نه

↓

که دزلمو نه شوه که نه شوه
ګرانه وطنه جینکی به دې ګټی نه

如果男人們打不贏這場仗，喔，我的祖國啊，
就讓女人出征，為你們贏得榮耀吧。

我想把它改成：

無論男人能否打贏這場仗，喔，我的祖國啊，
女人來了，女人將為你們贏得榮耀。

他哈哈大笑，並將這個故事講給每一個人聽，就像他以前常做的那樣。

我遵從物理治療師的指導，在健身房裡賣命地要讓我的手、腳能夠再一次行動自如，也因此獲得了獎勵：十二月六日，我將第一次離開醫院去旅行。我告訴伊瑪我喜歡大自然，因此她安排了兩名員工帶我和我母親去伯明罕植物園郊遊，那裡距離醫院不遠。他們沒有讓我父親同行，因爲他們認爲他經常在媒體面前曝光，很容易就會被認出來。即便如此，我仍然非常開心，這是我第一次回歸外面的世界，更能親眼欣賞伯明罕和英國的景致。

他們要我坐在轎車的後排中間，不要靠窗，這個要求有點惱人，

因為我好想親眼看看這個嶄新國度的一切。我並不知道他們這麼做是要保護我的頭部，免得我在車輛行進顛簸時，傷了自己的腦袋。當我進入植物園，眼前滿是綠意盎然的植物與樹木時，我深深地想起了家鄉。我不停說「我們河谷裡也有這個品種」以及「我們也有這種的」。我對河谷裡華美的植物非常自豪。看見其他在植物園裡的訪客的感覺有點怪，而對他們來說，這不過是一次日常的出遊。我感覺自己就像桃樂絲，來到了旅程的終點。我母親很興奮，她打了電話給我父親，「我第一次這麼開心。」她說。但那天天氣寒冷，所以我們走進了一家咖啡店，並點了美味的茶水及糕點，我們的飲料叫做什麼「鮮奶油茶」。

兩天過後，我有了第一個家人以外的訪客——巴基斯坦的總統阿西夫・扎爾達里。院方並不希望他來，他們知道這樣的會面正是報章媒體迫不及待的，但對我父親而言，他實在很難拒絕這個要求。我們國家的領袖扎爾達里先生表示政府不只會幫我支付醫療費用的全額（到我出院為止的總數約為二十萬英鎊），他們還幫我的父母在伯明罕的市中心租下了一間公寓，這樣他們就可以搬離學校宿舍。那次見面的時間是十二月八日星期六，而這整件事情聽起來就像是會出現在007電影裡的劇情一樣。

從一早開始，外頭就群聚了很多的新聞記者，他們自然而然地都認為總統會被帶到醫院來探望我。事實相反，一件帶帽的紫色禦寒大衣裹住了我的身體，我們走員工專用的出入口，一路開車到醫院的辦公室。我們直直穿越記者和攝影師，有些人還爬到樹上，而他們壓根兒沒有注意到我們。然後我在辦公室裡坐下，等待，同時在電腦上玩一款名叫「精靈保齡球」的遊戲，這是我第一次玩這個遊戲，但我成功擊敗了我弟阿塔爾。當扎爾達里和他的黨員們分成兩輛車抵達時，他們被人從後門帶進來。有約莫十個人與他一起出現，包含了他的參謀總長、他的軍事祕書，以及巴基斯坦駐倫敦的高級專員：他接替了費歐娜醫生的工作，負責在我父母抵達英國之前，擔任我的法定監護人。

一開始，醫生們先向總統簡短報告了我的近況，同時要他別詢及我的臉部。接著他跟他的小女兒娥西法一起進來見我，她的年紀比我大一些。他們帶了一束花來送我。他碰了碰我的頭，這是我們的習俗，但我父親擔心我的頭頂除了皮膚之外一無所有，沒有頭蓋骨能保護我的大腦，而我披巾下的頭顱則是凹了一大塊。在那之後，總統跟我的父親坐在一起，我父親告訴他我們家很幸運，我才能夠有機會到英國接受治療。「她如果留在巴基斯坦的話，也許一樣能活命，但可能無法完全康復，而且可能會毀容，」他說，「現在，她將找回她的笑容。」

扎爾達里先生要高級專員幫我父親安排一個職位，隨行教員，這樣他就能擁有一份可供生活用的薪水，和一本外交護照，他也就不需要再透過政治庇護的手段才能留在英國。我的父親聽了以後安心不少，因爲他當時就在擔心要怎麼支付生活所需。高登・布朗基於他在聯合國的身分，也詢問我父親是否願意擔任他的顧問，但是無給職。總統認爲未嘗不可，我父親他可以同時兼任。在這次的會面之後，扎爾達里先生向媒體形容我是「一名獨一無二的女孩，是巴基斯坦的榮耀」。然而，並非每個身處巴基斯坦的人都對我有如此正面的評價。雖然我父親瞞著我，但我知道有些人會說其實開槍的是我父親，或我根本沒有受到槍擊，這不過是一場戲，讓我們能順理成章移居海外的戲碼。

二〇一三的新年很美妙，我在一月初就出院了，總算能夠與我的家人團圓。那名巴基斯坦高級專員在伯明罕一棟位於現代式廣場的大樓，爲我們租下兩間服務式公寓[110]。公寓位在十樓，比我們以前住過的任何地方都還要高。我故意逗弄母親，因爲在那次地震之後，當我們搬進那幢三層樓高的建築時，她就說她再也不要住進公寓大樓。我父親跟我說，當他們抵達這裡時，她陷入極度恐慌，並說：「我會死在這部電梯裡面！」

我們很高興又成爲完整的家。我弟弟卡須爾和以前一樣煩人。這些男孩們因爲被迫遠離了他們的學校與朋友，成天都被關在小空間裡只爲了等待他們的姊姊身體康復，而覺得百無聊賴，幸好阿塔爾因爲眼前的一切都嶄新的不同往昔而非常興奮。我很快就注意到，我可以用任何我想要的方式去對待他們，沒有人會因此而斥責我。那年的冬天很冷，當我從巨大的玻璃窗看見窗外的白雪從天空飄落時，我多麼希望能在雪中拔足奔跑，追逐雪花，就像我們還在老家的時候一樣。有時候我們會出去散步，藉此鍛鍊我的體力，但我總是很快就感覺疲累。

廣場裡有座噴泉和一家咖世家（Costa）咖啡吧，從它的玻璃牆面望出，可以看見男男女女在聊天，而他們不分性別群聚的方式，是住在史瓦特的人所無法想像的。公寓座落在一條熱鬧的道路，路上商店和俱樂部林立，它叫做寬街（Broad Street）。我們會去逛那些商店，不過我還是不喜歡購物。在夜晚，我們的雙眼都瞪得老大，看著街上的女人穿著各種暴露的服裝——幾乎與內褲齊短的迷你裙，赤裸的大腿腳踏最高的高跟鞋，就連在寒冬都不例外。我母親嚇壞了，她

110 原文「**serviced apartment**」，臺灣多譯為酒店式公寓，此處採意譯。簡單來說，服務式公寓與入宿飯店一樣享有客房服務及專人打掃環境，但裡面也有書房或廚房等一般飯店房間不提供的住家房型。

大叫：「嘎爾卡・修瑪！」[111]意思是「我快淹死啦！」並懇求我的父親：「拜託帶我到杜拜，我沒辦法在這裡過日子！」後來我們把這件事情當笑話來講。「她們的腳是鐵打的嗎？怎麼都不怕冷？」我母親問我們。

有人告誡我們在周末夜晚時，不要在寬街上逗留到太晚，怕我們會遇到危險。我們聽了以後大笑。這裡再怎麼不安全，總不可能會比我們的故鄉還危險吧？這裡有塔利班會在街上把行人的頭剁下嗎？我沒有告訴我的父母，但我只要看到長著一張亞洲人臉孔的男性靠近，我就會心生畏懼。我以爲每個人身上都有帶槍。

每個星期我都會用Skype跟我還在明戈拉的朋友聊一次天，他們告訴我，他們仍在教室裡保留了一個位子要給我。在我中槍的那天，老師把我的巴基斯坦研究考卷帶到了班上。我考了滿分七十五分，但因爲我沒有考其他科目，所以第一名仍是瑪麗克・愛奴兒。雖然我在住院時有上了一些課，但我還是擔心自己的進度落後。現在能跟瑪麗克・愛奴兒互別苗頭的只剩莫妮芭。「沒有辦法跟妳一較高下好無聊喔。」瑪麗克・愛奴兒告訴我。

我的身體逐日強健，但我的手術還沒結束。我的頭蓋骨仍舊未歸原處。醫生也很擔心我的聽力。當我們去散步時，我無法在人群中聽懂我父母所講的字句。在我的耳裡有一種又尖又細的雜音，只有我聽得見。二月二日星期六，我回到伊莉莎白皇后醫院接受手術——這次幫我動刀的是一名女醫生。她的名字是安文・懷特。她先把我的頭蓋骨從腹中取出，但在檢查過後，她決定不

111 原文「Gharqa shoma」

將它裝回去，因為保存情況不佳，她擔心我會有感染的風險。取而代之，她動了一種叫做「鈦金屬板顱骨修補術」的手術（我現在學會了很多醫療用字！）把一片特製定型的鈦金屬板嵌合進我的頭顱，再加上八顆螺絲，就完成了一個能保護我大腦的頭骨。

當我在動手術時，那位曾經醫好我顏面神經的厄文醫生也想到了一個辦法來醫治我受損的左耳鼓膜。他把一個叫做「人工電子耳」的小型電子儀器植入我的頭顱，靠近耳朵處，然後告訴我在一個月之後，他們就會在我的頭上裝上外部裝置，屆時我應該能夠聽得見聲音。我在手術室裡待了五小時，動了三個手術，但我不覺得自己經歷了什麼大手術，而且我在五天之內就住回了公寓。幾個星期過去，當我的耳朵後面裝了接收器之後，我的左耳第一次聽得見嗶嗶的聲音。一開始，任何聲音聽起來都像是機器人在說話，但很快地，情況開始變得愈來愈好。

我們人類從來也不會意識到眞主有多偉大。祂賜予了我們一顆超凡的腦袋和一個敏感纖細、充滿慈愛的心胸。祂賦予了我們雙唇，讓我們能言語，並表達我們心中的感受；祂賦予了我們兩只眼睛，讓我們能看見世界的七彩與美麗；祂賦予了我們一雙腿，讓我們能走上生命之路；祂賦予了我們一雙手，來為我們工作；祂賦予了我們一個鼻子，讓我們能嗅聞各種奇香芬芳；祂賦予了我們兩只耳朵，讓我們能聽見關愛的字句。正如我尋回了我的耳朵，沒有人知道自己的每一個器官具有多麼強大的能力，除非有一天，他們失去了它，才會明白它的重要。

我感謝阿拉賜給我認眞的醫生們，讓我康復，並將我們送到世界各地，讓我們在那裡掙扎求生。有些人選擇了正確的道路，有些人則走上了歧途。一個人開槍射出的子彈擊中了我。它在一秒之內使我的腦袋因積血而腫脹、偷走了我的聽覺，還切斷了我左半邊臉的神經。而在那一秒之後，有數以百萬計的人們為我的生命祈禱，還有一流的醫生幫我找回了自己的身體。我是一個善良的女孩。在我心中，我唯一的渴望就是幫助他人。這和得獎與否或金錢無關。我總向真主祈求：「我想要幫助別人，請賜予我這樣的能力。」

一名塔利班在一輛校車上近距離朝三個女孩開了三槍，沒有一個人死亡。這聽起來不像是真的，而人們說我「奇蹟般地」復原了。我那中了兩槍的朋友夏息雅申請到了位於威爾斯的大西洋聯合書院（Atlantic College）的獎學金，因此也來到英國念書了，而我希望卡內的申請也能順利。我知道真主讓我免於踏入墳墓。這讓我覺得，我現在的人生其實是我的第二條命。人們祈求真主饒我不死，而我是因為一個理由活下來的——我這條命要拿來幫助別人。當人們在討論我是如何中彈以及當時所發生的情況時，我會覺得那是馬拉拉的故事，「一個被塔利班槍殺的女孩」；我一點也不覺得那個故事與我有關。

尾聲

一個孩子，一名教師，一本書，一枝筆……

伯明罕，二〇一三年八月

在三月，我們搬離了原先的公寓，搬進一幢位於綠蔭街道上的租屋，但感覺起來更像是我們在裡頭「露營」。我們的財物都還留在史瓦特。租屋裡到處都是紙箱，裡面則裝滿了好心的人們寄來的信件和卡片。有一間房裡有架鋼琴，但我們家沒人知道怎麼彈奏。我母親抱怨牆上的希臘神祇壁畫和天花板上鑲刻的天使都在監視她的舉動。

我們的房子又大又空。入門處架著一道電動柵門，有時候我們會覺得自己住在一種我們巴基斯坦人稱之爲「替代性監獄」的地方，就像是把你囚禁在一幢高級住宅裡。屋宅的背後有一座巨大的花園，裡面有很多的樹木跟一塊能讓我與我弟弟打板球的綠色草皮。但我們沒辦法上屋頂玩，街道上也沒有比賽風箏的孩子，我們也沒有鄰居會來借一盤子的米，或我們可以跟他們借三顆番茄。我們和隔鄰只有一牆之遙，但兩棟房子之間卻彷彿有數哩遠。

如果我往外看，我會看見母親在花園裡閒逛，她的頭上戴著披巾，正在那餵食鳥兒。她看起來好像在唱歌，也許是那首她鍾愛的拓帕：「可別殺害園子裡的鴿子／殺了一隻其他就不會再來了。」她把我們昨晚的剩菜餵給鳥兒吃，她的眼中含著淚水。我們吃的食物與在老家差不多——中餐和晚餐都是白飯配肉，早餐則是煎蛋、薄餅，有時來點蜂蜜，這樣的餐點搭配是從我的小弟阿塔爾開始的，但他最鍾愛的「伯明罕大發現」則是榛果巧克力醬三明治。我們總是會有剩菜，我母親因爲覺得浪費了食物，而感到難過。我知道她回想起那些寄宿在我們家中的孩子，我們會把他們餵得飽飽的，這樣他們就不會餓著肚子去上學。她不知道他們現在都吃些什麼。

還在明戈拉時，當我從學校下課返家，我家裡一定隨時都會有人；而現在，我無法相信自己以前居然會祈求能夠擁有一天的安寧，或留給我一點私人的空間讓我能做我的回家功課。在這裡，我們唯一能聽見的聲音是鳥叫和卡須爾的Xbox所發出的聲響。我獨自一人坐在我房間的地板上玩拼圖，渴望有訪客前來造訪。

我們家並不富有，我父母深知飢餓的滋味。我母親從未拒絕過任何人。有一次，一個貧窮的女人敲門，她又熱、又餓、又渴。我母親讓她進門，給了她食物，那個女人非常開心。「我敲了這個街坊中的每一扇門，只有你們家的願意開啓，」她說，「無論你們身在何處，願眞主永遠讓你們的門敞開。」

我知道我的母親很寂寞。她很熱衷社交活動——過去，鄰里中的女性常在午後聚集在我家後面的走廊，而在其他房子工作的女人也會來此歇息。現在，她總是在打電話給老家那裡的人。這裡的生活對她來說很艱辛，因爲她不會說半句英語。我們家的設備一應俱全，但當她初抵此處時，它們對她來說卻等同於一道又一道的謎題，我們還得找人來教我們怎麼使用瓦斯爐、洗衣機和電視。

跟往日一樣，我父親不願幫忙廚房雜務。我藉此取笑他，「爸爸，你最喜歡談女權，但我母親掌管一切大小事！你就連茶具都不肯刷洗。」

這裡到處都有巴士和火車，但我們不確定如何搭乘。我母親懷念在耆那市集逛街購物的日子。直到我的表哥搬來與我們同住之後，她的心情才有所改善。他有一輛車，會載她出門購物，但這與舊日時光還是不同，因爲她沒辦法和朋友或鄰居分享她買了什麼戰利品。

只要有人敲門，我母親就會一躍而起——最近，即便是最細微的聲響都能讓她雀躍。她時常抱著我落淚。「馬拉拉還活著。」她都這麼說。她現在把我當成她最年幼而非最年長的孩子。

我知道我父親也有哭。他的眼淚會在我把頭髮推向一邊，而他看見我頭上的傷疤時湧出；他也會在午睡醒來時，聽著他的孩子們在花園中的聲音，並在聽出其中一個聲音來自於我時感到安心，隨即落淚。他知道，人們總說我會被槍擊是他的錯，他把我推向講臺，就像一個熱衷網球的老爸賣力培養孩子成爲冠軍一般，好像我從來沒有過自己的想法。這對他來說很難熬。他辛苦工作近二十年的成果全被留在身後：那間他從零開始做起的學校，現在不但有三棟建築物，更有一千一百名學生與七十名老師。我知道他對自己的成就感到自豪，他曾是一個來自夾雜在黑白山脈間的小村落的貧窮男孩。他說：「這就好像你種下一棵樹，並將它灌溉長大——你有權坐在樹蔭底下休息。」

他此生的夢想，一是在史瓦特擁有一間很大的學校，以提供良好的教育；二是生活能夠平靜；三是我們的祖國能實行民主政治。在史瓦特，他藉由組織活動和提供人們幫助而贏得了社會的尊敬與地位。他從來沒想過自己會住在異國，而當人們說他本來就打算搬到英國時，他聽到就會覺得沮喪。「一個在教育事業上打拚了十八年，擁有一個美好的生活，一個完整家庭的人，你就像把魚丟出水面一樣將他丟了出去，只爲了出來爲女子受教權發聲？」有時候，他會說我們從國內難民變成了國外難民（EDPs，externally displaced persons）。在用餐結束後，我們通常會聊到故鄉，試著回想起一些事物。我們懷念所有的一切，就連發臭的溪流都在我們的懷念之列。我父親說：「如果我預先知道會發生這種事情，我會回頭看那最後一次，就像先知在離開麥加準備移民到麥地那時所做的一樣。他一次又一次地回頭。」事到如今，有些史瓦特的事物回想起來就像是發生在遠方的故事，就像是我只不過曾經在書本上讀到一樣。

我父親把多數的時間都花在出席教育相關的會議上。我知道這對他來說很奇怪，人們現在想聽他發表意見是因爲我的緣故，而非顚倒過來。以前人家知道我，是因爲我是他的女兒；現在人家知道他，卻因爲他是我的父親。當他前往法國幫我領一座獎牌時，他告訴觀眾：「在我所屬的世界裡，多數人都因爲他們的兒子出了名，而廣爲人知。我是極少數幸運的父親，因爲他的女兒，而成了一名公眾人物。」

一件有型的新制服吊在我的臥室大門上，它不再是皇家藍色，而是玻璃瓶般的綠色，在這所學校，沒有人需要擔心上學途中忽然被人襲擊，或哪個人會把學校建築炸掉。到四月時，我的身體已經復原到可以上伯明罕的學校了。能夠好好上學，對我來說是一件很美好的事情。我再也不需要像在明戈拉的時候一樣擔心受怕，在上學途中左右張望，擔心塔利班會從哪個角落一蹦而出。

這是一所優良的學校。教的許多科目都和家鄉那一樣，但是老師上課是使用PowerPoint和電腦來教學，而不是粉筆與黑板。這裡多了些不同的科目——音樂、美術、電腦研習、家政，這堂課會教我們如何做菜。在這裡，上科學課時老師會帶我們實際操作，這在巴基斯坦很罕見。雖然我的物理考試只考了四十分，它依舊是我最喜歡的科目。我喜歡藉由學習知道牛頓的生平，以及萬事萬物都得遵從的基礎原理。

但就像我母親一樣，我很寂寞。要交一群與老家那邊交情一樣好的朋友需要時間，而這所學校裡的女孩用另一種方式來看待我。人們會說：「喔，那是馬拉拉」——她們把我視爲「馬拉拉，追求女權的社運人士」。而在卡須爾學校，我就只是馬拉拉，是大家都熟悉的軟骨[112]女孩，喜歡說笑，喜歡用圖說的方式來解釋事情。喔，還有，她很愛和弟弟還有好朋友拌嘴！我相信每個班上都會有乖乖牌女孩、很聰明或天才型的女孩、受歡迎的女孩、美麗的女孩、有點害羞的女孩、出了名的討人厭女孩等等，但我還沒弄清楚在這裡誰扮演怎麼樣的角色。

因爲在這裡我沒有人可以分享我的笑話，所以我都把它們保留起來，在用Skype談天時講給莫妮芭聽。我的第一個問題總是那句：「學校最近發生什麼事？」我喜歡聽到誰跟誰吵架，還有

112 原文「**double-jointed**」，正式名稱則是**Hypermobility**。擁有這種遺傳特徵的人，天生的骨骼結構就與常人不同，有些可以做出手指往內折至碰到手腕、膝蓋可以往前彎曲、腳可以放到脖子後面等，對一般人來說相當「高難度」的動作。

誰被哪個老師罵了一頓。莫妮芭在最近幾次的考試都拿下班上第一名。我的同學們一樣幫我保留了一個上面有我的名字的座位；男校方面，阿姆傑德先生在入口處張貼了一張我的大海報，並說他每天早上進辦公室以前都會先跟我打招呼。

我把在英國的生活形容給莫妮芭聽。我告訴她這裡街道上的房子都長一個樣，不像老家那邊家家戶戶的外觀都不同、亂無章法，且住家旁用泥巴和石頭搭起來的棚子可能跟城堡一樣碩大。我告訴她這裡的房子美觀又堅固，可以承受水災或地震，但也少了一個能爬上去玩樂的平坦屋頂。我告訴她我喜歡英國，因為大家都奉公守法，人們尊敬警察，每一件事情都遵照時間表進行。政府負責打理一切，沒有人需要知道軍方的負責人叫什麼名字。這裡的女性，其工作型態的多樣化是我們在史瓦特無法想像的。她們可能是警察或保全；她們能夠掌管大企業，而且想穿什麼就穿什麼。

我不常想起槍擊事件，但每一天只要照鏡子，我就會看到那起事件留在我身上的烙痕。神經手術已經盡了它的最大作用。我永遠也不會像以前一模一樣。我沒辦法把眼睛完全閉起，當我在說話時，我的左眼很常不受控制地闔上。我父親的朋友希達亞圖拉告訴他，我們應以我的左眼為榮。「這是她的自我犧牲所留下的印記。」他這麼說。

我們依舊沒辦法完全確定是誰對我開了槍，但有一名叫做阿陶拉・汗的男子說是他下的手。警方還沒有找到他，但他們說正在著手調查，並希望能有機會跟我訪談。

雖然我沒有辦法完全記得那天究竟發生了什麼事，但有時我會忽然陷入當時的情境。我無法預知它們什麼時候會出現。最糟的一次發生在六月，我們當時人在阿布達比，正在前往沙烏地阿拉伯進行副朝[113]的路上。我和母親一起來到購物中心，因爲她想要買一件專用的罩袍，穿上它在麥加做禮拜。我不想買。我說我會戴著我的披巾，因爲教義中並無特別規定女性一定得穿罩袍。當我們走經購物中心時，我忽然看見許多男人環繞在我的身旁。我以爲他們身上都攜著槍，等待我出現就要開槍。我很害怕，但我什麼也沒說。我告訴自己：馬拉拉，妳已經跟死亡正面交手過一次了。這是妳的第二條命。不要怕——如果妳害怕，妳就會沒有辦法繼續走下去。

我們伊斯蘭教徒相信，當我們第一次見到卡巴天房（Kaaba，位於麥加，被黑色包覆的立方體，是我們最神聖的地方），你心中的任何願望都會被眞主應允。當我們在卡巴天房處祈禱時，我們祈禱巴基斯坦的和平，以及女子的受教權，我很訝異地發現自己淚流滿面。但當我們動身前往另一個位於麥加沙漠地帶，先知曾經在此居住並講道的聖地時，我很驚訝人們居然在這裡亂丟空瓶和糖餅包裝袋。似乎人們已經對保存歷史記憶一事無感。我認爲他們已經忘記了《聖訓》的教誨：維持整潔的重要性占了信仰的一半。

我的生活面臨重大的改變。在我們租屋處的起居室架上，放置著來自世界各地的獎牌——美國、印度、西班牙、義大利、奧地利，以及許多其他的地方。我甚至榮獲了諾貝爾和平獎的提

113 原文「Umrah」。根據伊斯蘭教法規定，凡穆斯林均需於規定的期間，也就是伊斯蘭教教曆十二月八日至十二日，前往聖城麥加朝聖，此稱為「正朝」。而在這個期間之外若前往麥加朝聖，則稱為「副朝」。

名，是有史以來最年輕的候選者。當我因爲自己在學校認眞學習而獲得嘉獎時，我會很開心，因爲它們就是我努力的目標，但這些獎牌對我的意義卻不同。我很感謝它們的存在，但它們只會提醒我自己還需要做多少的努力，才能完成「每個男孩女孩都能夠接受教育」的目標。我不想要世人以「被塔利班開槍的女孩」的角度來看我，我希望自己是「爲了教育而奮鬥的女孩」。這是我想投入一切的終身志業。

十六歲生日當天，我人在紐約，在聯合國發表談話。在眾多世界領袖都曾發表言論的寬廣大廳中對著聽眾演說是會讓人卻步的，但我知道自己想要這麼做。「馬拉拉，這是妳的好機會。」我對自己喊話。只有四百個人環繞著我而坐，但當我的視線往前望，我想像自己的眼前坐著數百萬的聽眾。我沒有預先準備講稿，只記下了聯合國代表們的姓名；這份講稿，是要講給在這世上每一個能夠改變現況的人。我想要觸及所有生活貧苦的人、那些被迫付出勞力的孩子，以及那些因恐怖主義而受苦受難，或是缺乏教育資源的人。在我心深處，我希望每一個孩子都能因爲我的言談而激起他們的勇氣，起身捍衛他或她的權利。

我把一件班娜姬・布托的白色披巾披在我最鍾愛的粉紅沙瓦爾・卡米茲上，我呼籲所有的世界領袖能夠爲世上的每個孩子提供免費的教育。「讓我們拾起我們的書本和我們的筆，」我說，「那是我們最強大的武器。一個孩子，一名教師，一本書和一枝筆，就可以改變這個世界。」我不知道人們對我的講詞有何感想，直到我聽見聽眾們紛紛起立、鼓掌。我母親滿面淚水，我父親則說我現在成了所有人的女兒。

那天還發生了其他事情。我母親第一次准許她自己在大庭廣眾之下接受拍照。她一生都戴著面紗，她先前從未在沒有遮蓋臉部的情況下，於照相機前露面，這對她來說是一個很大的犧牲，也十分艱難。

隔天，當我們在飯店吃早餐時，阿塔爾對我說：「馬拉拉，我不懂爲什麼妳這麼有名。妳做了什麼啊？」在我們停留紐約的這段期間，他的興奮之情其實都投注在自由女神像、中央公園，和他最喜歡的遊戲「戰鬥陀螺」！

在那次的演講之後，我收到來自世界各地的支持，但我的祖國的人民卻多數仍保持緘默，不過我在推特和臉書上卻看見我的巴基斯坦兄弟姊妹們紛紛發表了反對我的言論。他們指控我的登高一呼不過是「青少年想紅的心態作祟」。其中一人說：「忘記你的國家的形象，忘記那些學校。到最後，她會得到她想要的，那是一生的榮華富貴。」

我不介意。我知道人們會這麼說是因爲他們曾看過我們國家的領袖與政客許下了一個又一個承諾，卻從未實踐。相反地，巴基斯坦的情勢一天糟過一天。恐怖分子無止境的攻擊震驚了整個國土。雖然人們彼此之間無法互信，但我希望大家知道，我不需要他們支持我這個人，我希望他們支持我對和平和教育的志業。

在我的演講過後，我收過最令人訝異的一封信，是來自一名最近剛逃獄的塔利班將領，他的名字叫做阿德南．拉什德，他曾經是巴基斯坦空軍的一員。他因企圖暗殺穆沙拉夫總統，而在二〇〇三年被捕入獄。他說塔利班並非因爲我那些與教育有關的社會運動而決定對我下手，而是因爲我試圖「詆毀（他們）重建伊斯蘭制度的努力」。他說他會寫信給我，是因爲他對於我中槍一事感到十分震驚，並希望他在事前就可以先給我警告。他在信上寫著，如果我穿著罩袍回到巴基斯坦，並於伊斯蘭學校就讀，他們就會原諒我的所作所爲。

記者紛紛催促我給他答案，但我認爲他憑什麼說這些話？塔利班不是我們的統治者。這是我的人生，我要怎麼過活是我自己的選擇。但穆罕默德・哈尼夫寫了一篇文章，指出這封來自塔利班的信件講對了一件事。很多人都宣稱我沒有被槍擊，然而在這封信裡面，他們願意負起這件事的責任。

我知道總有一天我會回到巴基斯坦，但每當我跟父親提到我想回家，他就會找藉口搪塞。「不，親愛的，妳的治療還沒結束。」他會這樣說，或者是「這些學校很棒。妳應該留下來吸收知識，來讓妳的文字更具力量。」

他是對的。我渴望學習，也希望自己能在這樣的訓練下，更爲熟習「知識」這把武器。如此一來，我就能夠更有效率地爲了我的志業而戰。

現在，我們都知道接受教育是我們的基本權利。這不只在西方，伊斯蘭教也賦予了我們這項權利。伊斯蘭教義提到，每個女孩和每個男孩都該上學。《可蘭經》裡是這麼寫的，眞主希望我們習得知識，祂想讓我們知道爲什麼天空是藍色的，和海洋與星辰的奧祕。我知道這是一個很大的挑戰——世界上有五千七百萬名孩子沒有上小學，其中有三千兩百萬名是女孩。可悲的是，我自己的國家巴基斯坦是世界上情況最嚴重的地方之一：五百一十萬名孩童沒上過小學，而我們的憲法裡卻明文規定每個孩子都被賦予這項權利。我們國家有將近五千萬名成人是文盲，有三分之二是女性，就像我自己的母親那樣。

女孩繼續被殺害，學校被炸毀。在三月時，有一所我們曾造訪過、位於喀拉蚩的女子學校遭受攻擊。一枚炸彈和一枚手榴彈，在一場頒獎典禮正準備開始之前，被擲進了學校的操場。學校校長阿布多．拉什德因此喪生，八個界於五到十歲之間的孩子受到傷害。一個八歲的孩童面臨左半身癱瘓的命運。當我母親聽到這則消息時，她哭個不停。「當我們自己的孩子在睡覺時，我們連他頭上的一根頭髮都不忍驚動，」她說，「但有些人開槍射殺他們，或是拿炸彈丟他們。他們根本不在乎那些受害者是不是孩子。」最駭人的一次攻擊發生在六月，一輛載了四十位女學生要去學校上課的巴士，在奎達的市區遭到自殺炸彈客的自爆式攻擊。她們當中有十四名喪生。有人跟蹤傷者來到醫院，數名護士因此中槍。

不只有塔利班會殺小孩。有時候是無人飛機的空襲，有時候是戰爭，有時候是饑荒。而有時候，下手的是他們自己的家人。六月，兩名與我同齡的女孩在史瓦特北邊不遠的吉爾吉特被殺害。她們把一段自己在雨中穿戴傳統服飾及頭巾跳舞的影片上傳到網路。開槍射殺她們的，很明顯是她們同父異母的兄弟。

當今的史瓦特比其他地方都還要平和，但軍隊仍到處可見，然而塔利班早在四年前就已經該從這個地方消失。法茲魯拉仍逍遙法外，而我們的巴士司機仍被軟禁在家中。我們的河谷曾經一度是遊客的避風港，現在卻被視爲是一處充滿恐懼之地。想要造訪此地的外籍人士，都得要從伊斯蘭堡當局手中拿到一份無異議證書後方可通行。旅館與藝品店空盪盪。遊客的蹤影要很久以後才會再次出現。

過去的那一年，我親眼看見了許多地方，但我的河谷仍是我心目中，世界上最美麗的地方。

我不知道要到何時我才能再與它相見，但我知道會有這麼一天。我在想，齋月時我在自家花園種下的芒果種子，如今不知道變得怎麼樣了。我在想是不是有人會幫它澆水，這樣的話未來有一天，我們世世代代的兒女就能享用它的果實。

今天，我看著鏡中的自己，並花了一秒的時間來思考。曾經，我祈求眞主能讓我多長高一或兩吋，而祂卻讓我變得與天空齊高，高到我自己都沒有辦法測量。因您應允了我長高的想望，所以我將在此爲您獻上額外的百次禮拜（raakat nafl）。

我深愛我的眞主。我感謝我的阿拉。我整天都與祂說話。祂是世界上最偉大的。由於賦予了我能夠觸碰到人群的高度，祂也同時賦予了我許多重責大任。每一個家庭，每一條街道，每一座村莊，每一個國家都能和平——這是我的夢想。世界上的每個男孩與每個女孩都能接受教育。坐在我的座椅上，與我的朋友們一起在學校讀書，是我的權利。在每一個人的臉上看見幸福的微笑，是我的心願。

我是馬拉拉。我的世界改變了，但我一如以往。

詞彙對照表

aba——對父親的暱稱，也就是爸爸。

ANP——艾瓦尼國家黨，帕什圖的愛國政黨。

aaya——《可蘭經》裡的句子或短句。

baba——對祖父或年長的男子的暱稱，也就是爺爺。

badal——復仇。

bhabi——烏爾都語中的暱稱，直譯是「我兄弟的太太」的意思。

bhai——烏爾都語中的暱稱，直譯是「我兄弟」的意思。

chapati——用麵粉和水做成的無發酵麵餅。

dyna——後方開放式的貨車。

FATA——聯邦直轄部落區（Federally Administered Tribal Areas），爲巴基斯坦和阿富汗的國界地區，巴政府沿用從英屬時代開始便採取的非直接管轄方式管理此區。

Hadith——《聖訓》，先知說的話語或諺語。

Haj——到麥加朝聖，伊斯蘭教的信仰五柱之一（其他四柱分別是對虔誠的信仰，每日的祈禱，齋戒月的禁食，還有布施。）每個可以負擔得起朝聖的穆斯林一生之中都應該要去一次。

haram——伊斯蘭教中禁止的事物。

hujra——會所，傳統帕什圖男人聚集的地方。

imam——當地教長。

IDP——國內流離失所的人（internally displaced person）。

ISI——巴基斯坦三軍情報局（Inter Services Intelligence），巴基斯坦最大的情報單位。

Jamaat e-Islami—伊斯蘭大會黨，巴基斯坦的保守黨。

JUI——伊斯蘭神學者協會（Jamiat Ulema-e-Islam），伊斯蘭教神職人員大會（Assembly of Islamic clergy），是與阿富汗塔利班組織有掛勾的巴基斯坦保守政黨，他們強制實施嚴格的伊斯蘭法條。

jani——親愛的。

jani mun-靈魂伴侶。

jihad——聖戰或內戰。

jirga——部落集會。

kafir——異教徒。

khaista—帥哥。

khan——可汗，當地士紳。

KPK——開伯爾．普什圖省（Khyber Pakhtunkhwa），直譯是「帕什圖區」，直到了西元二〇一〇年被稱為西北邊疆省，成為巴基斯坦四省之一。

lashkar—拉西卡，地方軍火組織。

LeT——巴基斯坦恐怖組織虔誠軍（Lashkar-e-Taiba），字面上的意思是「純淨的軍隊」，是巴基斯坦最古老也最有勢力的武裝組織之一，活躍於喀什米爾，並與ＩＳＩ關係密切。

madrasa—以伊斯蘭教爲教學主軸的學校。

maulana,mufti—毛拉那、穆夫提，是對伊斯蘭教的學者之稱呼。

melmastia—好客之道。

mohalla—莫哈拉，地區的意思。

MQM——統一民族運動黨（Muttahida Qaumi Movement），以喀拉蚩爲重心的黨派，代表大分裂時（西元一九四七年）逃離印度的穆斯林。

nang——榮譽。

PML——巴基斯坦穆斯林聯盟（Pakistan Muslim League），是建於西元一九六二年的保守黨派，前身爲穆斯林聯盟，也就是大分裂時期在巴基斯坦唯一的主要政黨，穆斯林聯盟在西元一九五八年與其他所有黨派都被禁了。

PPP——巴基斯坦人民黨（Pakistan People's Party），佐勒菲卡爾·阿里·布托在西元一九六七年建立的偏左派政黨，後來由他的女兒班娜姬接手，她與丈夫阿西夫·扎爾達里和兒子畢拉瓦爾一起領導。

Pashtunwali—帕什圖習俗，傳統的帕什圖行爲守則。

pir——世襲聖人。

pisho——貓咪。

purdah—穆斯林深閨。（婦女）在隔離所或隱居地，戴著面紗與他人隔離開來。

quami——全國性的。

sabar——耐心。

sayyed—聖人，出生先知家族的人。

shalwar kamiz / salwar kamiz—傳統的服飾，寬鬆的上衫下褲，男女皆可穿。

surah——《可蘭經》裡的「章節」。

swara——送出一名婦女或年輕女孩來解決部落糾紛。

talib——已成爲塔利班激進分子的虔誠宗教學生。

tapa——拓帕，一種帕什圖民間詩歌的形式，拓帕只有兩行，第一行有九個字，第二行則有十三個字。

tarbur—字面上是「親戚」的意思，但諷刺的是這個字也代表「敵人」。

TNSM—保衛先知教法運動（Tehrik-e-Nifaz-e-Sharia-e-Mohammadi），西元一九九二年由蘇非・穆罕默德創立，後來被他的女婿法茲魯拉奪權，他也是眾所皆知的史瓦特塔利班激進分子。

TTP——巴基斯坦塔利班（Tehrik-i-Taliban-Pakistan）。

umrah—麥加副朝，是比較小型的朝聖活動，一年中任何時候都可舉行。

1947年8月14日：巴基斯坦創立，爲全世界第一個穆斯林的國土；原是土邦的史瓦特加入巴基斯坦，但是維持其特殊地位。

1947年：第一場印巴戰爭爆發

1948年：巴基斯坦國父，穆罕默德．阿里．真納去世

1951年：巴基斯坦的首任總理利雅庫．阿里．汗遭刺身亡

1958年：阿育布．汗將軍在巴基斯坦首次軍事政變中奪權

1965年：第二次印巴戰爭

1969年：史瓦特成爲西北邊疆省的一部分

1970年：巴基斯坦首次全國大選

1971年：第三次印巴戰爭；東巴基斯坦獨立，成爲孟加拉

1971年：佐勒菲卡爾．阿里．布托獲選成爲首任總理

1977年：齊亞將軍策動軍事政變並奪權

1979年：佐勒菲卡爾．阿里．布托遭絞刑；蘇聯入侵阿富汗

1988年：齊亞將軍和資深軍事官員於飛機失事中罹難；舉行大選；班娜姬．布托成爲伊斯蘭教世界中首位女性總理。

1989年：蘇聯從阿富汗撤軍完畢

1990年：班娜姬．布托政府遭解散

1991年：納瓦茲．謝里夫接任總理

1993年：納瓦茲．謝里夫遭軍隊強迫下臺；二代班娜姬．布托政府成立
1996年：塔利班占領喀布爾；第二代班娜姬．布托政府遭解散
1997年：納瓦茲．謝里夫組織二代政府
1998年：印度進行核武測試；巴基斯坦跟進
1999年：班娜姬．布托和丈夫阿西夫．阿里．扎爾達里貪汙罪確立；班娜姬被流放；扎爾達里入獄；穆沙拉夫將軍策動政變奪權
2001年：蓋達組織攻擊美國世貿大樓和五角大廈；美國開始轟炸阿富汗；塔利班政府被推翻；奧薩瑪．賓拉登逃亡到巴基斯坦
2004年：巴基斯坦軍隊開始在聯邦直轄部落區對抗武裝分子；美國無人機首次攻擊巴基斯坦；扎爾達里遭流放
2005年：激進傳教士法茲魯拉開始在史瓦特廣播；巴基斯坦發生大地震，超過七萬人死亡
2007年：軍隊席捲伊斯蘭堡的紅色清眞寺；班娜姬．布托重返巴基斯坦；法茲魯拉成立伊斯蘭教法庭；穆沙拉夫派軍進入史瓦特；巴基斯坦塔利班成立；班娜姬．布托被暗殺
2007年—2009年：塔利班影響力擴及史瓦特
2008年：扎爾達里上任總統；穆沙拉夫遭流放
2009年1月15日：法茲魯拉宣布關閉史瓦特女子學校
2009年2月：巴基斯坦政府同意與塔利班簽訂和平協議
2009年4月：塔利班占領史瓦特，協議破裂

2009年5月：巴基斯坦軍隊開始在史瓦特對塔利班採取軍事攻擊

2009年7月：巴基斯坦政府宣布史瓦特的塔利班已被驅逐

2009年12月：美國總統歐巴馬宣布加派三萬三千名士兵到阿富汗，讓北約軍隊總人數達到十四萬

2010年：巴基斯坦全境大洪水，造成兩千人死亡

2011年：旁遮普省省長塔席爾遭暗殺；賓拉登在阿巴塔巴被殺；馬拉拉獲得巴基斯坦國家和平獎

2012年10月9日：馬拉拉遭槍擊

2013年：穆沙拉夫回國，並遭到逮捕；儘管塔利班組織的暴力行徑持續發生，仍舉行選舉；納瓦茲．謝里夫第三度接任總理

2013年7月12日：馬拉拉在她的16歲生日這天，在紐約向聯合國呼籲讓所有的兒童都能有受教育的自由。

過去一年裡，同時讓我看到了人類極端的憎恨，與眞主無限的愛。太多人幫助過我，如果要將他們的名字全都列出，寫成一本書也寫不完。但我還是要在這裡謝謝每個在巴基斯坦以及在世界上各個角落爲我祈禱的人，學校裡的每個孩子、學生和其他在我倒下時，爲我站出來的人，我對每個花籃裡的每一片花瓣都心存感激，也謝謝每封信件和卡片裡的每句話。

我很幸運能有如此尊重我自由思考和表達的父親，願意讓我參與他追求和平的旅途。我很幸運我的母親能支持我，以及我父親提倡和平與教育。

我很感謝我的老師們，特別是烏爾法老師，她教了我許多課本以外的知識，例如要有耐心、能包容以及有禮貌。

許多人說我能復原是奇蹟，對此我想感謝在史瓦特中央醫院、白沙瓦中央醫院和拉瓦爾品第軍事醫院心臟科裡照顧我的醫生和護士們。我要特別感謝我的英雄，朱奈德上校和馬塔茲醫生爲我在正確的時間動了正確的手術，否則我不會活下來。謝謝阿斯蘭准將，讓我免於在術後遭遇重大器官衰竭。

我特別感謝卡亞尼將軍，他對於我的治療非常積極，也謝謝扎爾達里總統與他一家人，他們給我的愛與關懷讓我能夠堅強。感謝阿拉伯聯合大公國政府，以及王儲穆罕默德．賓．沙伊德出借他們的飛機。

亞維德．卡亞尼醫生總是在我心情不好時逗我開心，對我來說就像父親一樣。他是我在英國的治療團隊與頂尖復原計畫背後的負責人。費歐娜．雷諾德醫生是我遠在巴基斯坦的父母的支柱，也是人在英國的我的支柱，我也謝謝她肯告訴我，我遭遇了什麼樣的悲劇。

伯明罕伊莉莎白女王醫院的職員都很棒。茱莉和她的護理團隊對我非常好，還有貝絲和凱特，她們不只是我的護士，也像我親愛的姊姊們一般。我想特別感謝伊瑪・巧杜麗，她確保我所需的一切，甚至還每天幫我去買肯德基。

在這裡要特別提到理查・厄文醫生，他的手術讓我能重拾微笑，還有安文・懷特女士，是她修復了我的頭骨。

費歐娜・亞力山德不只高超的處理對媒體的聯繫事宜，而且還總是面帶微笑，主動幫忙爲我們安排了學校，讓我和我的弟弟們可以去上學。

蕾哈娜・紗迪克的心理治療帶給我很大的撫慰。

謝謝西莎・沙伊德和她的家人偌大的善良之心，他們還協助成立馬拉拉基金會，也謝謝她的公司，麥肯錫，支持她這麼做。謝謝每個好人和團體協助成立了這個基金會，特別感謝梅根・史密斯、聯合國基金會、主聲（Vital Voices）、和蜜蜂空間（BeeSpace）。我也要感謝薩馬・明娜拉（Samar Minallah）強力支持我們的動機與馬拉拉基金會。

非常感謝愛德曼（Edelman）的每個人，特別是傑米・朗迪和他的同事，蘿拉・庫克斯。要是沒有你們，我父親一定會瘋掉！

我也要謝謝高登・布朗和他的所有同事，他爲了我遭遇的事故，向全世界推動教育。也謝謝潘基文從一開始就表示支持。

謝謝前任巴基斯坦駐倫敦大使瓦吉德・山姆蘇爾・哈珊，特別感謝大使館館長阿法布・哈珊・汗與他的妻子伊蘭・吉拉尼給予的強力支持。我們互不認識，但他們幫助我們適應這個國家，和幫我們找到居住的地方。也謝謝司機夏西德．胡山。

完成這本書的過程中，要特別感謝克莉絲汀娜的幫忙，她讓夢想能付諸現實。我們從沒想過一個既不是來自開伯爾．帕什圖省、也不是巴基斯坦人的女士，能對我們的國家展現這麼深厚的喜愛與瞭解。

我們很幸運能由卡洛琳娜．薩頓擔任出版經紀人，她全心全意、滿心熱忱地投入這個計畫與立意之中，我們還有幸擁有超強的編輯團隊：茱蒂．克蓮和亞祖．塔欣，他們決心要讓我們用最好的方式把故事說出來。

我還要感謝阿部朵．海．卡卡爾，他是我的指導老師，也是我父親很要好的朋友，他很徹底地審閱了這本書；以及我父親的朋友伊南．烏拉罕，他在書裡寫到我國歷史的內容時，提供了可觀的幫助。

我還想要謝謝安潔莉娜．裘莉給馬拉拉基金會的慷慨捐款。

謝謝卡須爾學校的所有老師讓學校繼續運作，並在我父親不在時還能繼續維持下去。

感謝眞主讓夏西達．裘德里那天開門走了進來。她給了我們一家很大的支持，我們從她身上學習到當義工的意義。

最後，同樣重要的是要謝謝莫妮芭一直是一個很支持我的好朋友，還有我的兩個弟弟卡須爾和阿塔爾，他們讓我保持童眞。

馬拉拉．優薩福扎伊

任何有錢能夠去一趟史瓦特的外國人就會知道，那裡的人有多麼好客。我想謝謝每個在那裡幫助過我的人，特別是瑪麗安和卡須爾學校的師生們，明戈拉的阿曼．夏，還有帶我在香拉縣觀光的索爾丹．羅馬。我也想謝謝亞希姆．巴傑瓦將軍，阿彼得．阿里．阿斯卡里上校，塔里克少校和三軍公關部的成員，是他們促成了我這趟的拜訪。也謝謝亞當．弗立克慷慨地分享他的筆記。

英國方面，伊莉莎白女王醫院的員工幫了最大的忙，特別是費歐娜．亞力山德和卡亞尼醫生。我的出版經紀人大衛．古德溫表現傑出一如往常，能夠由茱蒂．克蓮和亞祖．塔欣擔任編輯眞的是絕大殊榮。我也很感激我在《泰晤士周日報》的編輯，馬丁．艾文斯同意我撥空參與這項計畫。感謝在這本書占盡了我生活的全部時，我的丈夫保羅與兒子羅倫克對我全然的體諒。

除了以上諸位，我還要謝謝馬拉拉和她美好的一家人，願意跟我分享這個故事。

克莉絲汀娜．拉姆

馬拉拉基金會

需要您的更多支持

「我希望每個女孩、每位孩童都能接受教育。為了這個動機，我們成立了馬拉拉基金會。」

——馬拉拉．優薩福扎伊

關於基金會

我寫這本書的目的，是希望能為世界上數百萬被奪走受教權的女孩發聲，希望她們能明白自己深具潛力。我希望我的故事能夠鼓勵女孩們鼓起勇氣開口，並懂得擁抱自己具有的力量，但我的任務不是這樣就結束了。我的任務，我們的任務，是要我們果斷地去教育女孩們，並給予她們改變她們的人生與環境的力量。

這就是為什麼我要成立馬拉拉基金會。

馬拉拉基金會相信每個女孩、男孩，都有能力改變世界，他們需要的只是一個機會。要給這些女孩機會，馬拉拉基金會志在讓地方有能力在傳統上發展出創新的解決辦法，做到不只是基本的識字而已，還有能夠幫助女孩們找到自己的技能和想法，幫助她們找到自己的聲音，創造一個更美好的未來。

我希望你們每一個人都能參與其中，希望我們能攜手合作，讓女性教育與權益從此成為真正的首要考量。

請加入我的任務。

馬拉拉．優薩福扎伊

馬拉拉基金會將關注於三個關鍵的目標：

- 投入創新的解決方式，以傳遞高品質的教育給全世界處於弱勢階層的女孩們。
- 擴展教育提倡者的聲音，讓大眾知道這些提倡者爲爭取他們受教權的故事。
- 匯聚爲一個集體行動的力量，使女孩的教育權成爲眞正優先被重視的議題。

我們的第一筆捐款：

「今天我將要宣布我此生中最開心的一刻，那就是馬拉拉基金會收到了第一筆捐款。」

——馬拉拉．優薩福扎伊

四月時，由安潔莉娜．裘莉宣布馬拉拉基金會收到的第一筆捐款。這筆捐款爲巴基斯坦基層非政府組織所用，致力於提供教育給那些從事家庭勞動事務或需面對勞動市場高風險的女孩們。這筆捐款幫助了年齡從五到十二歲，共四十位的女孩們上學。這個計畫不僅要提供一般課業的支持與技術的管道，還促進一個價值網絡的成形，關於女孩們與其家庭皆能重視女童教育的價值網絡。

未來：

馬拉拉基金會現在正往發展成一個完整的組織機構邁進，計畫在二〇一三年的秋季推出。馬拉拉說：「我邀請大家來支持馬拉拉基金會，讓我們由幫助四十名女孩上學，拓展爲四千名女孩。」

加入我們：

是時候讓女孩的教育權益成爲眞正的首要考量了。請到我們的官方網站 www.malalafund.org 瞭解更多詳情，今日就加入我們，成爲社區的支持者與倡導者。

加入我們的 Facebook 網站www.facebook.com/MalalaFund 與 Twitter:twitter.com/MalalaFund 瞭解更多關於基金會的最新訊息，並加入我們的行動，幫助女孩們上學，提高她們受教權的聲音。

愛
視
界
021

我是
馬拉拉
【10週年紀念版】
一位因爭取教育而被槍殺的女孩

I Am Malala
The Girl Who Stood up for Education and Was Shot by the Taliban

作者：馬拉拉・優薩福扎伊 Malala Yousafzai &克莉絲汀娜・拉姆 Christina Lamb｜譯者：翁雅如、朱浩一｜出版者：愛米粒出版有限公司｜地址：台北市10445中山北路二段26巷2號2樓｜編輯部專線：（02）25622159｜傳真：（02）25818761｜【如果您對本書或本出版公司有任何意見，歡迎來電】｜總編輯：莊靜君｜封面設計：王瓊瑤｜行銷企劃：許嘉諾｜行政編輯：曾于珊｜印刷：上好印刷股份有限公司｜電話：（04）23150280｜初版：二〇一三年（民102）十月十日｜二版一刷：二〇二二年（民111）二月十日｜定價：380元

國際書碼：978-626-95371-5-0｜CIP：783.728/110022738